JN176729

5・歴史のゆらぎと再編

岩波講座 現代

5 歴史のゆらぎと再編

[編] 佐藤卓己

岩波講座 現代

[編集委員] 大澤真幸
佐藤卓己
杉田 敦
中島秀人
諸富 徹

岩波書店

刊行にあたって

二〇世紀最後のおよそ一〇年間から現在までのグローバルな現代社会は、二重の不可能性に苦しんでいる。第一に、〈われわれ〉がまさに何者であり、どこへと向かいつつあるのか、その全体像――経済、政治、文化等のすべての側面を含む社会の全体像――を思い描くことができないという意味での不可能性がある。第二の不可能性とは、第一の不可能性を規定する、知と認識のそれである。現在、社会や精神現象を記述し、説明する上で、そもそも依拠する理論や枠組みが分散しており、知の基本的なパラダイムすら存在しない。

これら二つの不可能性は密接に相関し、厳密には分けることができない。『岩波講座 現代』(全九巻)は、こうした不可能性に抗して、現代社会とその未来についての像を提供することを目指している。この作業は、社会や精神を捉えるための知を、あらたに再構築する探究を必然的にともなうだろう。

遡れば、およそ半世紀前の一九六三年から六四年にかけて、岩波書店から、同名の『岩波講座 現代』が刊行された。この旧講座は、国際的には、冷戦の対立、植民地支配から脱却した「第三世界」の勃興、国内的には、六〇年安保の余韻が残る中での高度経済成長の進行といった状況の中で構想され、執筆された。だが、旧講座『現代』の最も重要な前提である冷戦が終結し、時代は転換したのに、旧講座退陣後の空席はまだ埋められていない。あらたにこの度、『岩波講座 現代』が構想されねばならなかった必然性は、ここにある。

今世紀に入り、9・11、9・15、3・11という三つの日付に対応した出来事が、「現代社会」の未来を構想することの大きな困難を、あらためて思い知らせた。9・11(二〇〇一年、同時多発テロ)はこれまでの自由・民主主義に残る根本的な欠陥を直観させ、9・15(二〇〇八年、リーマンショック)は資本主義の破局を予感させた。そして、3・11(二〇一一年、東日本大震災と原発事故)は、近代社会の大前提である科学技術に根本から反省をせまるものだった。これら三つの日付、とりわけ直近の3・11は、この講座の企画を開始させる直接の動機にもなっている。

二〇一五年六月

編集委員を代表して　大澤真幸

編集委員
大澤真幸
佐藤卓己
杉田　敦
中島秀人
諸富　徹

岩波講座　現代　第5巻
歴史のゆらぎと再編

目次

Ⅲ　歴史と記憶、再考

総説 「戦後七〇年」に歴史の再編を見すえつつ

佐藤卓己

本巻が二〇一五年、「戦後七〇年」という潮目の年に刊行されたことは何とも意義深いことである。なにも「九・一九安保関連法案成立」により「戦前」という時代に突入したという政治スローガン的な含意があるわけではない。二〇一五年は一月にテロ組織ＩＳ（イスラム国）による日本人人質公開処刑があり、一〇月にはＴＰＰ（環太平洋パートナーシップ）の交渉が大筋合意に達している。国民国家の機能も国境の意味も大きく変える、新たなグローバル化の波に日本社会は否応なくさらされている。これまで日本でガラパゴス化した「戦後」というドメスティック（一国中心的）な時間枠も、今後大きく変化してゆくはずである。

そもそも「戦後」で一九四五年以降を意識する国民が多数を占める国家が日本のほか東アジアにあるだろうか。国共内戦を経て一九四九年に成立した中華人民共和国も、一九五三年に朝鮮戦争が停戦となった朝鮮半島の二国も、一九四五年で戦争が終わったわけではない。一九四五年からの「戦後」という歴史意識が半世紀以上も続いた国はほとんど日本だけと言えよう。実際、世界中の国々の歴史教科書において「戦後」postwar は一九五〇年代で終わり、それ以後は「現代」contemporary となっている。日本だけが長い「戦後」という特異な時間枠をいまも採用しており、それは「悪しき戦前」と「良き戦後」を分断する「八・一五」断絶史観に支えられてきた。キャロル・グラックは日本人の「長い戦後」をアナクロニズムであると批判し、「戦後」という言葉を「それを捨て去ると、システム全体が問いかけにさらされることになる、魔除けのお札だった」と評している(グラック 二〇〇一、一九六頁)。だとすれば、こうした日本独自の断絶史観こそ、周辺諸国との歴史的対話を困難にしてきたとも言えるのではあるまいか。平和憲法、なかんずく第九条はその「良き戦後」の象徴とされているが、その前提となるドメスティックな「戦前／戦後」枠組は外国人にはほとんど共有されていない。安倍晋三首相の「戦後七〇年談話」にいくら「反省」や「おわび」の文言があろうとも、他者に開かれていない時空間でいくら歴史認識を語ってみても、空虚な自己満足のパフォーマンスに終わってしまうわけである。以下では、まず「現代」の問題として編者の脳裏に浮かんだ「歴史の再編」の具体的事例、すなわち終戦記念日のゆらぎを取り上げてみたい。

八月一五日に終わった戦争はあったか

二〇一五年はドメスティックな「八・一五終戦」の記憶にゆらぎが生じた画期となった。九月三日に北京で「中国人民抗日戦争・世界反ファシズム戦争勝利七〇周年」記念式典が大々的に催され、中国史上最大規模の軍事パレードが世界中に中継放送されたからである。それにともなって、例年は日本の新聞やテレビが無視するアメリカやロシアの「九・二ＶＪデイ(対日戦勝記念日)」のイベントも比較的に詳しく報じられた。

九月四日付『朝日新聞』も「終戦記念日は八月一五日じゃないの?」の解説記事を掲げ、九月二日を終戦日とする歴史観が国際社会の多数派であることを明確に示した。いうまでもなく、日本のポツダム宣言受諾は八月一四日であり、降伏文書調印式は九月二日に東京湾上の戦艦ミズーリ号上で行われた。八月一五日には昭和天皇が朗読した終戦詔書の録音放送があっただけである。八月一四日の日付をもつ終戦詔書の冒頭には「忠良ナル爾臣民ニ告ク」とあり、この文書の宛名は日本帝国の「臣民」である。そこにたとえ朝鮮半島と台湾の住民が含まれていたとしても、交戦国やその人民に向けられたものではない。実際、トルーマン米大統領は一四日午後七時にラジオで日本の降伏を発表し、「対日戦勝記念日（VJデイ）の布告は、日本が降伏文書に正式に署名するまで待たねばなりません」と宣言していた。今日に至るまで終戦記念日のグローバル・スタンダードは、降伏文書調印式が行われた九月二日である。つまり、アメリカやロシアの九月二日であれ、中国の九月三日であれ、二一世紀の国際的な「先の大戦」の歴史回顧は八月ではなく九月に行われている。世界中の歴史教科書の大半が第二次世界大戦の終わりを一九四五年九月二日と記述する中で、日本列島と朝鮮半島の国民のみが八月一五日に固執し続けてきた。ただし、日本放送協会沖縄放送局が爆破され、「玉音」体験が物理的に困難だった沖縄、あるいは八月一五日以降にソビエト軍侵攻を受けた北方領土にいた日本国民の終戦体験は、「八月ジャーナリズム」からすっぽりと抜け落ちてきた。そもそも、沖縄の日本軍が降伏文書に調印した九月七日を沖縄市が「市民平和の日」と定めていることを報じた本土の新聞がどれほどあったか。地理的に言えば、「八・一五終戦記念日」という枠組は沖縄や北海道の記憶を周辺化させることで成立してきたわけである。

結局、八月一五日に終わった戦争は世界史では存在しない。それにもかかわらず、私たちは八月一五日を「終戦記念日」として記憶している。そうした集合的記憶がメディアで創出されたプロセスについては別に論じたことがある（佐藤 二〇一四）。重要なことは、「八・一五終戦記念日」の記憶とは終戦一〇周年の一九五五年から始まった「八月ジャーナリズム」の産物だということである。

「戦後七〇年」の夏、私は『『図書』のメディア史――「教養主義」の広報戦略』（岩波書店、二〇一五年）を執筆するため『図書』のバックナンバーを読み返していた。『世界』で「八月ジャーナリズム」をリードしてきた岩波書店だが、そのPR誌『図書』にはメディアによって作られた記憶を批判する記事も載っている。出久根達郎は「戦時下の犬と猫と鶯」（『図書』一九八七年四月号）で花森安治が『一億人の昭和史』第四巻で語った昭和二〇年八月一五日の回想、「あの日は誰でも知っているように日本じゅうがたいへんな晴天で……非常に暑かった」を「うそ」だと指摘している。

うそである。暑いのはともかく、たとえば当日の仙台はくもりの空模様であった。（ちなみに最高気温が二五・一度、湿度九三である）。盛岡や札幌も曇天であった。映画やテレビのドラマには、この日は必ず「くわっと照りつける太陽」がでるが、日本全国が一律そうであったわけではない。花森氏もそうだが私たちの記憶は、書物や映像に補強されて、こうと思いこんでいることが多い。

もちろん、記憶の改変は「八月一五日」だけではない。占領下ではGHQの検閲により広島の原爆被害などに関する報道は厳しく制限されており、八月六日が国民的な平和運動の起点となるのは一九五四年ビキニ水爆による「第五福竜丸事件」以後のことだ。第五福竜丸は広島、長崎に続く「第三の被爆」体験だが、このとき日本全土を覆った放射能雨の恐怖こそが地方都市の被爆体験を国民的な原水爆禁止運動の出発点にしたのである（絓 二〇一二、一四―二三頁）。

そうしたメディアによる記憶の地ならしの上に、第二次池田勇人内閣は一九六三年五月一四日、八月一五日を終戦日と明記する「全国戦没者追悼式実施要項」を閣議決定した。そして現行「八・一五終戦記念日」の正式名称「戦没者を追悼し平和を祈念する日」は、GHQ廃止から三〇年後の一九八二年四月一三日に鈴木善幸内閣が閣議決定したものである。この記念日は戦後「七〇年」どころかまだ三三年の伝統しかないわけである。

さらに言えば、八月一五日を境に戦前と戦後を明暗で塗り分ける「八月ジャーナリズム」には、戦前と戦後の連続性を見えなくする効果もあった。そのことが戦時下から占領期を経て今日に至るメディア統制の連続性を隠蔽してきた。一九四五年八月一五日を境に本質的に変化したメディアは、新聞、放送、出版などどの分野にも存在しない。敗戦によって破綻したメディア企業はほとんどないのである。こうした意味で、「八月ジャーナリズム」は戦争の記憶にではなく、戦後の忘却の上に成立している。

当然ながら、日本政府はいま現在も「終戦日」の運用を国内と国外で使い分けている。戦前の朝鮮半島、満州国などに居住していた日本国民に対しては「引揚者給付金等支給法」（一九五七年法律第一〇九号）で「国内標準」を適用し、「引揚者等に対する特別交付金の支給に関する法律」（一九六七年法律第一一四号）では八月一五日を終戦日と明記している。しかし、その一方で「日本国との平和条約に基づき日本の国籍を離脱した者等の出入国管理に関する特例法」（一九九一年法律第七一号）において、「平和条約国籍離脱者」（大半は在日韓国・朝鮮人）の定義を「昭和二〇年九月二日以前から引き続き本邦に在留する者」としている。つまり、「在日」認定に際して日本政府は終戦日を国際標準の九月二日として運用しているわけである。

ほとんどの交戦国が九月二日を終戦日とする中で、八月一五日を独自に初期化《リセット》タイムとする日本史において、「戦後」は世界史との経路を遮断され、その記憶は非歴史化されている。こうした「戦後」史の枠組において、現在の日中関係や日韓関係を戦前から続く流れの中で教えることはどんな歴史教師にとっても至難だろう。

いま必要なのは、グローバルな視野で世界全体を展望する視座、そして柔軟な歴史的思考力というべきだろう。たとえば、「八月ジャーナリズム」の「九月ジャーナリズム」への転換である。平和を祈念する外向きの「終戦談話」は国際標準の九月二日、中国が抗日戦勝を軍事パレードで祝う前日に出すべきだからである。他者を意識し、歴史的経緯を重視した対話をメディアが目指すのであれば、戦争を想起させる報道のタイミングは九月前半に絞られるはずである。「降伏」の九月二日から「独立」の九月八日（サンフランシスコ講和条約および日米安保条約調印日）までの期間、あるいはアメリカ同時多発テロがあった九月一一日、さらには満州事変勃発の九月一八日まで「平和を祈念する日々」は延長してもよい。言うまでもなく、それとは別に分割された「戦没者を追悼する日」がお盆の八月一五日に国民の祝日として新設されても何の問題もないのである。

新しい世界史像のために

本巻ではグローバル化する生活世界の中で展開される歴史研究が切り拓く新たなクロノトポス(時空間)を、狭義の歴史学を越えた多様なディシプリン、たとえば歴史社会学、政治学、メディア学、文化人類学、政治地理学、音楽学などから提示している。

第一部では、「空間」「時間」「ジェンダー」の三つの切り口で新しい世界史像の構築をめざした思考実験が示されている。

第一章「世界システムの変容と帝国化の諸レイヤー」(山下範久)は、世界システム理論(I・ウォーラーシュテイン)を発展させて、ポスト近代国家時代の「帝国化」現象から現代社会の歴史的位相を明らかにする。「帝国」は国民国家成立以前の歴史的秩序として想起され、福祉国家システムの終焉と新自由主義的「市場の専制」を意味している。グローバル経済の下で諸国民は自国の経済主権から疎外されており、選挙権拡大による参加民主主義もすでに限界に達している。そのため人権との関係では、マイノリティを抑圧する国民国家と多文化主義の帝国の評価は逆転し、普遍主義を体現する帝国を肯定する論調さえ今日めずらしくない。冷戦終結後の「帝国」であるアメリカ、中国、EUはウォーラーシュテインの「二つの近代化」論から次のように対比されている。技術革新(豊かさ)を優先する中国、解放(民主化)を優先させるEUに対して、かつて二つの近代化を両立できたアメリカで豊かさと民主化の矛盾が特に顕在化している。その両立不可能性を直視できないアメリカが最もイデオロギー的な「帝国」モデルとして前景化するわけだ。この両立不可能性を直視できない点でも日本はアメリカ帝国に追随していると言えるのだろう。

第二章「学問としての「歴史のIF」――「未来の他者」を見つめる歴史学」(赤上裕幸)は、「歴史にイフはない」

を紋切り型に使ってきた既存史学への大胆な挑戦である。「言語論的転回」以降の歴史叙述における「物語」の再発見の中で、仮想歴史 virtual history に対する歴史学者の拒絶感は以前ほどに根深いものではなくなっている。仮想史学は欧米の新しい歴史学の一潮流として認知されているが、重要なことはそれが伝統的な実証史学への批判ではなく、むしろ史料批判を補強する思考実験だということだ。「それが本来如何にあったか」(レオポルト・フォン・ランケ)を検証するためにも、「如何に起こらなかったか」の理解は必要である。それゆえ、仮想史学は歴史修正主義とは別物であるばかりか、ウェブで拡散される偽史や陰謀論への抵抗力としても重視すべきアプローチだろう。そうしたプラグマティズムは戦後日本の「未来学」の中で一九六〇年代に萌芽していたわけだが、それは現代を生きるために不可欠な歴史学的思考と言えるかもしれない。第二次世界大戦が記憶から歴史に変わる「現代」において、一九九〇年代にブームとなった架空戦記や陰謀史観がいまなお影響力を持っている日本では(佐藤編 二〇一五)、「未来の他者」を意識する歴史学は特に重要である。

第三章「ポスト世俗化時代のジェンダー・ポリティクス——メタ・ヒストリーをめぐる抗争」(土佐弘之)は、イスラム過激派の脅威が喧伝される「現代」における近代化=世俗化の評価をめぐるポストコロニアル状況を描きだしている。女性の人権を無視するイスラム原理主義派に対して欧米リベラリズムから厳しい批判が行われる一方で、宗教的価値観にまで干渉する欧米リベラリズムこそ帝国主義的介入であるとするポストコロニアリズムの主張も根強く存在する。ポスト・モダンとプレ・モダンの衝突に見えるこの現象は「グローバリゼーションの深化を推進する近代システムの捻れた抑圧移譲の帰結」であり、そこには新しい世界史像の競合が浮び上がっている。もちろん、欧米における女性解放も二つの世界大戦を通じてシステム化されたわけであり、欧米先進国の世界史像においては「国家=男性=欧米」中心主義的な道具的理性が今日も貫徹されている(この問題については、山之内 二〇一五も参照)。その意味でもジェンダー問題は「メタ・ヒストリーのプロットをめぐる抗争の表象」であり、「テロとの戦争」のプロパガンダでも大いに利用されてきた。そうした二項対立的抗争を超克するメタ・ヒストリー構築の前提として、「他者とのコミュニケーション」が必要であることはまちがいないだろう。

ポスト国民国家時代の諸相

第二部の四章は一九世紀以来の国民国家 nationstate の歴史的枠組を揺るがす要素、すなわち「移民」「EU統合」「中華帝国」「アフリカ」の視点からナショナル・ヒストリーの限界を描きだしている。

第四章「グローバリゼーションの時代における「国境の越え方」」（伊豫谷登士翁）は、「移民」が国民史、「ナショナルな語り」に及ぼす影響を考察している。西川長夫が『国境の越え方』（一九九二年）を論じた冷戦の終焉時も東欧から大量の移民が発生していたが、二〇一五年現在もイラクからの大量難民によりEU諸国の国民文化のゆらぎは新たなステージに入っている。そこで問われているのは、民主主義や人権といった「戦後」国民国家システムの価値そのものである。「移民」と「国民」は表裏一体の国境管理システムであり、それは総力戦体制（山之内靖）の中で強化されてきた。「戦後」システムは多文化主義を受け入れることで国民の再規定を行ったが、グローバリゼーションの深化により「移民問題」は福祉国家の限界として政治化されてきた。そこで浮上する「シティズンシップ」概念が弱者の武器にも管理の手段にもなる両義性を持っていることは、歴史叙述の現代にも大きな問いを突きつけている。

第五章「よみがえる東欧と記憶の再編――ポーランドの経験から」（小山哲）は、「現存する社会主義」の解体、EU加入により歴史意識の急激な変化を経験した東欧における歴史再編を検証している。社会主義政権の崩壊は第二次世界大戦下の隠蔽された過去を暴き出した。ナチ占領下でポーランド住民がユダヤ人を迫害した「イェドヴァブネの虐殺」の告発は、歴史教育と不可分な「歴史政策」の出発点ともなった。被害者―加害者の白黒図式で割り切れない歴史対話が周辺諸国との間で開始され、ドイツとの間では「記憶の場」の共同研究も成果をあげてきた。一方で、冷戦下で封印されてきた記憶をめぐるウクライナとの対話は困難な課題を多く残している。歴史上の因果関係を単純化して展示する博物館や記念館が次々と建設されているが、そこでの「記念された記憶」がナショナルな感情的反応を引き出す懸念も指摘されている。それは「東欧と似ている」東アジアの歴史研究において特に重要な指摘だろう。

第六章「中華帝国の拡大と「東アジア」秩序――「天下」の記憶と多様性のはざまで」(平野聡)は、急速な経済成長で「現代」の国際秩序を揺さぶる多民族帝国の天下体系(世界システム)を論じている。過去の中華帝国がある程度は平和的秩序をもたらしたことを認めた上でも、現代の「中国夢」が攻撃的性格をもつことは否定できない。中国共産党の民族解放史観にながらく馴染んできた読者なら、今日の中国が唱える「華夷秩序」や「中華帝国」には大きな違和感を覚えるはずである。冷戦の終結後に起こった中国の歴史認識の転換は最大版図の中華帝国「清」の再発見から生まれた。いうまでもなく、モンゴル、チベット、新疆など広大な新領土がこの王朝の支配下に入ったわけであり、近代中国の危機もこの辺境から発生している。現代中国が少数民族問題で柔軟な対応を取れない原因もこの歴史問題にあるが、華夷秩序であれ「日本経由の近代化」であれ東アジア的な世界システム論の限界が示されている。

第七章「アフリカ史の可能性」(松田素二)は、大半が一九六〇年代に国民国家デビューした「若い」アフリカ大陸の視座から歴史研究の「現代」的課題を提示している。最後の「成長のパートナー」として二一世紀グローバル文明を考える上で避けて通れないアフリカ大陸だが、旧来の世界史では奴隷貿易の悲惨と植民地支配の絶望のイメージで塗り込められることが多かった。文字史料の乏しい「暗黒大陸」の歴史は植民、交易、宣教の西洋史として断片的にのみ描かれてきたといっても過言ではない。これに対して自己の歴史を脱植民地化するアフリカ史の実践は、文字中心主義、理性中心主義、西欧的人間観の刷新を促している。アフリカ史においてはナショナル・ヒストリー自体が植民地支配の遺制であることが自明であり、排他的な「単位史観」を超える可能性がそこに見えているようだ。

歴史と記憶、再考

第三部は体験者の記憶が歴史となり、それが変容してゆくプロセスを「都市空間」「メディア」「大衆音楽」の視点から再検討する。

第八章「大阪における都市空間の生産と場所の政治化——「公都」・「民都」の政治地理」(水内俊雄)は、「帝都」東京とは異なる存在感をもった「移民都」大阪にスポットを当てている。二〇一五年には「維新の会」が掲げた「大阪都」構想の住民投票も行われたが、その投票結果にも職業的住み分けとともに沖縄出身者、在日コリアンの多住地区などの空間構成が読み取れる。戦前は上海と並ぶアジア屈指の「商都」として繁栄した大阪には「東アジア」近代の歴史が重層化している。高所得層が多く居住する東京二三区と異なって、大阪のインナーリングには低所得層の集住が進んでおり、「場所の政治」が顕在化している。それが「移民都」における「多文化共生の文化政治」の展開にも大きく作用している。

第九章「「戦跡」の発明と「記憶」の創造——メディアと空間編成の政治学」(福間良明)は、アジア・太平洋戦争の「戦跡」がメディア報道により事後的に創出されるプロセスを跡づけている。広島の原爆ドームは一九九六年に世界文化遺産登録されたが、戦後初期から地元ではこの「廃墟」の除去が主張されていた。実際、同じく原子爆弾を被爆した長崎で原爆ドームに相当する浦上天主堂は早々に撤去され、再建されている。「記憶の場」は政治的に選定されたわけだが、そこでは小説や映画を含むメディアが大きな影響力を持っていた。沖縄の摩文仁や鹿児島の知覧の例も示しながら、記憶を固めるモニュメントが何かを後景化させ忘却させる機能を果たしたことが明らかにされている。歴史において記憶と忘却は表裏一体であることを忘れてはならない。八月一五日の「終戦」が九月二日の「降伏」を隠してしまったように。

第一〇章「音楽史の可能性」(輪島裕介)は、文字史料ではすくい取れない大衆の心性史や感情史の可能性を検討している。音楽史とは「クラシック音楽」に代表される「西洋近代音楽」の歴史だ、という固定観念はいまも根強く残っている。史料を重視する歴史学の眼差しにより、演奏行為よりも楽譜を書く作曲行為が高く評価されることにもなった。そのため、作曲家が介在しない「民俗音楽」は周辺化されてきた。近代日本でも「レコードと書物を通じて」学生に受容され、「教養と啓蒙のメディア」であるラジオで流された西洋音楽が音楽史の中心的な対象とされてきた。一方で大衆が歌う「流行歌」は反商業主義、あるいは風紀上の理由から長らく研究対象とはならなかった。ようやく一九六〇年代になって、インテリが思弁的に鑑賞するクラシックより大衆が能動的に歌う流行歌へ注目する研究が始まった。それでも観念(言語)中心の音楽「鑑賞」史が十分に克服されたとはいえず、音楽「行為」史はなおフロンティアとして残っている。

おわりに

以上、本巻の各章について編者の視点で整理してみた。今後、現実の国際政治におけるメタ・ヒストリー(第三章)や歴史政策(第五章)、「記憶の場」(第九章)の問題はますます重みを増していくだろう。一方、ナショナル・ヒストリー(一国史)の障壁は、経済や情報のグローバル化(第一章)、さらには移民の増加(第四章)、あるいは記憶メディアの変容(第一〇章)などによって掘り崩されていくはずだ。また、中華帝国(第六章)やアフリカ(第七章)の台頭によって、これまでの国民国家モデルの歴史観、すなわち近代日本が採用した本土／沖縄／アジアの心象地理(第八章)、あるいは「未来の他者」を欠いた時間認識(第二章)も自明のものではなくなっていくはずだ。

先に戦後史の限界を克服して、他者と向き合うために「九月ジャーナリズム」の必要性を論じた。「長い戦後」とは「一九四五年八月一五日以後の豊かで平和な良き戦後」であり、それを前提とする限り日本人はアメリカの核の傘の下で周辺国との敵対関係を無視して生活することができた。むろん、現実に国家利害の対立がある以上、敵対関係に目をそむけることは反政治的である。外交とは敵対を闘技《アゴーン》(=討議)へ開く技術だが、相手との敵対関係を直視しない「戦後」日本人に外交は不可能となっていたと言えるだろう。

冷戦が終結し、アメリカの核の傘が機能しなくなった二一世紀「現代」において、周辺国家の敵対関係を直視し、その敵対を暴力ではなく闘技に導く政治が必要なのである。その際、広義の教育装置であるメディアが歴史の闘技で果たす役割は特に重要である。周辺国と歴史を共有できないことを嘆くのではなく、歴史認識の対立を前提とした上でどのような対話が可能かを私たちは考えるべきだろう。ただし、「みんな仲良し」を賞揚する現実の教育現場ではもともと政治的対立や敵対関係が抑圧・隠蔽される傾向が強い。しかし、そうした「政治的なもの」の抑圧こそが、反歴史の「嫌韓反中」ポピュリズムを培養してきたと言えば言い過ぎだろうか。いま平和主義の歴史教育に必要なことは、敵対関係を悪として否定することなく、消えることのない敵対関係が多元的であり、歴史の中では加害者と被害者がめまぐるしく入れ替わることを正確に教えるべきだろう。そうした多元的関係において敵対から友好への急転も歴史上は繰り返されてきた。

現代においては歴史認識のポリティックス(政治的駆け引き)が当面ますます過熱していくだろう。二〇一五年一〇月一〇日、ユネスコは歴史記憶遺産として「南京大虐殺に関する文書」と「第二次大戦後のシベリア抑留資料」を同時に登録している。こうした出来事は現在が「記憶の歴史化」の潮目であれば不可避とも言える。人間の平均寿命に相当する七〇年の経過は、生存者の反証を物理的に不可能にする。これ以後、「戦争の記憶」は「記憶の戦争」の中で再編されていくはずだ。それは戦争の「事実」よりも戦争の「表現」に人々の関心が向けられていくということである。

「歴史とは現在と過去との間の尽きることのない対話」という言葉(カー 一九六二、四〇頁)は繰り返し引用されてきた。しかし、いま同じ書物から引用すべき言葉は、「歴史とは過去の諸事件と次第に現れて来る未来の諸目的との間の対話」(同、一八四頁)だろう。未来に向けて他者と「過去の諸事件」を語り合うためにも、ドメスティックで後ろ向きの「長い戦後」はいまこそ乗り越えていくべきなのである。

参照文献

グラック、キャロル 二〇〇一、沢田博訳「現在のなかの過去」、アンドルー・ゴードン編、中村正則監訳『歴史としての戦後日本』上、みすず書房。
カー、E・H 一九六二、清水幾太郎訳『歴史とは何か』岩波新書。
佐藤卓己 二〇一四、『増補　八月十五日の神話――終戦記念日のメディア学』ちくま学芸文庫。
佐藤卓己編 二〇一五、『ヒトラーの呪縛――日本ナチカル研究序説』上・下、中公文庫。
絓秀実 二〇一二、『反原発の思想史――冷戦からフクシマへ』筑摩選書。
山之内靖 二〇一五、伊豫谷登士翁・成田龍一・岩崎稔編『総力戦体制』ちくま学芸文庫。

Ⅰ　新しい世界史像のために

1　世界システムの変容と帝国化の諸レイヤー

山下範久

はじめに――「終わり」の表象としての帝国

本稿の目的は、帝国化という観点から現代の世界を俯瞰することである。「帝国」という言葉は、二一世紀に入ってから、しばしば現代世界を語る上でのキーワードとして言及されてきた。その背後にあるのは国家、ないしは国家とは何かについての考え方の変容である。私たちが「国家」というとき、ほぼ暗黙に近代国家をイメージしている。その近代国家の本質を何にみるか――主権性、領域性、自決の単位としてのネイション、立憲制／議会制、国民の生への配慮など――についてはもちろん揺らぎがあるが、今日、国家はそうした近代国家であることを、少なくともいくつかの点で、やめようとしているように見える。

一般に過去からの断絶は、未来を直接指示することによってではなく――未来は本質的にそれを指し示す出来合いの言葉を持たない――より古い過去を参照してイメージされることが多い。近代国家を構成する要素のいくつか、ないしはすべてが解除されたとき、国家はどういうものになるのか。それを概念化する言葉がまだないときに、参照枠として呼び起こされたのが「帝国」である。近代国家は帝国を非正統化した――つまり過去のものにした――が、いまや近代国家が近代国家にあらざるなにものかに変容しつつあるかもしれないという感覚が、「より古い過去」として帝国を発見したわけである。この意味で世界システムの帝国化は、近代国家の終わりの表象である。

実際のところ今日、いわばブームとしての帝国論はすでにピークを過ぎたように思われる。他方で、帝国という言葉を呼び起こした国家の規準の構造的な変容の過程そのものはまだ帰結をみているわけではない。また帝国という言葉によって参照される「より古い過去」がどれくらい「古いか」——言い換えれば、どれくらいの歴史的深度を持つか——は、論者が近代国家の何に注目してその変容を語っているかによって、かなりの幅をもって論じられている。そこで本稿では、帝国化をめぐる主要な議論について、そこで言われる「帝国」が近代国家のどのような側面の変容を指示するものであるか、特にその歴史的な深度によって四つの層（レイヤー）に整理し、現代の世界の帝国化を長期的な歴史のなかに文脈づけるとともに、その帰結が何をもたらしうるかについて考えてみたい。

一　福祉国家の終焉と新自由主義の帝国

帝国という言葉の重要な含意のひとつは「全世界性」である。つまり帝国はそれ自体がひとつの世界であること、逆にいえば帝国の外に世界はないことを主張する。他方、新自由主義は、しばしば引用されるマーガレット・サッチャー英元首相の「ほかの道はない（"There is no alternative."）」という言葉や、「もうひとつの世界は可能だ（"Another world is possible."）」という新自由主義批判の代表的スローガンからもうかがえるように、その典型において——特にその批判者にとって——世界の外部への政治的想像力を否定するイデオロギーだと捉えられている。この「外部の否定」という点で、新自由主義は帝国の性質を帯びうる。実際、新自由主義の批判者は、しばしば新自由主義を「市場の専制」という表現で要約しようとする。

もっとも新自由主義の帝国を単純に「市場の専制」と要約することには、批判者のあいだにも異論がある。たとえばアイファ・オングのような論者は、新自由主義の本質的症候は、様々な「特区」の設置にあると指摘し、新自由主義は、市場がすべてを覆う社会ではなく、むしろモザイク状の規制緩和がたえず再編成される社会だと論じている（オング 二〇一三）。もちろん「特区」の設置や再編に際しては、「市場」のレトリックが持ち出されることが多いであろうが、新自由主義の帝国は、たとえそれを「市場の専制」と呼ぶにしても、それは単にマクロでフラットな市場の専制であるのではなく、むしろミクロでレトリカルな「市場」の権力が浸潤する社会であるといえよう。広く読まれたネグリ／ハートの『〈帝国〉』も、特に第三部では搾取のための差異の増殖を強要する体制として現在の市場社会を描いており、同じ方向性から、新自由主義の経済体制を性格づけるものとみることができる。

いずれにせよ新自由主義のもとでは、外部への政治的想像力を閉じさせるうえで、「市場」というレトリックが強力に作用するということは指摘できる。そしてそのような「市場」の力によって最も影響を受けた近代国家の規準は、再分配を通じた福祉の提供者としての国家、すなわち福祉国家である。福祉国家の最盛期は第二次世界大戦後から一九六〇年代末／一九七〇年代初にかけてのフォーディズムの時代、いわゆる「資本主義の黄金期」（マーグリン&ショアー編著 一九九三）である。この時期、世界経済は持続的に拡大し、西側先進諸国は——福祉の正当化の論理や全体としての再分配の規模の違いこそあれ（エスピン＝アンデルセン 二〇〇一）——増加した税収を原資として各種の福祉給付を拡充しつづけた。

歴史的には、福祉国家の構築は選挙権の拡大を文脈としている。先進資本主義国の諸政権が、教育、保健、生涯所得の保障といった大衆的要求に体系的に応えざるをえなくなったのは、普通選挙権が実現してからのことである。この意味で、福祉国家は本質的に民主主義の産物であり、フォーディズム的な経済の拡大に支えられた持続的な福祉国家の拡充は、資本主義と民主主義の幸福な結婚にほかならなかった。

だが、この幸福な結婚は永続的なものではなかった。そもそも資本主義を正当化する自由主義と平等を求める民主主義とはイデオロギー的に緊張を抱えている。フォーディズム的な拡大が限界に突き当たり、福祉国家を支える財政的基盤が失われるにしたがってその緊張関係は顕在化した。ドイツの政治経済学者であるヴォルフガング・ストリークは、一九七〇年代以降の西側先進国の政治を「資本主義と民主主義の離婚」の過程と捉え、(1)インフレの進行、(2)ディスインフレ政策と失業の増加、(3)公的債務の増大、(4)規制緩和と民間債務の膨張、そして二〇〇八年のグローバル金融危機を経て、再度(5)公的債務の膨張というパターンを共有しながら進行したと論じている。五つの局面は、大まかに言って、大衆的要求(および大衆的支持を必要とする国家の要請)に対する資本側の妥協(1、3)と、福祉国家の破綻のツケを大衆側へ差し戻そうとする資本側の逆襲の局面(2、4)の交替から成っている。だがストリークは、この局面交替が起こって問題が転移させられるたびに、問題の規模が大きくなっていき、すでに一国政治の枠内に収まらなくなってしまっていることに注意を促している。大衆は緊縮財政に反対しようとしても、彼らの政府をして財政均衡にコミットさせているのは国際金融資本であり、それに対して民主主義的な統制をかける方法はない。しかもその国際金融資本を構成する個々のアクターにとっても、その財政均衡へのコミットメントを市場がどう評価するかの確実な判断は不可能である。

同様の民主主義の限界は、ダニ・ロドリックが世界経済のトリレンマというかたちでも定式化している。彼はいわゆる「国際金融のトリレンマ」を発展させて「国際経済統合、国民国家、大衆参加の政治の三つすべてを同時に達成することはできない」と論じ(ロドリック 二〇一三)、国民国家が、マクロ経済政策などの政策決定権限を保持したまま国際経済統合に参加すれば、その国家は統合された国際市場からの信認を得るようにしか行動できなくなる圧力を受けるので、市場関係者や投資家が好む財政均衡政策や小さな政府、法人税の引き下げ、規制緩和といった政策に収斂させられていって、そこに国内の大衆参加の政治が影響を与える力は弱まり、国民国家は民主主義的統制の外に出てしまうと主張している。ロドリックに従えば、グローバル化(国際経済統合)を前提とするかぎり、国民国家を揚棄してグローバルな立法・行政機関とそこへの大衆参加のしくみを実現できなければ、必然的に国民国家は「市場の専制」――この場合の含意は国際金融資本の専制――に接近して、大衆は自国の経済主権から疎外されることになる。

こうした意味での民主主義の退潮傾向は、少なくとも大衆の政治参加が本格化し、ナショナルな福祉国家の構築が始まった二〇世紀のはじめごろからの歴史のコースを逆転させるものである。長期的な歴史のなかの帝国化の第一のレイヤーはまずここ、すなわち福祉国家の解体に伴って顕在化した民主主義の退潮に定位できる。

二　自由主義国家の終焉と三つの帝国

第一節の議論でもそうであったように、今日でも、帝国概念は「帝国」と名指された政体や権力を批判する文脈で用いることのほうが多いが、冷戦の終焉を挟んで以前と以後とで、用いられ方の文脈はシフトしている。

冷戦期において「帝国」という言葉は、基本的に東西のイデオロギー対立のなかで敵対する体制を絶対悪として名指す際に用いられた。すなわち東側から見れば、アメリカは打倒されるべき資本主義の最高段階としての帝国主義国家であり、西側から見れば、ソ連は市民的自由の抑圧された全体主義的な専制帝国国家であった（冷戦の末期、レーガン大統領はもっと直截に「悪の帝国」とソ連を名指した）。また米ソ両国は、互いに相手が行う他国への干渉を民族自決の原則に反する帝国主義的干渉として激しく非難した。

翻って今日、冷戦期のようなイデオロギー対立はすでにない。もちろん冷戦の終結によって「唯一の超大国」となったアメリカに対し、特に二〇〇一年の同時多発テロ事件以降の一国主義的な外交姿勢をとって、その帝国性を批判する論調はたしかにあった。アメリカの政治学者ウォルター・ラッセル・ミードは、アメリカの対外政策の歴史は、大陸的な農業国家を志向するジェファソニアンの伝統、海洋的な通商国家を志向するハミルトニアンの伝統、国威を重んじ、武力行使に躊躇しないジャクソニアンの伝統、そして国際社会への理想の普及の責務を自らに課すウィルソニアンの伝統の四つの組み合わせの変遷として捉えることができると論じている(Mead 2002)。これに従えば、「テロとの戦争」を掲げ、イラクの民主化を最終的な根拠として戦争に踏み切ったブッシュ(子)政権の対外姿勢は、ジャクソニアンとウィルソニアンが複合した「デモクラシーの帝国」(藤原 二〇〇二)と評することもできよう。

留意すべきは、こうした帝国としてのアメリカの評価が、必ずしも、「アメリカ＝帝国＝悪」という枠組みに収まらないということである。詳しくは次節に述べるが、民主主義や自由といった普遍的価値をグローバルに保障するパワーとして帝国を肯定的に捉える議論が出てくるようになり、むしろアメリカが帝国として責任を果たすことを求める主張が一定の広がりをもつようになった。いいかえれば、帝国は絶対悪の隠喩ではなくなったということである。

帝国を絶対悪とする言説的な枠組みを解除して考えれば、冷戦的な帝国にも別の光が当たる。それは近代化のモデル／ルートを提示する国家としての帝国という側面である。アメリカとソ連はイデオロギー的に敵対していたが、それは互いに自国のほうが優れた近代国家であるという主張において戦われたものであり、より優れた近代国家をめざすという同じレースの上での競争という意味では、両国は共通の土台に乗っていた。しかも単に近代化という抽象的なゴールにおいて共通であるだけでなく、(1)そのゴールが、典型的には「物質的豊かさ」という尺度で測定可能な一次元的進歩の延長のうえに捉えられていること、(2)その一次元的進歩は、典型的には官僚的合理性を通じて国家によって適切に管理されることで最もよく達成できると考えられていること、そして(1)および(2)の帰結として、(3)国家による進歩の管理の焦点は、その進歩の速度(および進歩の果実の分配の順序)に主にかかるということ、この三点において、東西の両帝国が提示する近代化のモデル／ルートは共通の文法にしたがっていた。ウェスタッドが指摘したように、第三世界から見たとき、冷戦とはむしろ近代化モデルの輸出競争であった(ウェスタッド 二〇一〇)。

イマニュエル・ウォーラーステインは、このことを開発主義(developmentalism)および自由主義国家という概念で説明している。開発主義とは、「あらゆる国家は開発を目標としており、その開発という目標への進歩は測定可能、かつ合理的な政策によって加速可能である」(Wallerstein 1979, pp. 153-154)という考え方である。とりわけ、生活の豊かさや工業生産、人工衛星の打ち上げなど近代化の達成を競った初期の冷戦には、米ソ両国、東西両陣営の各国が、開発主義のパラダイムにともに深く埋め込まれていたことが顕著にあらわれている。

さらにウォーラーステインはこの開発主義を実際に推進した国家の特質を自由主義に求めた。彼はフランス革命以降のイデオロギー空間を本質的に、保守主義(変化の拒否)、自由主義(変化の推進)、社会主義(変化の即時の完遂)の三者関係だと捉え、保守主義が次第に「変化の拒否」から「より遅い変化」を、社会主義が次第に「変化の即時の完遂」から「より速い変化」を求める立場へと軟化することで自由主義の変種(保守的な自由主義とラディカルな自由主義)へと変容し、一九世紀末にはイデオロギー空間全体が自由主義を文法とするようになったという(自由主義のジオカルチュア)(ウォーラーステイン 二〇〇〇)。

自由主義が、それぞれ「より遅い」あるいは「より速い」変化を求める左右の両翼を抱える際に用いたレトリックは「適切な速度の変化」である。思想的に啓蒙主義の子である自由主義は、その「適切な速度の変化」の適切性の根拠を合理性、つまり科学と技術的理性に求めた。この意味で、自由主義がすべてのイデオロギー的立場の前提になったということは、いいかえれば、進歩を前提とする統治があらゆる近代国家の前提となったということである。「適切な速度」を決める権力が、東側では前衛党に占有され、西側では中道左派と中道右派のあいだの議会での調整に委ねられたという違いはあれ、いずれにせよ議会制民主主義の形式で決められた「適切な速度」の進歩が官僚的合理性によって推進された点で、両帝国はともに自由主義国家のモデルであった。

だが、この自由主義国家への信憑は冷戦の後半期、一九七〇年代以降から徐々に揺らぎはじめる。環境問題や原子力問題などを契機として科学技術文明への懐疑が広がるとともに、世界経済全体の拡張が鈍化したことで、政治の重心が、進歩の果実の階級間の分配から、変化のリスクに対する個別のステークホルダーからの合意調達へとシフトしはじめた。統治の前提としての自由主義――「適切な速度」の進歩への前提的合意――が地盤沈下を起こしたことで、ウォーラーステインは近代化の持つ二つの側面の矛盾が顕在化しやすくなったと指摘している。その二つの側面とは、技術革新(innovation)としての近代化と解放(liberation)としての近代化である(ウォーラーステイン 二〇〇〇、第七章)。

技術革新としての近代化は、本質的にゴールを持たない無限に開かれた過程である。典型的な指標は資本蓄積であり、昨日よりも今日、今日よりも明日への量的拡大を追求するものである。これに対して、解放としての近代化は、本質的に二値的――自由か、しからずんば死か――であり、たとえば民主化の達成のようにゴールに至らなければ意味を持たない。自由主義国家が依拠した「適切な速度」の進歩というレトリックは、技術革新の積み重ねによって最終的かつ遠すぎない未来に解放が実現するというメッセージとして機能し、前者と後者の調停を一定期間成功させた。しかしすでに述べた通り技術革新の帰結への信憑が低下し、自由主義国家の成立から世代が下って「遠すぎない未来」が具体的にいつなのかが問われだしたことで、レトリックの説得力は失われていった。

冷戦の終結は、いわばすべての政治的選択を東西対立の二者択一に整理することで、近代化の前提にこの自由主義国家の枠組みを強制してきた言説的枠組みの終焉でもあった。その枠組みが崩れたことで、国家が近代化を担う主体として振る舞う際の文脈も流動化した。たとえばパラグ・カンナ(カンナ 二〇〇九)は、ウェスタッドが冷戦を第三世界――米ソ両「帝国」の提示するモデルとリソースによる近代化を目指す諸国家――の目で見たのとパラレルなしかたで、現代をポスト冷戦の文脈において近代化を目指す諸新興国――(すでに近代化を果たした「第一世界」とさしあたり近代化の望みのない「第三世界」のあいだにある)「第二世界」と彼は呼ぶ――の目で地政学的に見る視点を打ち出している。そしてそこに彼は、アメリカ、中国、ＥＵという三つの「帝国」を見出している。

この「帝国」もまた、「第二世界」の諸国に近代化のモデルとリソースを提供するという意味で、冷戦期の米ソと同じように「帝国」なのだが、二極ではなく三極化したことで「第二世界」諸国がこれら三つの帝国のあいだで戦略的に振る舞う度合いは高まっているとパラグ・カンナは指摘している。しかしより重要なことは、もはや自由主義のレトリックが機能不全に陥っている世界において、これら三つの「帝国」が提示する近代化のモデルは、二つの近代化の側面――技術革新の近代と解放の近代――について、両者を調和させる自由主義的なモデルの外側に出ざるをえない傾向を帯びるということである。端的に言えば、パラグ・カンナのいう三つの「帝国」のなかで、中国が提示するモデルは技術革新（経済開発）を優先させ、解放（民主化のほか、環境などの社会的イシュー）を劣後に置く近代化に傾いている一方、EUは、たとえば環境問題や労働問題などについて「フェア」であるという認証を受けた企業からしか原料を購入しないといったCSRの取り組み（藤井 二〇〇五）などを通じて、いわば経済発展を民主化や社会的イシューに従属させるモデル、つまり解放に技術革新を従属させるモデルに傾いているように思われる。

この点で、冷戦期からの（近代化のモデルを提示する理想国家としての）「帝国」としての連続性を持つアメリカは、最も守勢に立たされている。中国とEUのモデルが、方向性は逆ながら二つの近代化の両立不可能性をある程度前提にしてどちらかに踏み出しているのに対して、アメリカの提示するモデルはいわば両立不可能性の否認にとらわれている。それはよく言えば、リベラルなデモクラシーと豊かな社会の両立可能性をあくまで追求するということであるが、実際にはしばしば二つの近代化を無媒介に短絡するイデオロギーに陥りがちであり、技術革新の近代化を追求することを解放そのものとみなしたり、[1]「解放（民主化）を強制すれば、技術革新（市民社会の発展）はついてくる」というかたちで武力による干渉を正当化する論理に転化したりする。[2]この意味で、ポスト冷戦期から今日にいたるまで、依然として中国やEUよりもアメリカが帝国批判の投影先となりやすいのは、現代においてアメリカ「帝国」の提示する近代化モデルが最もイデオロギー的になりやすいからである。

本節では現代世界の帝国化の第二のレイヤーとして、自由主義国家の没落が帰結した近代化のモデル国家としての帝国の変容について概観した。このレイヤーにおいて、冷戦の終焉は、地政学的な表層においては二極から三極への帝国構造の変容としてさしあたり捉えることができるが、イデオロギー的な深層においては、二つの近代――ウォーラーステインの言う技術革新の近代と解放の近代――の間の関係を巡って、「適切な速度」の進歩による両者の調停に替わって、むしろ二つの近代の両立不可能性を前提にした近代化の再定義をめぐる争いへの変容がもたらされている。

三　「国民国家《ネイション・ステイト》」の変容と普遍主義の政治

先に引いたように開発主義は「あらゆる国家は開発を目標として」いることを規範的に前提としている。近代化を唱導する主体としての帝国は、より長期的な歴史の文脈においては、普遍主義的統治の単位としての帝国の一変種である。帝国はしばしばパワーの非対称性を前提にした他国への高圧的な外交姿勢によって特徴づけられるが、その高圧的な外交姿勢の背後には、それを正当化する普遍主義的イデオロギーが作用しているのが普通である。世界史のあちこちで帝国は普遍的価値の伝道者として振る舞ってきた。いうまでもなく、帝国が唱導する普遍的価値が実際にはしばしばそれほど（たとえば特定の信仰を前提としているといった意味で）普遍的ではない。ゆえに帝国と普遍主義の問題は、（1）普遍的価値は暴力の使用や他国への干渉を正当化するのか（および、正当化するとしてそれはどのような場合か）という水準と、（2）帝国の普遍主義的価値主張は本当に普遍的なのかという水準の双方で問われうる。

まず第一の水準において、冷戦終結以降の世界においては、明らかに普遍的価値主張に正当化の根拠を置く暴力の使用のハードルは下がったといえる。その典型は、当初大量破壊兵器の不正な保持を理由とし、最終的に民主化を根拠として進められた――根拠の変化は重大な問題だが、いずれも普遍主義的価値主張であることに変わりはない――

二〇〇三年のイラク戦争である。前節にも触れたが、二一世紀に入ってからの「帝国」という言葉の氾濫の直接的な契機は、二〇〇一年の米国同時多発テロ事件以降のアメリカの対テロ戦争と一国主義的外交に求めるのが妥当であろう。このいわゆる一国主義的外交の背後にあるのは、人権と民主主義の普遍主義である。しかし、このイラク戦争やテロとの戦いを推進したブッシュ(子)政権やネオコン(代表的な論者として、ケーガン 二〇〇三)が特殊に「帝国」的なわけではない。クリントン政権は、コソボ紛争においてNATO軍による空爆を推進したが、この空爆は国際法的には違法とする見解が主流でありながら、「人道的介入」の名の下に国際社会において正当化された。また国連でも、冷戦後の地域紛争や内戦などでジェノサイドのような切迫した深刻な人権侵害が拡大する事態を受け、前世紀末ごろから武力紛争下の文民保護が国際人道法上の課題として検討されはじめた。これを受けて、カナダ政府の主導で「干渉と国家主権に関する国際委員会(ICISS)」が設置され、同委員会は二〇〇一年、国家主権が人々を保護する責任を果たせないときに国際社会がその責任を負い、その責任は不干渉原則に優先するという理念を打ち出す『保護する責任』報告書を国連総会に提出した。

もちろん今日においても、保護する責任が軍事行動をともなうケースは例外に位置づけられており、その例外を許す条件についても国連総会や国連安保理で確認されたルールがあるわけではない。しかし、それでも人権の保護を理由とする国際社会による干渉の正当化が理念として共有されるようになったことは、帝国概念の規範的意味における大きな変化である。帝国は存在論的に悪であるとはかぎらないばかりか、むしろ国際社会における責任の負担者として規範的に肯定されるべき側面さえ帯びうることになる。

このことを積極的に論じている論者に、『保護する責任』をまとめた「干渉と国家主権に関する国際委員会」のメンバーとしても活躍した政治学者であるマイケル・イグナティエフがいる。彼は著書『人権の政治学』で「保護する責任」に関する自身の考えを述べている。彼は、国民国家はかつて人権を保障する基盤であり、今日においても依然としてそうであるとしつつ、他方で特に冷戦終結以降、そうした機能を果たす能力を欠いた国家や、さらに深刻なことに国民国家自体が人権侵害の当事者となるケースが増えたことで、人権保障のリソースを国際社会全体に求めざるをえない状況があることを強調している。またその後『軽い帝国』では、領土や権益を求めて武力を行使し、そこに居座る従来の「重い帝国」とは異なり、急迫した深刻な人権侵害の危険に際して機動的に介入し、危機が去ったら直ちに撤退する「軽い帝国」の意義を説いている。さらに『許される悪はあるのか?』(原題：*Lesser Evil*)では、たとえば差し迫ったテロの危険があるときに、その情報を得るためにテロ容疑者を拷問にかけることは許されるかといった問題にまで踏み込んで、帝国が行使する暴力を「より小さな悪」として許容できる限界の測定を試みている。

繰り返しになるが、このようなイグナティエフの議論の背景にあるのは人権と国民国家とのあいだの関係の変化である。人権はフランス革命とともに発明された普遍主義的概念である。だがフランス革命当時、人権をその普遍性において保障する政治的機構は存在しなかった。実際には人権はシチズンシップ(市民権＝国籍)として、つまり特定の国民国家への帰属を通じてはじめて保障されるものとして普及していった(トーピー 二〇〇八)。この意味で国民国家と対置される帝国は、ながらく人権抑圧者という意味で専制の系にほかならなかった。一九世紀には近代化を遂げた、あるいは少なくとも近代化の能力を持つヨーロッパの国々――「文明国」――だけに認められていたネイションの資格が、二〇世紀に入ってレーニンとウィルソンによって、まずヨーロッパの周縁――特にオスマン帝国の抑圧下にあるとされた諸ネイション――を念頭にその適用を拡張された。第二次大戦後にネイションの自決がグローバルな規範となり、六〇年代に向かって民族解放が進んだ過程と、一九四八年に世界人権宣言が採択されて、一九六六年の国際人権規約の採択に至った過程とは、ネイションを基礎とした普遍的価値のグローバルな共有の過程として一体である。

だが今日、国民国家はしばしば人権の抑圧者として振る舞う。純粋な国民国家というものが現実には考えられない以上、あらゆる国民国家にはマイノリティ集団が存在する。ネイションであることが政治的な意思決定の単位としての承認をうける条件となっている世界では、これらのマイノリティ集団にはネイションとなることを追求せざるを得ない構造的な圧力がかかっている。国民国家には本質的に同化を要求する契機がはらまれているからだ。既存の国民国家がそうしたマイノリティとの共存に失敗すれば、当該国家のマジョリティ・ネイションは、すでにマイノリティの人権の抑圧者として振る舞いはじめていることになる。その緊張が、なんらかの文脈やきっかけを与えられて武力を伴う事態にまで進展すれば、その人権抑圧はジェノサイドを含む急迫した深刻なものへと容易にエスカレートする。そこではネイションの論理こそが人権を蹂躙するのである。

かくして人権との関係で国民国家と帝国の関係は逆転する。冷戦期まで、帝国からのネイションの解放は人権のグローバルな普及の過程と不可分であった。しかし冷戦終結以後、現代の世界においては、国民国家の機能不全、さらには国民国家自体によって人権の危機が生じ、不干渉の原則がその解決を阻むようになった。そうした人権の危機から人々を救うためにむしろ帝国の力――国際社会のリソースを効果的に結集して外部から介入する力――が必要とされている。そしてこの意味での国民国家の変容が現代世界の帝国化の第三のレイヤーの背景となっているのである。

普遍主義の暴力に対する抵抗、あるいは普遍主義の暴力からの解放の根拠としての国民国家の価値が相対化されたことで、もっとあからさまに帝国を肯定する論調も説得力をますようになった。その代表としてはニーアル・ファーガソンが挙げられる。彼は二〇〇一年の同時多発テロ事件以後のアメリカの「テロとの戦争」を批判する。しかしそれはアメリカが帝国的だからではない。アメリカが十分帝国的でないからである。歴史家であるファーガソンは一九世紀のイギリス帝国を高く評価する。イギリスが、帝国として植民地の近代化に深くコミットしたからである。アフリカやアジアの植民地に近代国家の制度やインフラを築くために「何万ものイギリスの前途有為な若者が、熱帯性の病気が渦巻く異国に身を投じ、その地の土となった」と彼は言う(Ferguson 2009)。

これに対して、現代のアメリカ「帝国」は、介入する前から撤退の話ばかりしていると彼は批判する(Ferguson

2005)。介入先の国家建設(あるいは平和構築)を見届けるまでは決して撤退しないというコミットメントを示さなければ、現地の諸勢力のコミットメントは得られない。じきに出ていくとわかっている外部勢力が得られるのはせいぜい面従腹背程度の協力でしかない。二〇〇三年のイラク戦争後のイラクの混乱はアメリカの帝国としてのコミットメントが足りないことが原因であると彼は断ずる。近代以降の世界においては、普遍的価値の普及と保障のためにグローバルな責任を負う政治的パワーが必要だという考えが、ファーガソンの主張の根底にはある。

ここまで前節および本節においては、帝国を基本的に国家の対外関係においてみてきた。いわば外交の質としての帝国を論じてきたわけであるが、第一節で論じたように、帝国は国家の内的関係において、いわば統治の質としても論じられるべき側面を持つ。もう少し正確に言うと、帝国はその理念においては世界と同一であるので、帝国化は、それまでの対外関係と対内関係の規範的な区別がなくなるようなしかたで、対外関係と対内関係の双方を変容させることになる。

帝国が世界と同一であるということは、対内的には、帝国の内部にはできるだけ多くの多様性が包摂されることが正統性の傍証となるということである。単一のネイションで構成された国家はそういった帝国の対極に位置する。ゆえに対内関係の帝国化は多文化主義化として現れる。

そもそもネイションはもともと共通性に基づいた連帯の根拠として発案された概念である(ブルーベイカー 二〇〇五)。先にも述べた通り、そこには本質的に同化の圧力が伴う。かつては同化を通じて国民に統合されることが市民権の保障になったわけであるが、いまや同化は市民権を脅かすものとなった。多文化主義は、こうしたネイションの同化主義の暴力に対する反省に立ってでてきた考え方であるが、こうした反転にウルリッヒ・ベックのいう再帰的近代の論理を見ることは難しくない。すなわちまずベックは、自然や伝統へ向けられた再帰的介入による解放の過程としての一九世紀以来の近代化を「第一の近代」と呼ぶ。「第一の近代」が構築した近代的な制度――科学、核家族、議会など——の発展は、豊かさや自由を実現したが、同時に予期せざる問題——環境問題、個人化、ポピュリズムなど——の増殖も帰結した。二〇世紀末葉以来、私たちは、いわば第一の近代自体への再帰的介入に迫られる社会を生きている。これをベックは第二の近代、あるいは再帰的近代と呼ぶ（ベック他 一九九七）。国民国家の構築を通じた解放から国民国家によるマイノリティの抑圧への変化は、再帰的近代化をもたらす屈折そのものである。

このように近代化の屈折の帰結に帝国化を見るという点では、再度ネグリ／ハートの議論を参照することができる。彼らは近代化の帰結を、超越性の消滅／外部の消滅として捉えており、それをもって彼らのいう〈帝国〉の本質的条件だとしている。第一節で述べた通り、その〈帝国〉ではミクロに活用される「市場」のレトリック——そのひとつの典型が諸種の経済特区である——が、資本による搾取の源泉となる差異の増殖を強要する力として作用する。同書においてこの「生産の移行」の分析と対になるのが「主権の移行」の分析であるが、そこで指摘されているものこそ、ネイションから多文化主義への統治の正統性のシフトなのである。外部のない、したがって自己を世界そのものとして正統化する権力としての帝国⑶は、一方でその普遍的な包摂性を誇示するために多文化主義的なレトリックを行使しつつ、他方で、もはやフロンティアとなる外部のない〈帝国〉に搾取の源泉としての差異を供給するために同じレトリックを活用する。つまり〈帝国〉は万人に開かれているという建前によってその統治を正統化しつつ、その内部で絶えず表明されるように促された差異を資本へ備給する。ただし、そうして表明された差異が価値を生む保証はない。個人は包摂の代償に差異が価値を生むかどうかの試行錯誤に引き込まれるだけであり、その帰結は自己責任に委ねられる。同じことをベックは「個人化」、すなわち高度に近代化した社会が提供する多すぎる生の選択肢を前に選択のリスクを過剰に負わされた個人の問題として提示している（ベック 二〇一一）。

さらに帝国の統治の問題は、個人化と自己責任の蔓延だけではない。それはさしあたりは帝国による包摂の内側の問題でしかない。帝国はたしかに普遍的包摂を掲げる。理念的にはそこに外部はない。しかし実際には帝国的な統治から外部が消えたことはない。そしてその普遍的包摂の外部に置かれた存在、包摂され損ねた存在は、帝国によって存在を否認され、統治の対象の外、法の適用の外に置かれる。つまり、あらゆる人間が包摂されているはずの統治にとって、そこに包摂されない存在は人間とはみなされなくなる――もっと正確にいえば人間であることをはぎ取られて「むき出しの生」を生きることを余儀なくされる――という逆説があるのである。このように帝国によって法の外に打ち捨てられた存在を、ジョルジョ・アガンベンは古代ローマ法のユニークな解釈に基づいて「ホモ・サケル」と呼んだ(アガンベン 二〇〇七)。彼は帝国的な統治の症候としての「ホモ・サケル」が観察される典型的な場所として強制収容所の存在を挙げる。たとえばテロの容疑者への拷問が日常となっていたキューバのグァンタナモ収容所が想起されよう。そこはまさに法の適用の外部であり、人権の外部である。強制収容所は帝国の普遍主義的統治の限界を消し去ろうとして消し去りきれない場所にほかならない。

本節冒頭に掲げた、帝国と普遍主義の問題の第二の水準、すなわち帝国の普遍主義的価値主張は本当に普遍的なのかという水準の問題は、原理的には、この帝国が理念的に追求する普遍的包摂がそこから漏れる存在に対して苛烈な「むき出しの生」への放逐を帰結するという点に集約される。だが現実の世界における帝国化は、ネイションの意味価を変容させつつも、いまだ国民国家によって構成されるシステムにおいて進行しており、その意味では帝国の普遍的価値主張の限界は、本節に論じたよりもっと手前のところで顕在化している。だがその次元での帝国化を論じるには、単にネイションの変容のレイヤーにおいてだけではなく、より深い次元での国家の変容、すなわち領域主権の相対化のレイヤーに降りて論じる必要がある。

四　領域主権の相対化と新しいパワー・ポリティクス?

すでに述べたように帝国の概念はながらく――一九世紀前半から二〇世紀後半にかけて――ネイションとの対照において、すなわち近代的な国民国家の正統性のネガとして捉えられてきた。前節では主に、国家の正統性に関するそうした（国民国家を規範=常態《ノーム》とする）近代的前提が限界を迎え、ごく広い意味でポスト近代的な秩序に世界が移行しつつある予感とともに語られる理念的な帝国化について論じたが、[4] より現実的な次元では、逆にそうした近代的前提が相対化された結果、近代において国民国家間システムに蓄積されてきた規範的枠組みのいくつかが妥当性を低下させ、あたかも近代が克服したはずのある種の無秩序へと世界が逆戻りしてしまうかのように見える変化も生じている。

このいわばポスト近代化とプレ近代化の同時進行はかなり早いうちから指摘されていた傾向である。たとえば、フランシス・フクヤマは『歴史の終わり』において、冷戦終結後の世界は、リベラルな民主主義へ向かう歴史を終えた諸社会からなる「脱歴史世界」とまだリベラルな民主主義を実現していない諸社会からなる「歴史世界」とに二分され、今後当面の国際社会の主要な問題はこの二つの世界の界面において生じると論じ、特に両世界をまたぐ資源、技術、人間の移動が大きなイシューとなって、利害の衝突が起こりやすくなると主張した。また田中明彦は『新しい「中世」』で、制度や規範の共有が進んで主権国家の論理が克服されつつある新中世圏、依然として主権国家の論理が支配する近代圏、そもそも主権国家の構築に失敗している混沌圏という三層化によってポスト冷戦の世界システムを見る視角を提示した。新中世圏は脱歴史世界に、近代圏と混沌圏が歴史世界に概ね対応しているといってよいだろう。

国家の規準の観点から見るとき、こうした変化の焦点は、領域主権の相対化に見出される。すなわち現在起こっていることは、一方で国家間システムの上面においてある種の規範の収斂が生じ、いわばポスト近代的なかたちで領域主権の乗り越えが起こっているのに対して、国家間システムの下面では主権国家としての統治能力を欠いた「疑似国家」(Jackson 1993)が、しばしば軍閥やマフィア、海賊やテロリズム集団、さらには外部からのむき出しのパワーの介入などによって蚕食され、領域主権国家によって分節化された国際社会の秩序が掘り崩されるという事態である。いわば国家間システムの上面と下面の双方で、ギデンズのいうパワーの容器《コンテナ》(ギデンズ 一九九三)としての領域国家の解体が——ポジティブにもネガティブにも——すすんでいるわけである。

歴史的に見たとき(特にヨーロッパ史の文脈において)、近代国家の成立の前史にあったのは、領域国家と都市との競合であった。近代国家以前の常態は帝国と都市によって空間的に分節化された世界であり、領域国家の並存によって空間秩序が構成されたシステムが標準化されるのは、話をヨーロッパに限定して早く見積もっても一七世紀以降のことでしかなく[5]、グローバルに見れば一九世紀以前には遡れない。帝国化の第四のレイヤーはこの領域国家の相対化によって引き起こされる世界システムの空間秩序の変容に定位される。

領域国家の相対化はさしあたり二つの現象、すなわち広域国家の興隆と都市の興隆として顕在化している。まず広域国家についていえば、冷戦終結直後には「唯一の超大国」となったかに見えたアメリカであったが、実際にはアメリカのパワーの相対的低下は冷戦後期から生じており、一方で西欧諸国との離間、他方で中国をはじめとする新興経済の勃興によって、現実の世界システムに起こったことは世界システムの一極化ではなく、多極化であった。その多極化で(再)浮上してきたパワー——中国、ロシア、インド、ブラジルなど——のほとんどが広大な領土を持つ大規模国家である。この多極化状況を「Gゼロ後の世界」と呼ぶイアン・ブレマーは、私たちが直面しつつある世界システムを米中間の緊張関係とその緊張関係から相対的に独立して動く諸地域大国の勃興を基調とする見通しを提示している(ブレマー 二〇一二)。米中をはじめ、ロシア、インド、トルコ、EU[6]などといった彼の描く多極化した世界システムの主要アクターは、そのほとんどが典型的な領域国家——均質な国民国家の建設に多かれ少なかれ成功した近代国家——に収まりきらない重い過剰を抱えた広域国家——文明性を帯びた大規模国家——である。この傾向は、しばしばジャーナリスティックに現代世界の「帝国化」と名指されるものでもある。

他方で都市についていえば、まず現在において、世界人口の半数以上は都市に居住している。一般に社会の都市化は、当該国の人口の半数以上が都市に居住することを規準とすることに照らせば、私たちはグローバルな都市化世界に生きているということもできる。こうした外形的な都市化からさらに踏み込んで指摘できるのは、生産と統治の両面で領域国家の機能不全と都市の実効性とが対照的な傾向となっていることである。

たとえば、サスキア・サッセンはいまや古典となった『グローバル・シティ』において、付加価値生産の重心が製造業からサービス業へ(モノの生産から情報の加工へ)移ったことで、富の蓄積と均霑《きんてん》は領域国家の単位で面的に起こるのではなく、都市間の多層的なネットワーク内を回流するだけとなったと指摘している。ロンドン、東京といった「グローバル・シティ」の繁栄は、イギリスや日本の発展との結びつきを弱め、ニューヨークの発展はアメリカの中間層の没落と表裏一体であるだけでなく、ニューヨーク州の発展とさえ結びつきを持たなくなった。これらの大都市は、むしろグローバルなネットワーク上で結びついた他の都市との相互依存関係の上にその生命力を得ているのである。

またアメリカの政治学者であるベンジャミン・バーバーは、グローバル化によって統治の諸問題が本質的に国境を越えたものになった今日、領域国家は統治の単位として機能的に不適切だと主張する。くわえてバーバーは領域国家の統治では、統治者と被治者とのあいだの結びつきが薄く、しばしば住民不在になるばかりでなく、その結びつきの薄さを埋め合わせるためにイデオロギーが介在しがちになり、領域国家間の合意も困難であると指摘する。これに対してバーバーは都市の機能的有効性を強調し、都市では実際的必要性に立脚した統治者と被治者とのあいだの連帯が生きており、政治的共同体としての実質を具えているだけでなく、そうした実際的必要性の観点で行動する市長と市長のあいだでは国境を越えた協調行動も容易であると主張する(Barber 2013)。経済学者のポール・ローマーのように、憲章(charter)に基づいて途上国に国家内都市国家を構築し、生産要素の適切な配分を促して、経済成長を実現しようとするチャーター・シティ(7)を推進しようとする動きもある。

こうした広域国家のプレゼンスや都市のレリバンスの増大は、表層的に見ると、領域国家以前の世界の空間分節、すなわち帝国と都市によって構成された世界への単純な回帰のようにも見えるが、もうひとつ考えあわせるべきは、こうした空間分節の様式の変化の条件となる移動の技術の変容である。ウマの管理と騎乗の技術、自然力を用いた外洋航海の技術、化石燃料を用いた移動の技術といった技術革新は、グローバルな空間編成の様式を更新する重要な条件となってきた。そしてその趨勢はフロンティアの拡張にあった。かつて世界の果てだった草原はウマ以降交通空間に変わり、かつて世界の果てだった海は外洋航海技術によって交通空間に変わった。化石燃料を使用する移動手段——鉄道、蒸気船から始まって自動車、航空機まで——の普及は、近代の空間的拡張そのものであった。

翻って今日、こうした空間分節の様式の変容を促している主要な技術的条件は、情報技術である。領域国家の機能不全は、デジタル化とインターネット以前の技術環境で構築された統治のしくみが、今日の技術環境下で妥当性を低下させていることの表れであるともいえる[8]。ただ、それまでの移動の技術革新が、物理空間の移動可能性を広げるものであったのに対して、情報技術は物理空間を圧縮する方向に作用する。この意味で、情報技術の進展と並行して進んだグローバル化は、物理空間におけるフロンティアの縮小、あるいは消滅を示唆するものである。

これに対して、インターネットの普及当初にはサイバー空間に新たなフロンティアを見出そうとする議論は多かった。たしかにコネクティビティの増大は人間の創発性を傾向的に高めることが強調される一方で[9]、サイバー空間に人間活動の重心が移ることで、個々の人間は、それぞれ自分に最適化されたかたちで提示されるフィルター済みの世界の外部と接触する機会を失い、いわば認知上の世界はむしろフロンティアを消滅させているとする議論が説得力を持つようになってきた（パリサー 二〇一二）。

情報技術の文明論的インパクトを正面から論じることは本章の射程を超えるが、このようにしてみたとき、現代世界の帝国化が論じられる際の深層に世界が閉じる感覚があるということは指摘できるだろう。ゆえに一見領域国家以前の世界に戻ったような、現代の広域国家間の緊張や都市間の競争も、資源や領土あるいは機会の源泉であるフロンティアの奪い合いというより、むしろモノ、ヒト、カネの流れのグローバル化に伴って増大する環境汚染や治安の悪化、金融上のリスクの押し付け合いの性格のほうが強まる傾向を帯びる。そうしたかたちでの広域国家と都市による領域国家の浸食は、いわば押し付けられたリスクに吹き溜まりとなって必要な統治を提供できない国家を増やすことになり、結果生じる「疑似国家」(Jackson 1993)では人々は法の外へ投げ出され、前節にも述べたように、広域国家のパワーや都市のネットワークへのアクセスを欠いた人々が、むき出しでリスクに直面させられることになる。ポスト冷戦期以降の難民の増加はその端的な表れといえよう。

おわりに――レイヤー間の相互作用

本稿は、現代の世界システムを概観した際に「帝国化」と名指されることの多い変化を、それが参照している「帝国」の歴史の深度によって分解して捉え返そうとしたものである。その際、本稿は帝国が近代国家の限界に直面して喚起される近代国家以前の統治や空間秩序のイメージの源泉であるという着眼に立ち、近代国家の性格規定的な特徴を、その歴史的スケールの層(レイヤー)に応じて、そこから逆照射するかたちで議論を進めた。そうして本稿が提示した四つの層が、(1)福祉の提供者としての国家、(2)近代化の推進者としての国家、(3)ネイションの容器としての国家、(4)領域主権の保持者としての国家である。

これらの四つのレイヤーは概ね時間的スケールの短い順(歴史の深度の浅い順)に並んでいるが、すでに行論の中で示唆してきたとおり、各レイヤー間には相互連関がある。たとえば第三のレイヤーと第一のレイヤーは差異の搾取を蝶番にして相互に強め合う側面を持つ[10]。第二のレイヤーと第四のレイヤーは多極的な大国間政治を介して共振する(たとえば、カプラン 二〇一四)。第一のレイヤーと第二のレイヤーは分配的正義としての民主主義の退潮と解放の近代の相対化のあいだで接続している(ウォーラースティン 二〇〇〇、同 二〇〇一、特に第六章「自由主義と民主主義」参照)。第二のレイヤーと第三のレイヤーは発展の単位としてのネイションの妥当性の低下を通じて(サッセン 二〇〇八)、また第三のレイヤーと第四のレイヤーは連帯の根拠としてのネイションの妥当性の低下を通じて(ロザンヴァロン 二〇〇六)接続し、三つのレイヤーをまたいで連関する。そして第一のレイヤーと第四のレイヤーはフロンティアの喪失[11]という課題を共有している。

繰り返すが、現代の世界における「帝国」の言説は終わりの表象である。だが本稿に示そうとしてきたとおり、その終わりの意味は多元的・多層的である。さらに言うなら、そこで終わるもののスケールだけでなく、終わりによって生じる事態のスケールも開かれた問いとして残されている。たとえば現代世界の帝国化が——第四のレイヤーで論じたように——フロンティアの消滅というかたちで訪れるとして、それがどういう時間的・空間的様態で経験される「フロンティアの消滅」なのかといった問いに答えることは容易ではない。おそらくその問いに答えが出るときには、「帝国」という概念上の迂路——過去による未来の指示——を通る必要がない程度に、帝国化は現実化していることであろう。

注

(1) 特にリバタリアニズムを現代における帝国の主症状と考える論者はこの点に注目していると考えられる。

(2) 次節にも触れるが、いうまでもなく、いわゆるネオコン(新保守主義)の思潮は、この意味で帝国としてのアメリカを擁護するイデオロギーであった。

(3) なお共和制は、自己統治の論理が外部を消去する点において、帝国へと反転される契機を抱えている。共和国として建国したアメリカ合衆国が帝国へ反転する論理としてのアメリカ例外主義については、渡辺靖編『現代アメリカ』(有斐閣、二〇一〇年)所収の拙稿参照。

（4）本稿の射程から外れるため直接論じないが、この傾向には政治的なリベラルの側からのポストウェストファリア論も含まれる。たとえば、リチャード・フォーク『顕れてきた地球村の法——ポスト・ウェストファリアへの視点』（東信堂、二〇〇八年）やロバート・クーパー『国家の崩壊——新リベラル帝国主義と世界秩序』（日本経済新聞出版社、二〇〇八年）など。

（5）言うまでもなく、この一七世紀に起源を置く見方は、いわゆるウェストファリア史観と呼ばれるものであるが、この見方に対しては近年批判が強い。たとえば明石欽司『ウェストファリア条約』（慶應義塾大学出版会、二〇〇九年）、Andreas Osiander, "Sovereignty, International Relations, and the Westphalian Myth", *International Organization* 55 (2001), pp. 251–287, Benno Teschke, *The Myth of 1648*, (London: Verso, 2003) など。

（6）ＥＵを構成する主要国はもちろん領域国家の典型であるが、ＥＵはまさにそうした領域国家であることを脱することでＧゼロ後の世界のアクターとしてプレゼンスを持つ。

（7）このチャーター・シティの発想は、ある意味では第一節で論じた経済特区に象徴される新自由主義を突き詰めたひとつの形態であるともいえる。チャーター・シティの基本的な考え方については、Brandon Fuller and Paul Romer 2012, "Success and the City: How Charter Cities Could Transform the Developing World", MLI Publication (http://www.macdonaldlaurier.ca/files/pdf/How-charter-cities-could-transform-the-developing-world-April-2012.pdf) を参照。

（8）熟議民主主義の立場から議会制民主主義の限界を説く議論はしばしばここに論拠を置く。ユルゲン・ハーバーマス『公共性の構造転換』（未来社、一九九四年）、ベック他 一九九七のほか、特にキャス・サンスティーン『インターネットは民主主義の敵か』（毎日新聞社、二〇〇三年）参照。またドゥルーズの再解釈を通じて規律権力から管理権力への移行を論じたMichael Hardt, "The Withering of the Civil Society", *Social Text*, 45 (Winter, 1995), pp. 27–44（のちに改稿されてネグリ＆ハート 二〇〇三に再録）も参照。

（9）このことを超長期的かつポジティブに説く論者としてマット・リドレー（『繁栄』ハヤカワ・ノンフィクション文庫、二〇一三年）、批判の条件の変化として強調する議論に、いわゆる認知的資本主義（cognitive capitalism）論の潮流がある。たとえば、クリスティアン・マラッツィ『現代経済の大転換——コミュニケーションが仕事になるとき』（青土社、二〇〇九年）。

（10）政治的権力と経済的権力の分離の度合いと様態によって、所有の帝国、商業の帝国、資本の帝国に分類し、経済的権力が政治的権力から完全に分離した資本の帝国においては、一方で市場原理主義の論理で介入しつつ、他方で搾取のための差異を創り出す国家がかつてなく必要とされるようになると論じたエレン・メイクシンズ・ウッド（『資本の帝国』紀伊国屋書店、二〇〇四年）はこのことをよく論じている。

(11)　世界システム論の立場からヘゲモニー交替のメカニズムを論じてきたジョヴァンニ・アリギはヘゲモニーを領土権力と資本権力の結合と見る視角に立ち、ヘゲモニー国家は、「(1)既存の空間秩序を拡張的に再編して超過利潤を蓄積するマルクス的発展の局面において勃興し、(2)拡張された空間秩序のなかで技術革新の恩恵を均霑させるスミス的発展の局面において繁栄を享受し、(3)やがて次のヘゲモニー国家によるマルクス的発展によって衰退させられる」というモデルを提示した。彼は『長い二〇世紀』(作品社、二〇〇九年)で、そのプロセスがスペインとジェノヴァという帝国と都市の連携関係から出発し、オランダ、イギリス、アメリカへと継承されたと論じて、次のヘゲモニー国家には、拡張的な空間秩序の再編成の余地がないがゆえに中期的にも長期的にもフロンティアがないことを指摘したうえで、続く『北京のアダム・スミス』(作品社、二〇一一年)では、前近代の中国に(マルクス的発展なき)スミス的発展の歴史的事例を見出し、アメリカから中国への脱資本主義的なヘゲモニー移転(ヘゲモニーの発展的解消)の可能性を論じている。

参照文献

アガンベン、ジョルジョ 二〇〇七、高桑和巳訳『ホモ・サケル　主権権力と剥き出しの生』以文社。

イグナティエフ、マイケル 二〇〇三、中山俊宏訳『軽い帝国――ボスニア、コソボ、アフガニスタンにおける国家建設』風行社。

イグナティエフ、マイケル 二〇一一、添谷育志、金田耕一訳『許される悪はあるのか？――テロの時代の政治と倫理』風行社。

イグナティエフ、マイケル&ガットマン、エイミー 二〇〇六、添谷育志、金田耕一訳『人権の政治学』風行社。

ウェスタッド、O・A 二〇一〇、佐々木雄太ほか訳『グローバル冷戦史――第三世界への介入と現代世界の形成』名古屋大学出版会。

ウォーラーステイン、イマニュエル 二〇〇〇、松岡利道訳『アフターリベラリズム』(新版)、藤原書店。

ウォーラーステイン、イマニュエル 二〇〇一、山下範久訳『新しい学』藤原書店。

エスピン=アンデルセン、イェスタ 二〇〇一、岡沢憲芙、宮本太郎訳『福祉資本主義の三つの世界』ミネルヴァ書房。

オング、アイファ 二〇一三、加藤敦典、新ヶ江章友、高原幸子訳『《アジア》、例外としての新自由主義』作品社。

カプラン、ロバート・D 二〇一四、奥山真司監修、櫻井祐子訳『地政学の逆襲』朝日新聞出版。

カンナ、パラグ 二〇〇九、玉置悟訳『「三つの帝国」の時代』講談社。

ギデンズ、アンソニー 一九九三、松尾精文、小幡正敏訳『近代とはいかなる時代か？――モダニティの帰結』而立書房。

ケーガン、ロバート 二〇〇三、山岡洋一訳『ネオコンの論理』光文社。

サッセン、サスキア 二〇〇八、伊豫谷登士翁ほか訳『グローバル・シティ』筑摩書房。

田中明彦 一九九六、『新しい「中世」』日本経済新聞社。

トーピー、ジョン・C 二〇〇八、藤川隆男訳『パスポートの発明――監視・シティズンシップ・国家』法政大学出版局。

ネグリ、アントニオ&ハート、マイケル 二〇〇三、水島一憲ほか訳『〈帝国〉――グローバル化の世界秩序とマルチチュードの可能性』以文社。

パリサー、イーライ 二〇一二、井口耕二訳『閉じこもるインターネット――グーグル・パーソナライズ・民主主義』早川書房。

フクヤマ、フランシス 二〇〇五、渡部昇一訳『歴史の終わり』(上・下)、三笠書房。

藤井敏彦 二〇〇五、『ヨーロッパのCSRと日本のCSR――何が違い、何を学ぶのか』日科技連出版社。

藤原帰一 二〇〇二、『デモクラシーの帝国』岩波新書。

ブルーベイカー、ロジャース 二〇〇五、佐藤成基訳『フランスとドイツの国籍とネーション』明石書店。

ブレマー、イアン 二〇一二、北沢格訳『「Gゼロ」後の世界――主導国なき時代の勝者はだれか』日本経済新聞社。

ベック、ウルリッヒ 二〇一一、鈴木宗徳、伊藤美登里編著『リスク化する日本社会――ウルリッヒ・ベックとの対話』岩波書店。

ベック、ウルリッヒ&ギデンズ、アンソニー&ラッシュ、スコット 一九九七、松尾精文、小幡正敏、叶堂隆三訳『再帰的近代化』而立書房。

マーグリン、スティーブン・A&ショアー、ジュリエット・B編著 一九九三、磯谷明徳、海老塚明、植村博恭訳『資本主義の黄金時代――マルクスとケインズを超えて』東洋経済新報社。

ロザンヴァロン、ピエール 二〇〇六、北垣徹訳『連帯の新たな哲学』勁草書房。

ロドリック、ダニ 二〇一三、柴山桂太、大川良文訳『グローバリゼーション・パラドクス――世界経済の未来を決める三つの道』白水社。

Barber, Benjamin R. 2013, *If Mayors Ruled the World*, Yale University Press.

Ferguson, Niall 2005, *Colossus: The Rise and Fall of the American Empire*, Penguin.

Ferguson, Niall 2009, *Empire: How Britain Made the Modern World*, Penguin.

Jackson, Robert H. 1993, *Quasi-States: Sovereignty, International Relations and the Third World*, Cambridge University Press.

Mead, Walter Russel 2002, *Special Providence: American Foreign Policy and How It Changed the World*, Routledge.
Wallerstein, Immanuel 1979, *The Capitalist World-Economy*, Cambridge University Press.

2　学問としての「歴史のＩＦ」
――「未来の他者」を見つめる歴史学

赤上裕幸

一　歴史にＩＦは禁物だと言われるけれど

昭和史の重大な転換点となった満洲事変。そこから遡ること約一カ月半前。『朝日新聞』一九三一年七月三一日付朝刊には、「ＩＦで見た歴史」と題する小さな記事が掲載されている。

最近ロンドンで「若し別様に起りしならば《イフ・イツト・ハウド・ハプンド・アザワイズ》」といふ面白い本が出版された。前英国蔵相ウインストン・チヤーチルを始めとして十一名の一流政治家、文学者、歴史家、宗教家が各自勝手の空想を働かして前記「文明分け目の瞬間」が非歴史的に起つたとしたならばどんな結果になつたらうかといふことを述べてゐるのである。

『若し別様に起りしならば（*If it had happened otherwise*）』（一九三一年）は、Ｊ・Ｃ・スクワイアーが編者を務め、ウィンストン・チャーチル、Ｇ・Ｋ・チェスタトンといった豪華な執筆陣が論考を寄せた。チャーチルが扱った「歴史のＩＦ」は、南北戦争における「南軍の勝利」であった。ゲティスバーグの戦いで「勝利」した南軍のリー将軍は、自らの判断で、南軍が擁護していたはずの奴隷制を廃止する。この論稿は一種の「入れ子構造」になっていて、リンカーン率いる北軍の勝利が、架空の歴史として描かれている（Scquire 1932）。

歴史にIF（もしも……）は禁物である、としばしば言われる。悲しい哉、時間を操る術を持たないわれわれは、「実際に起こり得た歴史」の検証作業を行うことができない。反証可能性を持たない仮説に歴史家は冷酷であった。例えば、イギリスの歴史家E・H・カーは、『歴史とは何か』（一九六一年）の中で、「もしもあの時○○であったら、○○の結果が生じていただろう」という反実仮想の思考方法をparlour game（サロンの余興）と揶揄した。そして返す刀で「もうひとつの歴史」に想像を巡らす人々を'might-have-been' school of thoughtと切り捨てた。これに「「未練」学派」という訳語をあてたのが清水幾太郎である（Carr 1961, pp. 90-1／邦訳、一四三頁）。

歴史学で異端扱いされてきた「歴史のIF」も、娯楽としては人気を博してきた。歴史改変SFと呼ばれるジャンルの小説は、南北戦争、第二次世界大戦、ケネディ暗殺といった歴史の分岐点を浮き彫りにし、異なる発展をした社会の様相を描き出す。最も人気が高いのはナチス・ドイツに関するテーマである。この分野の代表作とも言えるフィリップ・K・ディック『高い城の男』（一九六二年）では、ドイツと日本に分割統治された第二次世界大戦後のアメリカ社会が舞台となっている[1]（堺 一九九六）。

一九九〇年代に社会主義体制が崩壊し、イデオロギーの力が衰退すると、反実仮想への評価も変化しはじめる。日本では戦後五〇年の節目に当たる一九九五年に架空戦記ブームが到来し、藤岡信勝らによる自由主義史観研究会も発足している。村上龍『五分後の世界』（一九九四年）、宮部みゆき『蒲生邸事件』（一九九六年）など、反実仮想の手法は一般小説にも広く採用されていく。他者の語りに耳を傾けんとするポストモダン思想の影響、情報革命に伴うサイバースペースの拡大は、「もうひとつの世界」に対する心理的障壁を徐々に低くしていった（吉田 二〇〇六、Rosenfeld 2005, p. 2, 7）。

歴史における虚実の皮膜が希薄化していく中で、ようやく学術的な観点から反実仮想の問題にも光が当てられはじめる。例えば、「もしもオーストリアの皇太子が暗殺されずに、第一次世界大戦が起こらなかったら……」といった仮定の話は、出来事の原因、因果関係あるいは必然性を理解する一助となる。アメリカの国際政治学者ジョセフ・ナイは、具体的な反実仮想のシナリオを用意し、それらを検討することで、第一次世界大戦の勃発は「高確率」ではあったが「不可避ではなかった」という結論を導き出している。「もしもイギリスが中立を維持していたら……」、「もしもアメリカが参戦しなかったら……」と、条件設定を変更して異なる結果を抽出する作業は、自然科学者たちが実験室で行う仮説の検証作業と同じである（Nye 2013／邦訳、九二頁）。

国際政治学の分野で応用可能性が示されつつある反実仮想の問題であるが、その学術的な論点や問題点が十分議論されてきたとは言いがたい。もちろん反実仮想が独断的な歴史修正主義へと陥る危険性は十分認識しておく必要がある。しかし、史実以外にもありえた可能性に思いを巡らせる反実仮想は、想像力を触発して、歴史のなかの「敗者」を救済する唯一の方法でもある。つまり、かつてベンヤミンが「歴史哲学テーゼ」で示したように、「〈過去の出来事は必然的に生起し、もはや呼び戻しようもないものだ〉という通念に亀裂を与える」可能性を秘めている（鹿島 二〇一五、八九頁）。

本論文では、まずは二一世紀における反実仮想研究のフロンティアを探る。さらには一九六〇年代の言説空間にまで時間を溯るなかで、過去／現在／未来を貫徹するアプローチとして「歴史のＩＦ」が持つ学術的可能性を明らかにしていきたい。

二　ヴァーチャル・ヒストリーの可能性

近年、「歴史のＩＦ」に注目が集まるようになったのは、スコットランド出身の歴史学者ニアール・ファーガソンが編著『仮想歴史（*Virtual History*）』（一九九七年）を出版したことが大きい。『仮想歴史』は「反実仮想の哲学を示した誰もが認める原典」とされ、ファーガソンの試みは「学術的なタブーを打破することに貢献した」と評された②(Roberts 2005, p. 8／邦訳、一九頁、Tucker 1999, p. 264)。

ファーガソンが仮想現実（virtual reality）を連想させる二一世紀的なタイトルで訴えようとしたことは、三つの特徴に分けて考えるとわかりやすい。第一の特徴は、「視点」の置き場所である。ファーガソンは、本論文の冒頭で紹介したチャーチルらの論集『若し別様に起りしならば』（一九三一年）を引き合いに出し、その分析視角が曖昧である点を批判していく。

過去の出来事を扱う時に、それよりも後に起こった出来事については触れないようにするものだが、この本ではむしろ執筆時〔引用者注―一九三一年段階〕の問題関心をもとに、各章が構成されている。例えば、「第一次世界大戦の惨劇はいかにして防ぎえたか」という記述は、厳密な意味での歴史記述ではなく、「あの時、こうすればよかったのになあ」という希望的観測の羅列にすぎない。(Ferguson 1997, p. 11)

ファーガソンによると、『若し別様に起りしならば』の中で、実際の史実よりも「悪く」描いたものは、一一名の執筆者中わずか一人だけであったという。後になってわかった事実に依拠してしまうと、自らの希望を交えた歴史解釈、すなわち希望的観測（wishful thinking）の罠に陥ってしまう。反実仮想の提唱者は、かつては歴史修正主義者と批判されたように、「ありえたかもしれない過去」を自らの主義主張に沿う形で利用することはたやすい。こうした歴史の「後知恵」(hindsight bias)を防ぐためにファーガソンは、「視点」の置き場所を明確にする必要性を強調した(Ferguson 1997, pp. 19–20)。

しばしば指摘されるように、「現在」のわれわれが「過去」と見なしているものも、かつては「未来」であった。歴史の必然性はそれを後から振り返ったときの回顧的な見方であり、歴史の当事者の視点に立って見れば、期待や不安に満ちた不確定な未来が目の前に広がっている。未来のシナリオは複数用意され、どのシナリオが実現するかは、それが実際に起こるまで誰にもわからない。想定していなかったシナリオが採用される事例も珍しくはない（Ferguson 1997, p. 71, 86）。

ファーガソンは、イギリスの歴史家トレヴァ＝ローパーの言葉を引きながら、出来事が起こる「以前」に予期されていた事実に着目しようとした。

過去の分岐点よりも前の、流動的で、まだ問題が何も解決されていない地点に身を置き、〔中略〕これからやってくる「未来」としてその問題と対峙することによってのみ、われわれは歴史から教訓を引き出すことができる。
（Trevor-Roper 1981, p. 365; Ferguson 1997, p. 85）

これとも密接に関連するが、『仮想歴史』の第二の特徴は、決定論に対する批判である。「歴史のＩＦ」をめぐる論争は、古くから繰り返されてきた決定論と自由意志論とのあいだの論争へと帰結する。歴史はすでに決定されているとする立場からは、反実仮想の前提となる歴史の複数性や未来の不確定性が否定されてしまう。特にファーガソンは、何か目的をもって書かれた歴史、進歩という一般法則を背景として書かれた歴史、物語として結論が明示される形で書かれた歴史などを「決定論」と呼んで批判した（Tucker 1999, p. 266）。そして歴史における偶然性の役割を強調する反実仮想が「決定論への解毒剤」になると述べ、自らの主張を展開していく（Ferguson 1997, p. 88）。

『仮想歴史』の第三の特徴は、反実仮想の「序列化」である。歴史学においては、実際に「生起したもの」を含む

「起こりえたはずのもの」と「起こりえなかったもの」は区別して論じられる(Berlin 1954／邦訳、二〇六頁)。同じように反実仮想の歴史学においても、蓋然性の高いものから順番に配置するべきだとファーガソンは提案した。つまり、「起こってもおかしくはなかったが、実現しなかったもの」と「起こりえなかったもの」を区別して論じる必要性に言及した。歴史改変ＳＦでは、南北戦争にカラシニコフ自動小銃(ＡＫ47)が用いられるなど時代錯誤なハイテク機器の登場も珍しくはない。[3] しかし当然のことながら、こうした荒唐無稽な発想は、反実仮想の「序列化」から排除される。ファーガソンはかく言う。

　反実仮想のシナリオは、単なるファンタジイではなく、シミュレーションでなければならない。複雑化する世界においてわれわれは、実際は起こらなかったが、起こってもおかしくはなかった出来事の確率を算出しようと試みる。「仮想歴史」(virtual history)と命名した所以である。(Ferguson 1997, p. 85)

ファーガソンは、「もうひとつの歴史」の実現性を判断する際、出来事の原因を推定し、「それがなかったらどうなるか」という問い('but for' questions)を投げかけていく。例えば、フランスにおける一八四八年の革命は、並木道での発砲が直接の原因であったとされる。もしも発砲がなければ、革命は本当に起こらなかったのであろうか。はたまた発砲がなかったとしても遅かれ早かれ革命は起こっていたのであろうか……。

歴史上の出来事の因果関係や反実仮想の実現可能性を判断するうえで根拠となるのが、当時の史料である。歴史の当事者の視点を意識したとしても、価値観が異なる時代の出来事を「実際に起こったとおり」に認識することは難しい。反実仮想の蓋然性を高めるために、ファーガソンは同時代の人々が紙やその他の記録媒体に残したものだけを証拠として採用しようとした。しかも、それは歴史家が認めた記録に限るとした(Ferguson 1997, p. 83, 87)。

レオポルト・フォン・ランケ以来の正統歴史学は、史料を用いた実証的考察に重点を置く。これに対してファーガソンは、「それが本来如何にあったか」を説明するためにも「それが本来如何に起こらなかったか」の理解が重要だと訴える。ファーガソンが自らの主張の拠り所としたのが、史実と同程度に実現可能性の高かった(しかし、実現はしなかった)「もうひとつの歴史」であった(Ferguson 1997, pp. 87-8)。

「歴史のＩＦ」を探る作業は、歴史は解釈であり、価値中立的な科学ではないとするポストモダンの影響力が強いように思える。だが、それは厳密には正しくない。歴史学の中で異端視されてきた反実仮想ではあるが、方法論を整理していくと、史料批判を軸とした正統歴史学の一系譜に位置づけることさえ可能なのである。

三　操作された歴史?

ファーガソンが提案した「仮想歴史」(virtual history)という言葉が一般に浸透するには至らなかった。しかし英語圏では、反事実的歴史に着目する研究は、counterfactual history(counterfactuals)あるいはallohistoryと呼ばれ、一定の研究蓄積を構築しつつある。(4)

例えば、ロバート・カウリーが中心となった論集『もしも……だったら?(*What If?*)』(一九九九年、続編＝二〇〇一年)、アンドリュー・ロバーツによる編著『歴史に「もし」があったなら(*What Might Have Been?*)』(二〇〇四年)などが代表的なものであろう。他にも、アメリカの心理学者フィリップ・テットロックが発表した著作として、アーロン・ベルキンとの共著『世界政治に見る反実仮想の実験(*Counterfactual Thought Experiments in World Politics*)』(一九九六年)、さらには、リチャード・ネッド・レボーおよびジェフリー・パーカーとの共著『西洋の興隆は必然であったのか(*Unmaking the West*)』(二〇〇六年)を挙げることができる。

このうちリチャード・ネッド・レボーは、単著『禁断の果実(*Forbidden Fruit*)』(二〇一〇年)を発表している。一部の歴史家を激高させる反実仮想の発想は、混迷を極める現代社会を理解するための「禁断の果実」でもある。そのように反実仮想を評価したレボーは、ファーガソンが『仮想歴史』で示した史料の基準では、予測が難しい現代社会の特質をつかみ損なうと批判した。

　ファーガソンの基準では、反実仮想が、文書でもって記録に残すことができたエリート、代替案を注意深く検討した上でなされた意識的な決定、あるいは特定の政治体制のみに限定されてしまう。〔中略〕この基準では、衝動的な行動の結果(あるいは衝動の欠如による結果)、人間臭い偶発事・見落とし・愚鈍さ・予期せぬしくじりの結果、あるいは自然の所業の結果、あるいはそれぞれ別の因果関係を持ったものが重なった結果(あるいは重ならなかった結果)はどれも除外されてしまう。[5](Lebow 2010, p. 49)

ファーガソンの主張のみならず反実仮想の発想そのものに真っ向から論争を挑んだのが、英国の歴史家リチャード・J・エヴァンズである。ナチス第三帝国の研究で知られるエヴァンズは、一九九七年に歴史記述の客観性に注目した『歴史学の擁護』を上梓する。そして翌九八年、ファーガソンらとともに出演したBBCのテレビ番組が契機となり、反実仮想の問題にも関心を抱きはじめる。エヴァンズは、自らの主張をまとめた論稿を雑誌『ヒストリカル・スピーキング(*Historically Speaking*)』二〇〇四年三月号に掲載し、二〇一四年には反実仮想批判の書である『操作された歴史(*Altered Pasts*)』を完成させた[6](Evans 2014, pp. i-vi)。

エヴァンズは、九〇年代以降の反実仮想研究の特徴として、歴史における偶然性や自由意志に対する信頼の高さを挙げている(Evans 2014, p. 49)。例えば、一九三三年にヒトラーが政権を獲得した原因に関して、ファーガソン『仮想歴史』は、ドイツの歴史家フリードリヒ・マイネッケ『ドイツの悲劇』(一九四六年)などを参照し、偶然性が果たした役割を強調していた(Ferguson 1997, p. 48)。これに対してエヴァンズは、ドイツ経済の低迷、ワイマール共和体制の弱体化、さらには入閣のタイミングを見極めたヒトラーの戦略に言及して、経済的・文化的・社会的要因など総合的な観点からの検証を求めた(Evans 2014, p. 59)。

エヴァンズの本のタイトル(Altered Pasts)からも明らかなように、反実仮想は、歴史の分岐点を「操作」することで史実とは異なる結果を導き出そうと試みる。だが、「もしもあの時○○であったら、○○の結果が生じていただろう」という形で出来事の因果関係を探る作業は、避けることのできない「欠陥」を保持していた。

まず、歴史のある分岐点を「操作」したとしても、長期間を想定した反実仮想では、結局、歴史は同じコースをたどるという問題点が存在する。例えば、第一次世界大戦は、オーストリアの皇太子暗殺が未遂に終わったとしても、開戦が回避されたとは断言できない。皇太子は繰り返し命を狙われたであろうし、別の原因が引き金となって大戦勃発に至った可能性も否定できない。「もうひとつの歴史」が現実化するためには、単なる偶然の出来事だけではなく、歴史的な文脈の中でより大きな変化が起こる必要がある(Evans 2014, p. 60, 61, 161)。

しかし、ここにも大きな問題が存在する。歴史の因果関係は、しばしばビリヤードのボールの動きに喩えられる。手元のボールAが、狙い玉であるボールBに当たるとどうなるかは誰しもがわかる。鍛え抜かれたプロの目をもってすれば、ボールBがボールCに当たり、さらにボールDに当たるところまで予測できる。しかし、その先は誰も予測することができない(Roberts 2005, p. 8／邦訳、一九頁)。反実仮想は、扱う範囲が長期間になると、歴史の因果関係を把握するどころか、単なる空想や歴史改変ＳＦとの境界が曖昧になってしまうというアポリアを抱えていた。

こうした問題点に対処するために、反実仮想研究においては、歴史のＩＦを「最小限の書き直し」にとどめること(＝一つの反実仮想には一つの虚構)、出来事の原因と結果をできるだけ近接させること(＝時間の近接性)が、望ましい条件として議論されてきた(Nye 2013／邦訳、九一―三頁、Tetlock 2006, p. 34)。

それゆえエヴァンズも、ひとつの些細な原因によって、巨大な変化を伴う結果を導き出そうとする反実仮想に対して特に批判的であった(Evans 2014, p. 81)。エヴァンズが取りあげたのは、ファーガソンが『仮想歴史』に執筆した「ドイツ皇帝の欧州連合(The Kaiser's European Union)」という章についてであった。この中でファーガソンは、「もしもイギリスが第一次世界大戦で中立を維持していたら、欧州には、今日のEU(欧州連合)とは違う形の連合体が完成していたであろう」という反実仮想を披露している。もしもイギリスが参戦しなければ、世界大戦は未然に防がれ、ドイツは欧州に限定された戦いで勝利していたかもしれない。負債を抱える必要のなかったドイツは、ファシズムの温床になるどころか、ヴィルヘルム二世のもと欧州連合体の中心的な役割を果たすことになる。さらにファーガソンは、アメリカの財力や軍事力が欧州に流入しないことで、世界経済に果たすイギリスの役割は盤石なものであり続けたとも指摘している(Ferguson 1997, pp. 278–9)。

だが、ファーガソンの主張は、この間に生起しうるさまざまな出来事を省略しすぎている。いくつもの偶然が重ならないとそうならないし、そんな偶然は実際起こらない。結局、自らが批判していた希望的観測(wishful thinking)の罠にファーガソン自身も嵌ってしまったというのが、エヴァンズの主張であった(Evans 2014, pp. 86–9)。

ファーガソンに対する直接の批判ではないが、ガヴリエル・ローゼンフェルド『ヒトラーが作れなかった世界(*The World Hitler Never Made*)』(二〇〇五年)は、反実仮想に「現在の視点」が介在する問題点を指摘している。つまり、偏見、恐れ、願望、弁明といった人間の主観的な要素が、「それが本来如何にあったか」の解明のみならず、「それが本来如何に起こらなかったか」という反実仮想の形成にまで影響を及ぼすというわけである。そうした主観的な推測は個人レベルのものが元にはなっているが、結局、社会の集合的記憶を形成していく。ローゼンフェルドによると、「現在」に不満を抱いた社会では、「もうひとつの歴史」があるべき理想のシナリオ(fantasy scenarios)として描かれ、それを根拠に現状批判が行われる。逆に、「現在」に満足していると、「もうひとつの歴史」は悪夢のシナリオ（nightmare scenarios）となる。つまり、反実仮想の「語り」を検証することで、それを語る時代の「精神状況」を把握できるとした（Rosenfeld 2005, pp. 10-2）。

国際政治学の観点から反実仮想の研究状況をまとめた押村高「戦争のもうひとつの語り方」（『思想』二〇〇六年四月号）は、戦争の勝者と敗者によって歴史認識が異なり、反実仮想が「勝者の解毒剤」として機能する問題点を抽出している。

> 同じ第二次大戦を語るにしても、勝者であれば「もし、連合国側が敗北を喫していれば、全体主義の君臨する暗黒の世界が訪れていた」という仮想を用いて、「戦争はどのような手段を使っても早期に終結させなければならなかった」という言説へ移行し、都市への無差別空爆や原爆投下という残虐行為を改めて正当化することができる。（押村 二〇〇六、一二九頁）

戦場における残虐行為が告発され、自らの行為を正当化する言説を「更新」しなければならない勝者にとって、「もうひとつの戦後史」を悪夢（nightmare）として語ることほど都合の良いことはない。押村は、饒舌な勝者／沈黙する敗者という構図を放置しないために、さまざまな反実仮想を相互に検証する「メタ—反実史学」の構想を掲げている。言うまでもないが、沈黙を余儀なくされてきたのは戦争の敗者だけではない。歴史のなかに埋没してきたさまざまな声に耳を傾け、対話の可能性を広げていくためにも、さらなる反実仮想の機能について見ていきたい。

四　プロット・アゲンスト・ヒストリー

アメリカの法学者キャス・サンスティーンは、雑誌『ニューリパブリック（*The New Republic*）』二〇一四年九月二〇日号に、エヴァンズの著書『操作された歴史（*Altered Pasts*）』の書評を発表している。この中でサンスティーンは、反実仮想の持つ潜在的可能性について、エヴァンズの考察は不十分だと結論づけている。

　反実仮想は、社会的あるいは心理的傾向を描き出し、われわれが考えているよりも、人間や文化が複雑なものであることを示すために用いられているのであろう。例えば、フィリップ・ロスの小説『プロット・アゲンスト・アメリカ』は、エヴァンズの考える「歴史のＩＦ」には含まれず、何らかの仮説を証明するものではないが、一九三〇年代から四〇年代にかけてのアメリカ社会のある断面について描写するとともに、今日の社会への警鐘を含むはずだ。（Sunstein 2014）

　フィリップ・ロスの歴史改変小説『プロット・アゲンスト・アメリカ（*The Plot Against America*）』（二〇〇四年）は、大西洋の単独無着陸飛行を成功させた英雄チャールズ・リンドバーグが、一九四〇年の大統領選挙で当選する「もうひとつの歴史」を扱った。反ユダヤ思想の持ち主でもあったリンドバーグは、ヒトラーと連携して、国内のユダヤ・コミュニティを崩壊へと陥れようとする。サンスティーンは、ロスが創作した「もうひとつのアメリカ」に現代社会と通底するものを感じ、この小説をあえて引用したのであろう。

　本論文が注目したいのは、ロスの作品が対象とした時代の少し前にシンクレア・ルイスの小説『ここでは起こり得ない（*It Can't Happen Here*）』（一九三五年）が存在していた事実である（Roth 2004／邦訳、五二五頁）。ルイスの小説は、翌三六年に行われる大統領選で反ユダヤ政策を推し進めるファシスト政治家が当選する近未来社会を描き出した。当時のアメリカ国民は、自国におけるファシスト独裁政権の樹立を十分に起こり得る現実だと受け止めていた。つまり、当時の読者は一種の未来史（future histories）としてルイスの小説を受容した（Lewis 1935＝2014; Lebow 2010）。

興味深いのは、一九三六年よりも後になると、ルイスの小説の読者はそこに実現しなかった「もうひとつの歴史」を見出す点である。周知のとおり、実際のアメリカ社会では、ファシスト独裁政権の樹立は実現していない。この「時差」の存在によって、対象となる言説の位置づけは未来史から反実仮想へと変容していく。同時代人が描きあげた「未来」像は、現実化して歴史に刻まれる場合もあるが、現実へと着床せずに歴史のなかに埋没してしまう場合もある。では、ロスの小説でもモチーフとして取りあげられた「もうひとつのアメリカ社会」を、「歴史のＩＦ」の研究対象として扱うことははたして可能なのであろうか。

これまで述べてきたように、反実仮想研究は、主として歴史における因果関係の抽出を目的としてきた[7]。第二次世界大戦におけるヒトラーの勝利、ケネディが暗殺されずに活躍するアメリカ社会……。歴史の決定的瞬間を切り取り、史実とは異なる結果の可能性を検証する作業は魅力的だ。だが、すでに触れたとおり、「もうひとつの歴史」をパラレルワールドとして「創造」する作業は、歴史改変ＳＦ（＝フィクション）と境界が曖昧になるというアポリアを抱えていた。だとすれば、反実仮想の定義を少し広く捉え、当時の人々の中で描かれていた未来像すなわち「歴史のなかの未来」についても検討の対象に加える必要があるのではないか[8]。

よく考えてみれば、「視点」の置き場所を明確にし、同時代の人々の視点を重視するファーガソン『仮想歴史』の手法こそ、「歴史のなかの未来」を探る作業に他ならない。前述のローゼンフェルド『ヒトラーが作れなかった世界』では、戦前・戦中の未来史が、戦後の反実仮想やナチスに関する「記憶」に与えた影響を考慮し、「歴史のなかの未来」を研究対象に含めている(9)(Rosenfeld 2005, p. 5, 399, 411)。

この問題について考える時にヒントとなるのが、一九五〇年代から六〇年代にかけての日本の反実仮想に関する言説である。この頃の日本では、プラグマティズム理論の影響を受け、歴史の決定要因を判断する手段として「歴史のIF」に注目が集まっていた。例えば鶴見和子は、『思想』一九五一年二月号に発表した論稿の中で、「ロシアの十月革命は、レーニンなしで成功したか?（しなかっただろう。）」という問いを投げかけ、これを「遡及的予測」(retrospective prediction)と命名している。

> 「遡及的予測」とは、現在のわれわれにとって、未来がいくつかの可能性をくりひろげているように、過去の時代に生きたひとびとにとっても、今では過去となったことがらも、未来の可能性であっただろうと、解釈する。そして、すでに起つ《ママ》たできごとは、その他に起りえたであろういろいろな可能性の中の一つが、実現した、ということにすぎないと考える。そこで、なぜ他の可能性を凌駕して、この可能性が実現したかを考える時に、過去のひとびともまた、一つの選択をしたのだと考える。（鶴見 一九五一、二二頁）

鶴見は、「選択の基準」となったのが「人間の欲望・関心・目的」だとして、当時の人々の「道徳的判断の論理」を把握する必要性を指摘している。これは「歴史のなかの未来」を探る作業に近いと考えてよいであろう。鶴見の指摘の背景には、未来は「つくり出すこと」ができ、「過去は不確定だ」と考えるプラグマティズム独特の歴史観が存在した。鶴見はこうも指摘する。

> 選択の基準となるものは、「描かれた未来」、すなわち、「もしAならばA′」、「もしBならばB′」におけるA′B′

C′である。それらの「描かれた未来」の中で、どのような未来を実現したいか、という人間の意志が、これを決定する。そして、もしA′という未来を実現したいと思う人間は、Aという現在の条件を、現在の問題解決におけるもっとも重要な要因であると考える。そこで、過去の歴史においても、そこに働いていたであろう多くの条件の中から、aという条件をもっとも基本的なものと考える。（鶴見　一九五一、二〇―一頁）

ここで「未来（A′）→現在（A）→過去（a）」という通常とは逆の時間軸が想定されている点は重要である。「描かれた未来（A′）」の視点によって、「現在（A）」のみならず「過去（a）」まで変化しうる。はたして未来が創造可能かどうかは議論の余地があるとしても、本論文では、「過去（a）」が「つねに「描かれた過去」であって、実際起ったとおりの過去ではない」とした鶴見の主張に注目したい。つまり、歴史のターニングポイントを探る作業は、数ある選択肢を前にした個人や社会の選択さらにはその時代が持っていた未来への訴求力を浮き彫りにする。その発想の新奇性はやはり特筆すべきである。

反実仮想の先行研究では、「歴史のＩＦ」に「現在」の視点や価値観が紛れ込む問題点が指摘されてきた。これに対して本論文では、「歴史のなかの未来」に注目する反実仮想が、「過去の価値観」を再現する手段として機能する点に着目してみたい。

五　反実仮想の考古学

ＳＦ作家・小松左京は、一九六三年に短篇「地には平和を」を『宇宙塵』六三号に発表している。第五〇回直木賞候補作にも選出されたこの作品でモチーフとなったのは、一九四五年八月一五日に戦争が終結しなかったもうひとつの「戦後」であった。小松が歴史改変SFの傑作を発表した一九六三年に、岩波書店が『岩波講座 現代』(旧版)の配本を開始している。その第一巻(『現代の問題性』)に論考を寄せた哲学者・古在由重は、「現代とは何か」という問いに次のように応えている。

われわれは現代の日本をまず「戦後」として意識しはじめ、ついで「もはや戦後ではない」という段階をたどって、いまはむしろなにかの形で未来を予感し、模索し、あるいはまた展望している。(古在 一九六三、五〇頁)

古在は、「現代」という言葉について、「もともと現在の時点の直前の過去とともにその直後の未来をもさしうる「ただいま」という意味」があるとも指摘している。

ありえたかもしれない「戦後」と新しい未来への予感が同居していた一九六三年に、反実仮想の問題に取り組んだ書籍が出版されている。市井三郎の『哲学的分析 社会・歴史・論理についての基礎的試論』(岩波書店)である。市井は、戦後まもなく『思想の科学』創刊号を東京駅で偶然手に取り、同人第一号となる。一九五一年にはイギリス留学を果たし、ロンドン大学でカール・ポパーに師事して科学哲学を学んでいる。その後、思想の科学研究会に結成された研究グループでの議論をもとに論文を仕上げ、一冊の本にまとめあげた。それが『哲学的分析』であった。この中で市井は、個人の主体性に重点を置く歴史観を展開し、「いちじるしく歴史づくりに参与する個人」のことを「キー・パースン」と呼んだ。具体例としては、黒船の到来以後、「半植民地化の危機」にあった日本を救った重要人物である坂本龍馬の名を挙げている。

坂本竜馬の主体性は、その非決定性つまり歴史の開かれた複数の可能性の中で、いちじるしくある方向へコースを定着させる上に不可欠の要素であった。彼の主体的行為がぜんぜんなかったと仮定しても、維新史がほぼ同じコースをたどったと考えることはきわめてむずかしい。（市井　一九六三、三二―三頁）

個人の主体性に期待する市井の主張は、決して新しいものではない。だが、「キー・パースン」が持つ未来に対する変革のイメージ（＝「達成すべき社会の未来像」）を強調し、そこに反実仮想の問題を結びつけた点は新鮮であった。市井は、「個人のレベルでの創意や選択、決断、行動の差異が時として巨視的レベルでの、つまり歴史的な帰結のうえで大きい差異をもたらしうる」と述べる。ただし、ひとつの「原因」を想定し、そこから巨大な変化を伴う「結果」を導き出そうとする「歴史のＩＦ」の問題点をよく理解していた（市井　一九六三、三六、九五頁）。それゆえ市井は、人間の思想や価値観を「客観的」に記録する反実仮想のアプローチに重きを置いていく。

「客観的可能性」の主張がなされる場合、ふつう歴史的に重要な意味をもつ「反事実的条件」として、当の歴史に介在した個々の人間が現実にそうであったものとは異なった行為（思考や選択、決断などをも含む）をしていたとすれば（どうなったか）、という形での「条件」が論議されることが多い。しかしわたしの歴史観はさらに、人間のそのような主体的行為が異なったものでありえた可能性それじたいについても、それが「客観的（に主張しうる）可能性」であるという主張を含んでいる。（市井　一九六三、八四頁）

市井は、自らの着想をアメリカの哲学者ネルソン・グッドマンらに代表される分析哲学の論考から得ていた（Goodman 1983）。ただし、グッドマンらの議論は「記号論理学的分析の系譜に立つゆえに、きわめて形式的」だと批判する。それゆえ市井は、イギリスの政治家ウィリアム・ピット（小ピット）、国王ジョージ三世という具体例をもち出し、当時の両者を取り巻く歴史的状況を精査して、史実とは異なる結果を伴う「決断」の余地があったかどうかに注目していく。つまり、「ある具体的事態に処した個人の主体性」に着目し、「どれだけの条件がそろえば現実にそうであったものとは異なりえた可能性を客観的にもったといえるのか」を判断しようとした[10](市井 一九六三、一〇〇—一頁)。

一九六〇年代は、「達成すべき社会の未来像」を含む人間の主体性や自由意志が重要視され、そうした人間の主観的要素を客観的に記録できるという価値観が珍しくはなかった。例えば、竹内啓も『展望』一九六五年一一月号に「計量的歴史観の提唱」と題する論考を発表し、この問題に取り組んでいる。竹内の議論の最大の特徴は、歴史上の事実を、「過去における人間の行為、行動およびその背後にある主観的意志、心理等」と定義した点にある(竹内 一九六五、三五頁)。これは、実際に起こったことのみならず、実際は起こらなかったことも含めてその時代の「思想」だと考えたファーガソンの指摘とも一致する(Ferguson 1997, pp. 86-7)。竹内が、人間の「思想」を客観的に記録する一つの方法として紹介したのが、「歴史のＩＦ」を意味する「架空史」であり、これは当時の「論壇時評」(『読売新聞』一九六五年一一月二三日夕刊)でも取りあげられた。

ほぼ同じ時期に、政治思想史を専門とする樋口謹一も、歴史の分岐点を検証する作業を「仮説史学」と命名している[11](樋口 一九六七、一九七一)。ここで注目したいのは、梅棹忠夫、加藤秀俊、小松左京、林雄二郎、川添登の五人が監修を務める『未来学の提唱』(一九六七年)の中で、樋口が仮説史学の提唱を行った事実である。梅棹を中心とする五名は、一九六六年に未来学研究会を結成し、一九六八年七月に発足する日本未来学会の土台を作りあげた。残念なことに樋口の主張は、Ｅ・Ｈ・カーの議論を発展させて「過去と現在と未来との鼎談」を提案するところで終わってしまっている。しかし、未来学を構築する一環として反実仮想に取り組もうとした問題意識は重要である。

六　〈未来の他者〉との連帯可能性

反実仮想と未来学の関係について論じる際、反実仮想で得られた知見をそのまま未来へと投影するのは誤りである。例えばファーガソンは、自らの主張である「仮想歴史」(virtual history)と未来学(futurology)を明確に区別している。ここで言う未来学は、「過去」「現在」の延長線上に「未来」を描き出す外挿法のことを指す。星占いやタロット占いとあまり精度が変わらないとして、ファーガソンの外挿法に対する評価は厳しい(Ferguson 1997, p. 8)。反実仮想研究から得られたものは、短期間であれば出来事の因果関係を把握する際に有用であるが、長期間に及ぶと意味を持たないという知見であった。これは、過去(歴史)のみならず未来にも応用可能であり、反実仮想の結果を遠い未来へと関連づけようとすればするほど、論理の連関性が脆弱になるという問題を抱え込む(Tetlock 2006, pp. 371-2)。

それゆえ本論文が着目したいのは、鶴見和子が指摘した、未来からの視点によって過去が「実際起ったとおりの過去ではな」くなるという発想方法である。この問題について考える時に参考になるのが、社会学者の大澤真幸が提唱する〈未来の他者〉という概念である。大澤は、未来という「他者」の視点があるからこそ、歴史のなかの「ありえたかもしれない可能性」が救出可能になると論じている。

大澤は、この逆転した時間構造をわかりやすく論じるために、ヤマザキマリの人気漫画『テルマエ・ロマエ』(エンターブレイン)を例に挙げる。『テルマエ・ロマエ』の主人公ルシウスは、ローマ帝国の技師であり、ハドリアヌス帝から浴場の設計を託されている。新しい浴場の構想に頭を悩ますルシウスは、窮地に陥ると、なぜか現代日本の浴場へとタイムトラベルしてしまう。脱衣籠、フルーツ牛乳、シャンプーハット……。そこで目にした浴場設備や風呂文化を真似することで、ルシウスは自らが生きる時代に先進的な浴場を完成させる。われわれは、現代日本に根付く風呂文化の存在によって、あるいは『テルマエ・ロマエ』という漫画の存在によって、古代ローマと現代日本との共通点を「発見」できる。この点が重要である(大澤 二〇一三)。

反実仮想研究の一環として「歴史のなかの未来」を捉えるアプローチも、「未来からの視点」を意識することによって、過去の価値観を「発見」しようと試みる。ただし反実仮想は、可能な限り同時代の人々の視点に立ち、そこから浮かびあがってくる未来像を照射しようとする。この点において、回想的あるいは事後的な視点を特徴とするいわゆる「物語としての歴史」とは区別される(野家 二〇〇五)。

さらに言えば、「未来からの視点」は、ただ単に過去を発掘するのみならず、過去を革新するという発想を伴う。『テルマエ・ロマエ』のルシウスが、現代日本から得た知識を自らが生きる時代に還元したように、反実仮想の手法は、歴史の静寂のなかに消えた価値観や未来像に再び息を吹き込む。大澤は、ベンヤミン「歴史哲学テーゼ」に触れながら、その意味をこう解説している。

> 過去の中の「存在していたかもしれない可能性」を救済するということは、現在の体制そのものを変換することを、つまり革命を意味しているのだ。革命は、未来を開くだけではなく、過去を救済するのである。逆に、こうも言える。「もし敵が勝てば、死者でさえも安全ではない」(テーゼⅥ)。今、歴史の中で、輝かしい勝者や英雄として登録されていた死者も、革命の結果によっては、無視される敗者の方へ、遺棄されるクズの方へと配置換えになるかもしれないからだ。死者が、もう一度死ぬこともあるのだ。(大澤 二〇一〇、二三四頁)

時制の少しアクロバティックな展開を整理してみると、「現在」に生きるわれわれは、歴史上の人々にとっては

「未来人」つまり〈未来の他者〉として機能する。われわれの試みによって、救済の光が当てられた歴史の「敗者」たちは、「過去」から「現在」へと呼び戻され、最終的には「現在」のものの見方を変えていく。まさに反実仮想は、過去／現在／未来のすべてを対象とした革命的なアプローチになりうるのだ。

ありえたかもしれない世界への想像力は、二一世紀という現代に生きるわれわれにも、〈未来の他者〉の存在を意識させてくれる。大澤はこうも指摘する。

われわれは、何ごとか有意味なことをするためには、あるいは何者かであるためには、他者の内に、われわれを未来から見返す視点を見出さなくてはならない。（大澤 二〇一〇、三三一頁）

すでに指摘したとおり、われわれの歴史は、実現した「未来」とともに、実現しなかった「未来」によって構成されてきた。だとすれば、現代に生きるわれわれに求められるのは、〈未来の他者〉からの呼びかけを想定して、未来に向けて「声」をあげ続けることなのではないか。沈黙に救いの手は及ばない。先が見通せないと言われる時代だからこそ、救済の対象となる時間を「現在」に限定せずに、「未来」との連帯可能性を模索していくべきなのである。「歴史のＩＦ」に学術的な価値を与える試みは、そのための些細な、しかし必要不可欠な準備作業となる。

注

（1）ガヴリエル・ローゼンフェルドの調査では、計一一六のヒトラーに関する歴史改変モノ（小説の他にも、映像、テレビ番組、漫画なども含む）のうち、「ドイツが第二次世界大戦で勝利する話」が六三（五四％）、「ヒトラーが逃亡する話」が二九（二五％）、「ヒトラーがいない世界」が一八（一六％）、「ホロコーストの別の結末」が六（五％）であったという（Rosenfeld 2005, p. 518）。

（2）ファーガソンは、スコットランドのグラスゴー生まれの歴史学者であり、二〇〇四年には「世界でもっとも影響力のある一〇〇人」にノミネートされた(「「特異な帝国」アメリカとその後 欧米でいま最も売れている歴史家ニアル・ファーガソン氏に聞く」『論座』二〇〇七年五月号)。邦訳された著書に『マネーの進化史』(早川書房、二〇〇九年)、『劣化国家』(東洋経済新報社、二〇一三年)などがある。

(3) ファーガソンは「起こりえなかったもの」の具体例として「一八四八年の革命時にパリ市民に翼が生えてきたら……」という反実仮想を挙げている(Ferguson 1997, pp. 83-4)。反実仮想とはまったく別の試みとして、未来の最先端技術を過去へと投影する、つまり史実として絶対にありえなかった歴史を構築する「レトロ未来」という分野も存在する。サイバーパンクと言われるSFのジャンルがこれに相当する(デュリング 二〇一五)。

(4) 他にも、alternative (alternate) history という言葉が使われるが、これはSF(サイエンス・フィクション)を意味し、「歴史改変小説」と邦訳される(吉田 二〇〇六、一一一頁)。

(5) ここでは、レボーが執筆した論文の部分訳である「反実仮想」(河田潤一・荒木義彦編『ハンドブック 政治心理学』北樹出版、二〇〇三年)も参照した。

(6) 『ヒストリカル・スピーキング』二〇〇四年三月号には、ロバート・カウリー、ガヴリエル・ローゼンフェルド、レボーの他に、ウィリアム・マクニール(『世界史』の著者)も反実仮想に関する論考を寄せている。さらに二〇〇五年一一・一二月号には、ジョン・ルカーチが「反実仮想は間違っている」という論考を掲載している。ルカーチは自らの著書『歴史学の将来』でも、「反事実的仮説」について「二〇〇〇年前後に登場した最大級にばかげた流行」と切り捨てている(Lukacs 2012/邦訳、四八頁)。

(7) 例えば、さまざまなジャンルの反実仮想を集めたインターネット上のサイト"Uchronia: The Alternate History List"(http://www.uchronia.net/)では、「歴史のなかの未来」を「retroactive alternate history」(遡及的な代替歴史)と分類し、リストから除外している。

(8) 例えば、拙著『ポスト活字の考古学』は、「メディア史のなかの未来」研究である。映画がまだニューメディアであった一九二〇年代に、活字の「次に来るメディア」という意味を持つ「活映」という新用語を生み出し、映画教育(厳密には「活映教育」)の普及に努めた大阪毎日新聞社・水野新幸の活動に焦点を当てた(赤上 二〇一二)。

(9) 未来史の他に、反実仮想の範疇に入るか議論されるのが、偽史(secret histories)である。評論家の長山靖生は、偽史について「明らかに虚構の話を歴史として押し通そうとする」特徴があると指摘する。長山は、偽史の作者はそれが事実でないことを理解して執筆しているので、文学の領域で扱うべきだとしている(長山 二〇〇九、八〇―一頁)。

(10) 市井が注目していたのは、「決断」が「知的熟慮」を含んでいるのか、それとも「感情的」、「反射的」な反応にすぎないのかという点であった。さらには他の選択肢の存在、突発的要素の有無などを見極めようとしていた(市井 一九六三、一〇二頁)。

(11) 樋口は、関ヶ原の戦いで、「小早川秀秋が西軍を裏切らず、西軍が勝っていたら、その後の日本はどうなったか」という例を挙げている。その際、反実仮想が妥当性を持つか否かを判断するために、オペレーション・リサーチ(OR)と同じ要領で、関ヶ原の勝敗に関連があると思われるファクター(決定要因)を挙げ、精査する必要性を訴えている。

参照文献

赤上裕幸 二〇一三、『ポスト活字の考古学――「活映」のメディア史一九一一―一九五八』柏書房。
市井三郎 一九六三、『哲学的分析 社会・歴史・論理についての基礎的試論』岩波書店。
大澤真幸 二〇一〇、『量子の社会哲学 革命は過去を救うと猫が言う』講談社。
大澤真幸 二〇一三、『〈未来〉との連帯は可能である。しかし、どのような意味で?』弦書房。
押村高 二〇〇六、「戦争のもうひとつの語り方――国際関係における反実仮想の効用」『思想』四月号(九八四号)。
鹿島徹 二〇一五、「各テーゼへの評注」ヴァルター・ベンヤミン『新訳・評注 歴史の概念について』未來社。
古在由重 一九六三、「現代とは何か」『岩波講座 現代 第一巻』岩波書店。
堺三保 一九九六、「歴史の転換点はどこに? 最新英米SF歴史改変事情」『SFマガジン』三月号。
竹内啓 一九六五、「計量的歴史観の提唱」『展望』一二月号。
鶴見和子 一九五一、「プラグマティズムの歴史理論――個人歴史性について」『思想』二月号。
鶴見俊輔・花田圭介編 一九九一、『市民の論理学者・市井三郎』思想の科学社。
エリー・デュリング 二〇一五、「レトロ未来」(新村一宏訳)『表象・メディア研究』第五号。
長山靖生 二〇〇九、『日本SF精神史 幕末・明治から戦後まで』河出書房新社。
野家啓一 二〇〇五、『物語の哲学』岩波現代文庫。
樋口謹一 一九六七、「未来学と歴史学――仮説史学を提唱する」梅棹忠夫、加藤秀俊、小松左京、林雄二郎、川添登(監修)『未来学の提唱』日本生産性本部。
樋口謹一 一九七一、「情報文明史観――仮説史学の提唱」武藤光朗、樋口謹一、北川敏男『情報文明の歴史的展望 講座情報社

会科学第一七巻　情報文明の展望I』学研。
吉田司雄　二〇〇六、「代替歴史小説の日本的文脈」『思想』四月号（九八四号）。
Berlin Isaiah 1954, *Historical Inevitanility*, Oxford University Press.（生松敬三訳『歴史の必然性』みすず書房、一九六六年）
Carr E. H. 1961, *What is History?*, Macmillan.（清水幾太郎訳『歴史とは何か』岩波新書、一九六二年）
Cowley Robert（ed.）2000, *What If?: The World's Foremost Military Historians Imagine What Might Have Been*, Berkler.
Evans Richard J. 2014, *Altered Pasts: Counterfactuals in History*, Little, Brown.
Ferguson Niall（ed.）1997, *Virtual History: Alternatives and Counterfactuals*, Picador.
Goodman Nelson 1983, *Fact, Fiction, and Forecast*, Harvard University Press.（雨宮民雄訳『事実・虚構・予言』勁草書房、一九八七年）
Lebow Richard Ned 2010, *Forbidden Fruit: Counterfactuals and International Relations*, Princeton University Press.
Lewis Sinclair 1935＝2014, *It Can't Happen Here (With an Introduction by Michale Meyer and a New Afterword by Gary Sharnhorst)*, Signet Classics.
Lukacs John 2012, *The Future of History*, Yale University Press.（村井章子訳『歴史学の将来』みすず書房、二〇一三年）
Nye Joseph S.; Welch David A. 2013, *Understanding International Conflicts: An Introduction to Theory and History*, 9th Edition, Pearson Education, Inc.（田中明彦・村田晃嗣訳『国際紛争　理論と歴史【原書第九版】』有斐閣、二〇一三年）
Roberts Andrew（ed.）2005, *What Might Have Been?: Leading Historians on Twelve 'What Ifs' of History*, Orion.（近藤裕子監訳『歴史に「もし」があったなら――スペイン無敵艦隊イングランド上陸からゴア米大統領の九・一一まで』バベルプレス、二〇〇六年）
Rosenfeld Gavriel D. 2005, *The World Hitler Never Made: Alternate History and the Memory of Nazism*, Cambridge University Press.
Roth Philip 2004, *The Plot Against America*, Houghton Mifflin.（柴田元幸訳『プロット・アゲンスト・アメリカ』集英社、二〇一四年）
Scquire J. C.（ed.）1932, *If it had happened otherwise: Lapses into imaginary history*, Longmans, Green.
Sunstein Cass R. 2014, "What If Counterfactuals Never Existed? Studying history with hypotheticals", *The New Republic*, September 20（http://www.newrepublic.com/article/119357/altered-pasts-reviewed-cass-r-sunstein).

Tetlock Philip E.; Belkin Aaron (eds.) 1996, *Counterfactual Thought Experiments in World Politics: Logical, Methodological, and Psychological Perspectives*, Princeton University Press.

Tetlock Philip E.; Lebow Richard Ned; Parker Geoffrey (eds.) 2006, *Unmaking the West: "what-if?" scenarios that rewrite world history*, University of Michigan Press.

Trevor-Roper Hugh 1981, "History and Imagination", in Pearl Valerie, Worden Blair and Lloyd-Jones Hugh (eds.), *History and Imagination: Essays in honour of H. R. Trevor-Roper*, Duckworth.

Tucker Aviezer 1999, "Review of Ferguson, Virtual History (Historiographical Counterfactuals and Historical Contingency)", in *History and Theory* 38 no. 2 (May).

3　ポスト世俗化時代のジェンダー・ポリティクス
――メタ・ヒストリーをめぐる抗争

土佐弘之

一　ポストコロニアル・モメントにおけるマスキュリニティの再編的強化

二〇一四年、パキスタン出身の一七歳の少女マララ・ユスフザイが、史上最年少者としてノーベル平和賞を受賞した。彼女は、女性の教育を受ける権利を奪ったとしてパキスタン・ターリバーン運動を批判していたことなどから、二〇一二年にターリバーンのメンバーによって銃撃され瀕死の重傷を負ったが、その後、奇跡的に回復し、女性・子どもの権利を守る活動家として欧米社会の全面的なバックアップを得ながらノーベル平和賞を受賞するに至った。しかし、マララ女史が受賞する過程において世界最大の広告代理店エデルマンが大きな役割を果たしていたと指摘されるなど(Mackinnon 2013)、その受賞の政治的背景として、いわゆる「テロとの戦争」、つまり欧米を基軸とするリベラルな世界秩序対ジハード主義的サラフィズム(またはサラフィ・ジハーディズム、いわゆるイスラーム過激派)の対立図式があったことは否めない。マララ女史が批判したのは、パキスタン・ターリバーン運動だけではない。三〇〇人以上の女子生徒を誘拐したナイジェリアのアルカイーダ系政治グループ(ボコ・ハラム)に対しても、彼女は「イスラーム教は平和の宗教で、教育を与えることはイスラーム教の義務だ」と主張し、女子教育を否定するボコ・ハラムに対して批判を加えたように(Mark 2014)、彼女は、女性の教育を受ける権利を否定するサラフィ・ジハーディストとの戦いの最前線にあえて立ったとも言えよう。「教育こそが、貧困、無知、そしてテロリズムとの戦いのための最良の武器である」といった、マララ女史の声明は、まさに、そうした意味での宣戦布告と言ってもよいかもしれない。

しかし、ボコ・ハラムのように、女性の教育を受ける権利を否定するだけではなく、女子を誘拐し奴隷とするような、一見すると極めてプレモダン的な政治的現象が、なぜポスト近代または後期近代とも言える現代において起きているのであろうか。ナイジェリアにおける政治的文脈を含めた、この事象についての動向分析的検討については他に譲るとして(Elden 2014, Montclos 2014)、この奇妙なサラフィズムの運動を、歴史、特に進歩史観的な歴史との関係で、どう理解したらよいのかということも考えていく必要がありそうである。男女平等が実現していく歴史過程は、欧米的リベラリズムに依拠した世俗主義的進歩史観のプロットのヴァリエーションであろうが、現在、起きている宗教原理主義に基づく女性の従属化・奴隷化といった現象は、まさに、そうした西欧的リベラリズムを基軸とするグローバリゼーションに対する反動として立ち現れたものと言ってよいであろう。問題は、「マックジハード」とも呼ばれる(Barber 1995)、そうした反動現象を、進歩史観の根本的な挫折を表象するものとして捉えるか、それとも一過性の停滞として捉えるか、ということであろう。それは、「原理主義の台頭を含むイスラーム復興という大きな時代のうねりを、世俗主義への移行を近代的パッセージと見なしてきた進歩史観の破綻と捉えるべきか、一時的な再魔術化と捉えるべきか」という問題とも言える。脱魔術化を進歩とする世俗的なリベラルな歴史観を否定する立場、つまり宗教的原理主義・保守主義の立場からすれば、男と女は、安定した二値論理、特に優劣関係の定まった二項対立関係にあり、そうした安定した二値関係を基礎にした秩序こそが、あるべき自然な秩序ということになろう。そうした立場から見れば、二項対立関係からフィジカルな面においてはみ出した両性具有(hermaphrodite)の存在は抹殺すべき対象であり、また性的アイデンティティにおいて男女の二値関係からはみ出た性的マイノリティ(ＬＧＢＴ)も秩序に対する重大な脅威として映ることになる。男性優位の安定した二値関係を基礎にした意味秩序を守る立場からすれば、グレーゾーンにある性的マイノリティのアイデンティティを認めていくことだけではなく、そもそも男女平等を実現していくことそのものが、秩序の崩壊でしかなく、進歩というより退歩であるということになろう。

あるべき自然な性的秩序は、その換喩的表現の汎用性の広さゆえに、また意味世界全体の基礎をなすものと理解されるがゆえに、その秩序を壊している勢力に対する反発は激しいものになる。ポスト・コロニアリズムという文脈においては、自然な性的秩序を崩しているのは、まさに腐敗した欧米的リベラリズムであり、それによる帝国主義的介入であり、それを排斥することがジハードということになる。例えば、二〇一五年一月にサラフィ・ジハーディストたちの襲撃に遭った週刊紙『シャルリー・エブド(Charlie Hebdo)』は、同性愛者にみたてたムハンマドが編集者とおぼしき男性と接吻している図画を掲載した上に、それに「愛は憎悪より強い」という見出しを付してジハーディストたちを揶揄するなど、表現の自由といった大義を振りかざしながら彼らを挑発した訳だが、原理主義者《サラフィスト》側から見れば、当然、同紙編集者やそれを支持する者は、コスモスとノモス双方における秩序を壊そうとする腐った欧米リベラリズムを象徴するもの以外の何者でもないということになろう。同様に、原理主義者の目には、マララ女史も欧米の操り人形としてしか映らない訳で、実際に、彼女の自伝本は、パキスタンの私立学校などでは禁書扱いとなった(AP 2013)。

欧米による帝国主義的支配・干渉とそれに対する反発・抵抗という二項対立関係が、〈男性／女性〉といったジェンダー秩序関係と交叉することにより、「女性問題」が係争の場となるということは、今まで歴史的に繰り返されてきたことである。文明の使命に沿って前近代的で家父長制的な伝統という野蛮から解放されるべき者は、教育を受ける権利を奪われた女性だけではない。ヴェール着用を強要される女、女性性器切除(Female Genital Mutilation, 通称FGM)を強要される少女、亡き夫を葬る火の中に身を投じて殉じること(サティ)を強いられる妻といったように、そのリストは延々と続く。それは、スピヴァクが皮肉交じりに描いた「白人男性が有色人種の男性(の抑圧)から有色人種の女性を解放する」といった既視感のある図式でもある(Spivak 1988)。欧米中心主義的な進歩史観からすれば、女性の抑圧は、当該社会の前近代性または野蛮性の象徴であり、文明の使命という観点から、その是正を目的とする干渉が正当化されることになる。例えば、アメリカが始めたアフガニスタン戦争の際に、当時のアメリカ大統領の妻ローラ・ブッシュがアフガニスタンの女性の解放を目的とするものであると戦争を正当化する声明を出したのは、その最たる例であろう。他者を解放するというプロジェクトは、往々にして〈文明/野蛮〉といった優越関係が前提になっている訳だが、そうしたパターナリズムは、自らの暴力行使を当然のものとみなす一方で他者の暴力を許されざるものとするような、二重基準をもたらすことになる。そして、ユスノセントリックな進歩史観の中で遅れた者(前近代)として位置づけられた他者は、例えばグアンタナモやアブグレイブの事例のような形でホモサケルとして取り扱われるうちに、その取り扱いの酷さ以上の野蛮さ(例えば人質の斬首)をもって反撃を試みることになる。簡潔に言えば、性的二値関係を解体へと向かわせるポストモダン(ないしは後期近代)の時代に現れた「前近代的」原理主義の現象とは、それ自身の「遅れ」の問題ではない。むしろ、原理主義的現象とは、まさにグローバリゼーションの深化を推進する近代システムの捻れた抑圧移譲の帰結として現れた「中心部へのブローバック」と捉えるべきなのであろう。つまり、現実の歴史的展開は、単線的な進歩史観とは全く異なる様相を見せており、むしろハンティントン流の「文明の衝突」的破局史観に近くなってきている。二一世紀に入って活性化する原理主義的思想・運動を目の前にすると、《近代化=世俗化》といったウェーバー的テーゼは有効性を喪失しているだけではなく、理性中心主義的進歩史観も、その妥当性を失って久しく、現在、われわれは「啓蒙の弁証法」の新たな段階に直面しているようにも見える。

もちろん、ここで言う「啓蒙の弁証法」とは、アドルノ=ホルクハイマーによる著作にほぼ依拠しているものだが(Horkheimer and Adorno 1947)、そこでのテーゼをあえて単純化すると次のようになろう。「人類は、啓蒙による文明的進歩の道を辿るように見えながら、新たな野蛮状態に陥っている」。その独特なメシア的とも言える破局史観は、アウシュビッツなどの負の歴史的遺産を目の前にした総括でもある訳だが、特にアドルノ＝ホルクハイマーによる重要な指摘と思われる点は、「オデュッセイア」などの古代ギリシア叙事詩などを例にとりながら、「啓蒙のプロトタイプの中に、自然的暴力の内面化とその噴出という形で野蛮の契機が用意されていた」ということであろう。そのテーゼは、様々な形でパラフレーズが可能だ。本章の扱うテーマとの絡みで言えば、「世俗主義という啓蒙のプロジェクトは、理性による宗教的暴力を克服する試みに見えるものの、そこには政治神学が隠されているだけではなく、その確固たる信念に基づく異質な他者に対する呵責なき暴力を胚胎している」というテーゼも可能であろう。過激なサラフィスト（ジハーディスト）に対して行われている「テロとの戦争」という現実は、そうしたテーゼの証左になっているようにも見える。本章では、そうしたポスト世俗化時代の政治に対して、ジェンダー・ポリティクスという補助線を引きながらメタ・ヒストリーの政治ないしは新しい世界史像をめぐる競合について考察を加えてみたい。

二　ポスト世俗化時代におけるジェンダー・イシューの位置

フェミニズムは、ある意味で、欧米キリスト教社会における世俗化の流れから派生してきた思想・運動であることは否定できないであろう（Reilly 2011, Braidotti 2008）。つまり、ヨーロッパの歴史的文脈においては、魔女狩りのような悪夢を含めて、家父長制的な性格を強く帯びたキリスト教教会権力との闘いは、フェミニズム思想・運動にとっては最初の試練であった。もちろん、キリスト教社会に限らず宗教的権力と女性の権利主張との拮抗関係は広く認められる問題ではあるが、ヨーロッパにおいては、宗教改革後の諸セクト間の宗教内戦という辛酸を嘗めた後、公的空間における宗教と政治の分離が徐々になされるようになっていった点が特異な点であろう。三〇年戦争に代表される宗教戦争の泥沼（極度のインセキュリティ）こそが、世俗的な近代、つまり理性に基づく秩序（コスモ・ポリス）または確実性を希求する近代的プロジェクトの契機となったという見方があるが（Toulmin 1990, p. 70）、そのポスト宗教戦争の文脈で世俗主義（secularism）という概念そのものが、無神論とも差別化する形で、また近代国民国家の形成とそれに伴う政治的諸問題を解決する過程で形作られたものであるという点に留意が必要であろう（Asad 2003, p. 23）。厳密に言えば、世俗化もまたヨーロッパ社会固有の歴史的現象ではあるが、その態様も多様である。例えば、フランス社会においてはフランス革命などを経て、カトリック権力は旧体制を構成するものとして公的な政治空間から排除されていったということもあり、世俗主義（ライシテ）は公的空間においてヘゲモニックな位置を占めることになった。また市民宗教としてのキリスト教が強く影響力をもつアメリカ社会においてはユダヤ・キリスト教的世俗主義といった形で政教分離（アメリカ憲法修正第一条）を原則としながら「宗教市場」の規制緩和をしていくことで機能分化的な世俗化（実質的なキリスト教再興）がすすめられてきた（Hurd 2009, pp. 29-44, Casanova 2006）。

このように、世俗化の歴史的経緯はそれぞれの社会の文脈によって異なるものの、世俗化の総体的流れは、ちょうどキリスト教社会における存在論的セキュリティの保障機構の一部が国民国家によって代行されていった歴史でもあった（Mavelli 2011）。しかし公的空間における宗教と政治の建前的な分離は、必ずしも家父長制的権力の終焉を意味しなかった。政治と宗教が、それぞれ公的空間と私的空間とに分節化されていくのと併行して、女性は私的空間へと押し込まれることになったからである。公的空間への女性の参加（職場への女性進出や女性参政権の制度化）が認められるようになっていったのは、フェミニズム運動という下からの突き上げと同時に、戦争の総力戦化に伴い女性も動員する必要が出てきたという歴史的事情を忘れてはならないであろう（Goldstein 2001, pp. 318-321, pp. 384-396）。宗教戦争を克服するために案出されたとされる世俗的主権国家は戦争をさらに組織的に展開するようになり、やがて二つの世界戦争を引き起こすまでに至る訳だが、そうした国家理性そして道具的理性による破局の招来により、皮肉なことに、世俗主義の形成とともに宗教的権力の桎梏から解き放たれた女性たちがジェンダー的平等の実現を推し進めていったというストーリーが一般的に共有されていくことになる。

一九六〇、七〇年代の第二波フェミニズムの影響もあり、欧米諸国がジェンダー主流化政策を受け入れるようになると、近代化は世俗化であるとともにジェンダー的平等の推進過程である、といった欧米中心主義的進歩史観が支配的になっていった。そして、ジェンダー的平等の達成度はリベラル・デモクラシーの指標であるという考え方から、ジェンダー的平等を阻むイスラーム社会と欧米のリベラル・デモクラシーとの間に「文明の衝突」が起きているといった見方も出てくることになる(Inglehart and Norris 2003a, b)。そこでは、世俗化やジェンダー的平等化に対して敵対的な勢力、例えばイスラーム過激派と呼ばれるジハード主義的サラフィストは、前近代的で野蛮な「ラディカルな他者」として措定されることになる訳だが、それは、ちょうど冷戦時に「ラディカルな他者」の役割を担っていた共産主義者の代役といった意味合いももつことになる。

しかし、現在、《近代化＝世俗化》といったウェーバー的テーゼが、その有効性を失いつつあることについては、既に先に触れた通りである。例えば宗教社会学者のピーター・バーガーも認めているように、《近代化＝世俗化》といったウェーバー的な近代化論が通用しなくなっているどころか、再魔術化ないしは脱世俗化とも呼ばれる現象が起きていると言ってもよい(Berger 1999)。そして、チャールズ・テイラーが著書『世俗の時代』において指摘しているように、世俗化とは、宗教と政治が形式上は切り離されながらも神の意志を代替する文明的・道徳的秩序が機能していた「ネオ・デュルケーム的社会形態」から個人の次元で超越的なものを求めるような「ポスト・デュルケーム的社会形態」への移行であっても、宗教的なもの・スピリチュアルなものを一切認めない「排他的人間主義(exclusive humanism)」が覇権的な位置にあるような社会への移行ではない(Taylor 2007, pp. 486-492)。むしろ北米では、もともと原理主義(fundamentalism)という言葉が適用されていたところのプロテスタント原理主義は根強いばかりか、テレビ説教師(televangelist)などを通じて一層強い影響力をもつようになっているように、テイラーの用語で言うところの、(信仰と政治的共同体を一致させようとするような)「パレオ(古い)・デュルケーム的社会形態」への回帰が起きていると言ってもよい。つまりキリスト教社会においてさえも、宗教の没落・消失といった意味での世俗化だけではなく、社会の機能分化に伴う信仰の個人化(宗教の公的領域からの切り離し)という意味での世俗化もまた認められなくなってきているということである(Casanova 1994)。それゆえにハーバーマスらの議論に代表されるように、公共圏における宗教の問題を再考せざるをえなくなってきている(Habermas et al. 2011)。

そうした趨勢をさらに加速化させているのが、東南アジアからサハラ砂漠地域にかけての広いムスリム社会におけるイスラーム復興の大きなうねりと、そうした敬虔なムスリム移民の欧米社会への流入である。その中においては、サウジアラビアによるワッハーブ主義支援等も絡む形で、世俗主義的独裁政治による弾圧や外国の占領支配等に対する抵抗運動としてのジハーディスト的サラフィズムが目立つようになってきている(Meijer 2009, pp. 1-32)。欧米側は、その流れを指し、プロテスタントに付す原理主義というラベルを転用する形で、イスラーム原理主義と呼んだりもするが、原理主義とは、脱文脈的に定義づければ、聖典(の時代)に立ち戻りながら現世の腐敗をなくしていくことで、汚れのない純粋な自己を確立しようとするアイデンティティの政治でもある。ここで注意すべき点は、その汚れのない純粋な原理主義的アイデンティティを希求する政治は、「女性問題」を重要な係争事項にする傾向があるということであろう。冒頭で触れたターリバーンによるマララ狙撃事件やボコ・ハラムによる少女誘拐事件は、その典型例と言えよう。

「女性問題」が重要な係争事項になるということは、換言すれば、原理主義的アイデンティティ・ポリティクスにおけるマスキュリニティの危機の現れ、つまり「男性問題」が深刻化しているということであろう。それは、既得権益構造の崩壊過程に対する男性側の反発として立ち現れる訳だが、グローバル・サウスにおける原理主義者たちの多くは、その崩壊過程の主因を、欧米による帝国主義的支配・干渉の強化に求める。結果として、信仰と政治的共同体を一致させる形でのジハード主義の台頭、テイラーの言うところの「パレオ・デュルケーム的社会形態」への回帰現象が引き起こされることになり、そのジハード運動のプロジェクトの中では、着衣（ヴェール）、女子教育等の女性問題が、信仰共同体防衛の最前線に位置づけられることになる。逆に、景気後退やテロリズムに対する不安からの反移民感情、特にイスラモフォビア（イスラーム嫌悪）の雰囲気にある欧米社会においては、イスラーム社会との関係において、女性やＬＧＢＴの権利を求める解放運動は重要な政治問題となってきた。

原理主義の台頭を含めたポスト世俗化の時代状況下におけるジェンダー・ポリティクスのこうした状況が示しているものは、ある意味で平準化・平等化に対する反発・揺れ戻しである。ジェンダー平等化は、既得権益を有する男性からすれば悪平等であるだけではなく本来あるべき秩序の崩壊であり、原理主義的反発とは男女優劣関係に沿った秩序の再構築の試みである。サラフィストにとってのメタ・ヒストリーのプロットは、最後の審判というゴールに向けたものであると同時に、地獄への転落を回避するためにも神への信仰が純粋に行われていた黄金の時代への回帰を目指す千年王国運動的シナリオであり、世俗的な進歩主義史観とは明確な対立関係にある。そうした対立関係の中で、ジェンダー問題は、あるべき性的秩序をめぐる争いとしてだけではなく、メタ・ヒストリーのプロットをめぐる抗争の表象としても立ち現れているのである。

三　世俗主義のメタ・ヒストリーと歴史的／性的アイデンティティ

歴史を叙述する際のプロットの重要性といった問題は、何も最近のメタ・ヒストリー論や歴史物語論によって始まった議論ではない。Ｅ・Ｈ・カーもまた『歴史とは何か』の中で、クローチェからコリングウッドの流れを受ける形で、現在の歴史家から過去の歴史を読み込む際のプロットの存在について言及した一人である。カーは、同じ本の中で、事実と解釈または事実と価値との間のバランスの取り方の難しさ、そして歴史を神学や文学に書き変えてしまう危険性について注意を促した上で、「しかし、本当の意味の歴史というものは、歴史そのものにおける方向感覚を見出し、これを信じている人びとにだけ書けるものなのです。私たちがどこから来たのかという信仰は、私たちがどこへ行くのかという信仰と離れ難く結ばれております」(Carr 2001 (orig. 1961), p. 126／邦訳、一九七頁)と指摘している。この文で清水幾太郎が「信仰」と訳しているのは原文でも belief であるが、どちらかと言うと「信念」という訳の方が近いだろう。いずれにせよ、belief という言葉が示している通り、過去の出発点と未来の行き先についての自らの方向感覚・認識に対する「信念」という形で、そこには自ずと神学的な要素が含まれているとも言える。つまり、カーは、歴史と神学を分けて考える必要性を説きながら、一方で、何処から何処へ行くかといった方向感覚は、基礎付け困難な「信念」を抜きにしては得ることができず、そうした「信念」を抜きにしては歴史を書き得ないと断言しているのである。これは一種の自家撞着とも見えるが、ポスト世俗化時代の現実に照らし合わせながら考えてみると、後者の見方、つまり神学と歴史の間には深い関係性があるという見方こそが説得力をもっているように思われる。ヘイデン・ホワイトは歴史物語を隠喩、換喩、提喩、そしてアイロニーといった文学のプロットに照らし合わせて、メタ・ヒストリーの類型を示してみせたが(White 1973)、同様に、諸々の歴史物語は、メシアニズム的破局史観、循環史観、または発展史観といった神学的プロットによって統制されているという見方も可能であろう。つまり、原理主義者たちの歴史的アイデンティティは、ある種の神学的なメタ・ヒストリーの観点からメシアニズム的未来を志向し、時には来世での救済と表裏一体となった破局史観との親和性が高いのに対して、世俗主義的進歩主義の歴史的アイデンティティは、理性への信仰といった不可視化された神学によって定式化されたメタ・ヒストリーを羅針盤がわりにしながらの発展史観に寄り添っているといってよい。

過去という文書等を通じてしか知り得ない不確かなもの、ましてや未来という誰も知り得ない未知のことを前提にする以上、ある種の思い込み、カーの言うような「信念」がない限り、歴史物語の出発地点と到着地点とを想定することはできないし、また、そうしたプロットに確たる基礎付けを行うことはできない。神学的なプロットの装いをもったメタ・ヒストリーは、ある意味で、そうした思い込み、信念抜きには成立しえない。ジェンダーに関わるグローバル・ヒストリーについても同様である。女性は親族構造を支えるための交換財であったように、人類社会は当初から性差別の政治経済学の論理によって支配されてきたと思われる（Rubin 1975）。欧米を中心に見る限り、その状態からすると、随分と男女平等、さらには性的マイノリティの権利承認といった方向へと向かっているようにも見えるし、そうした進歩史観的見方が現在ではヘゲモニックであるように思われる。さらに先には、反骨のジャーナリスト宮武外骨が『半男女考』で描いてみせたような過激なユートピア（またはディストピア）像がある。

近世文化の進運にて、女子の思想向上し権利拡大し、其精神と共に体軀も亦昔日の如く孱弱ならず、活潑強健、殆ど男子に近き者を生ぜり、これに反して男子は漸次軟化して女子に似たる者少からず、斯くて男女相均等に到らば、文化的半男女を産出し、終には生理的にも発達して、世界の人類が悉く真半男女に進化し、受動発動、孕むと孕ますとが交互問題となりて、性的にも対等、即ち無男女無差別が人類進化の究極なるやも知れずと思惟す、果して然らば、今日の多数決にて畸形と呼ばるゝ半男女は軈《やが》て単性の男或は女を目して畸形と呼ぶに到らんか

（宮武　一九八六、三八八頁）

この文章は、いわゆる両性具有の事例などを集めてみせた奇書の跋文の一節で、荒唐無稽ではあるが、ここで示されている性的無差別の未来へと向かう方向性そのものは、性的アイデンティティの多様化と平等化を推し進めること

を進歩とする価値観からすれば誤ってはいないということになろうか。しかし、このような方向で性的二値関係を解体していくことは、意味秩序の解体という点でも、ある種の存在論的インセキュリティを引き起こすおそれがある。ここで言う存在論的セキュリティ(ontological security)とは、精神科医のロナルド・D・レインや社会学者のアンソニー・ギデンズの用語である(Laing 1965, pp. 39-43, Giddens 1991, pp. 35-69)が、それは、簡潔に言えば、人との信頼関係の中で予測可能性・確実性がある程度保障されている状況の中で、自律的で持続的なアイデンティティが主観的に得られるような状況である。それは、意味論的なレベルでセキュリティが確保されている状態と言い換えてもよいだろう。しかし、実際には「変わらない自分」といった固定化されたアイデンティティは実在せず、アイデンティティは常にプロセスでしかない訳だが、自己のアイデンティティの連続性とそれを取り巻く環境の安定性が壊れていくような極度に不安定な状況に直面すると、存在論的セキュリティが脅かされていると感じるようになる。例えば、性的二値関係の解体を含め、性的アイデンティティの関係性が激しく変わる状況もまた、一部の性的マイノリティにとっては事態の好転にはなろうが、従来の性的二値関係に安住したマジョリティにとっては存在論的インセキュリティが引き起こされたように受け止められることになる。

存在論的インセキュリティに晒された時、人間は政治的共同体や宗教的共同体などを基礎にした集団的アイデンティティに強く依存する傾向をもつが、同様に、性的二値関係の解体等に伴う存在論的インセキュリティを契機に、一部の人たちは宗教的原理主義に沿ったジェンダー的バックラッシュの流れへと身を投じることになる。そこで想定される原理主義者の歴史的／性的アイデンティティは、汚れのない原点への回帰、また性的マイノリティといったアイデンティティは認めない男性優位の厳格な性的二値関係への回帰といったプロットへの自己同一化である。冒頭で触れたマララを狙撃したパキスタン・ターリバーンのメンバーの歴史的／性的アイデンティティは、そのようなものではなかったかと想像するのに難くない。そのようなサラフィスト・ジハード主義者たちの歴史的／性的アイデンティティを、完全に否定し、物理的に抹殺しようとするのが、世俗的でリベラルな欧米社会が中軸となって推進している「テロとの戦争」である。しかし、男女平等が進んでいない社会はリベラル・デモクラシーの適格要件が欠けており、女性を解放するためにも、そうした抑圧的なアウトロー的な社会に対しては戦争も正当化できるとなると、どちらが、より暴力的で野蛮なのか、わからなくなる。このようなジェンダー・ポリティクスと宗教絡みのポスト・コロニアル問題との交錯した関係を整理しながら理解するためには、世俗主義という形で不可視化された政治神学の問題を、きちんとおさえておくことが必要であろう。次に、そのことについて考察する。

四　「ラディカルな他者」への《宗教的暴力についての神話》の投影

ジェンダー的秩序をめぐっての当為性をめぐる対立は、今まで何度も述べてきたように、世俗主義（不可視化されたキリスト教主義）とイスラーム主義との対立でもある訳だが、世俗主義者からすれば、世俗主義が確立している欧米社会は一歩進んだ段階である一方で、宗教と政治が未分化であるイスラーム社会は前近代であるといったことになる。特に現在進められている「テロとの戦争」という文脈においては、イスラーム社会は世俗主義が確立していないがために過激な宗教的暴力が跋扈するような状況になっているという見方が強められることになる。

しかし、そうした見方は世俗主義というイデオロギーを通したバイアスのかかったものであり、《宗教的暴力についての神話》に基づく誤ったものであるという、ウィリアム・カヴァナーによる興味深い指摘がある。カヴァナーによれば、世俗主義のプロットとして欠かせないものの一つとして、一六、一七世紀ヨーロッパにおける宗教内戦という物語があるが、その代表例として挙げられる三〇年戦争は、主としてブルボン家とハプスブルク家というカトリック系の王朝間の戦いであって、宗教以外のファクターが大きく働いているという（Cavanaugh 2009, pp. 123-180）。つまりホッブズ以来、様々なヨーロッパにおける政治思想家の多くが、一七世紀の宗教内戦を克服するために近代主権国家が成立していったというストーリーを繰り返してきたが、それは必ずしも正しくないという。確かに、世俗主義によって政治と宗教とを分けながら成立した主権国家体系は結果的に、第一次、第二次世界戦争さらには冷戦といったものをもたらしたという事実によって、「世俗主義の確立した社会は宗教的社会より平和的である」といった主張は説得力を完全に失っているように思われる。換言すれば、理性への信仰といった「不可視化された神学」によって逆に世界戦争という破局がもたらされたという歴史的事実は、「宗教戦争の問題を解決するために主権国家が形成された」という《宗教的暴力についての神話》を打ち砕いているともいえる。

それにも関わらず、《宗教的暴力についての神話》に支えられた世俗主義というイデオロギーは、なぜ未だに強く作用しているのであろうか。考えられる仮説の一つは、世俗主義が、ある意味で「不可視化された神」として、神という社会の統合的求心点を代行しながら、政治的共同体としてのアイデンティティを維持する機能を果たしているというものだ。こうした見方は、「現代国家理論の重要な概念は、すべて世俗化された神学概念である」といった、カール・シュミットの議論に負うものであるが(Schmitt 1996 (orig. 1922), p. 43)、シュミットの議論によれば、リベラルな議会制民主主義では友・敵関係という政治的なものを完全に封じ込めることができないので、つまり人は神を代行できないがゆえに、例外状態に関する決定を行う主権的権力、つまり独裁が必要となってくることになる。逆に言えば、神という超越的価値を喪失した場合、人びとは、まさに神々の争いのような友・敵関係に直面せざるをえなくなる。そうした事態を乗り越えるべく、敵を措定し、それを排除することを通じて、政治的共同体の統合性が保たれることになる。

そういう意味で、世俗主義とは、例えば〈世俗主義＝理性／イスラーム主義＝非理性〉といった二項対立の形で、サラフィストを「ラディカルな他者」として措定しながら、政治的共同体としてのアイデンティティの定礎を行っていくような、事実上の政治神学として機能していると捉えるべきなのであろう。世俗主義が確立するということ、つまり宗教が私的空間のものになるということは、必ずしも無宗教になることを意味しないし、先にも述べたように欧米社会でもポスト世俗化的状況は現出している。しかし、敬虔な信仰が広く行われていたとしても、その信仰形態が内面化・個人主義化していけば、そうした市民宗教だけで政治的共同体を統合していくことは難しい。ネオリベラリズムの危機の深化に伴う様々な政治的アポリアに直面しながらポスト世俗化時代の政治的共同体を統合していくためには、「ラディカルな他者」の措定・排除が必要になってくる。「テロとの戦争」というグローバル内戦は、まさにそうした世俗主義にとっての「ラディカルな他者」の措定・排除の機制となって作動していると言ってよいであろう。換言すれば、《宗教的暴力についての神話》は、非西欧の他者を野蛮として位置づけ排除するために利用されているということである。

このことと関連して注意しなければならない点は、カヴァナーも指摘していることであるが、《宗教的暴力についての神話》が語られる際の「宗教」とは、その内容が恣意的であり、定義そのものも極めて困難であるということであろう（Cavanaugh 2009, pp. 57–122）。簡潔にカヴァナーの主張を要約すれば、宗教（religion）という言葉は、近代に移行する過程でキリスト教社会において使用されだしたものを、非西洋社会に見られる様々な信仰形態に当てはめたもので、その文脈によって、その内容は如何ようにでもなるということになり、宗教という用語を脱文脈的に使うことについては難しいし、その使用法には十分に注意しなければならないということだ。繰り返しになるが、ポスト世俗化時代における現在、「テロとの戦争」という文脈においては、非西洋の宗教が公的領域に入ってくるような動き、特に政治的イスラーム主義は危険の徴として捉えられているということである。例えば、バーナード・ルイスに代表されるような新保守主義に身を置くアメリカのイスラーム研究者は、「欧米は理性に基づく世俗的文明社会なのに対して、イスラーム社会は未だに非理性的な遅れた野蛮な社会である」といったオリエンタリズム的イメージの再生産に勤しんでいるのは周知の通りである(Cavanaugh 2009, pp. 194-198)。超越的なもの(神)の代わりに理性(人間)を中心におく欧米社会にとって、自らの社会の危機が深まるほど、「非理性的で野蛮なラディカルな他者」の措定(その多くを今ではテロリストと呼ぶが)、排除が必要となってくるのである。

そのことと関連して言えば、普遍的な「国際社会」を維持するためには邪悪な「ラディカルな他者」との永久戦争が必要となってくるという見方も可能である。その意味では、「テロとの戦争」の開始は、終わりがないだけに、為政者にとっては、とても好都合なこととなった。さらに彼らにとって都合の良いことは、絶対的な敵として立ち現れてくるジハード主義的サラフィストは、新聞社を襲撃したり、人質を斬首したり、さらには女性を誘拐したうえに人身売買するなど、「野蛮な」行動にあえてでてくることであろう。これらの「非人間的な」所業を示すことで、彼らを人類の敵とするとともに、自分たちは人類社会を代表する者とすることができることになる。しかし、だからと言って、彼らがいると思われる場所に対して事実上の無差別爆撃をしてよいのであろうか。再び、人間の名において「ラディカルな他者」に対して非人間的な暴力を行使するといった「ヒューマニズムの逆説」が生じることになるのである。

「もはや人とは思われない者」といった「ラディカルな他者」を創出することを通じたオリエンタリズム的イメージの再生産、また、そうした認識に基づいた「テロとの戦争」の際に、重要な戦線の一つとしてジェンダー・ポリティクスがあるということは繰り返し述べてきた通りである。女性やＬＧＢＴの解放という政治的プロジェクトは、欧米中心の世俗主義(不可視化された政治神学)によるジハード主義的サラフィズムとの戦いに組み込まれてしまっているのである。女性の身体や地位が、「文明の衝突」的闘いの場になってしまっていると言ってもよい(Braidotti 2011, p. 184)。また、それは、メタ・ヒストリーをめぐる抗争の場ともなっている。そうした二項対立的な「文明の衝突」に巻き込まれる中、フェミニストは深刻なジレンマに直面している。それは、リベラル・フェミニストとして世俗主義的なリベラル帝国の協力者となるか、それともサラフィズムの抑圧的支配に従う敬虔な女性という役割に甘んじるか、という選択肢をつきつけられているという状態である。最後に、そうしたジレンマを乗り越えていくようなオルタナティブの方向性について考えていきたい。

五　メタ・ヒストリーの二項対立的抗争の超克へ

ウェーバー的な《近代化＝世俗化(脱魔術化)》というテーゼは、その根拠を喪失し破綻をきたしているということだけではない。そのバイアスのかかった進歩史観により、〈世俗主義＝進んだ社会／イスラーム主義＝遅れた社会〉といった構図がつくりだされ、新しいレイシズムをも生み出すようになっている。ヨーロッパ近代は世俗主義という不可視化された神学と切っても切れない関係にあるのと同様に非西洋という他者との非対称的関係(植民地主義とも言う)と表裏一体の関係(例えばブラック・アトランティック)にあることが、ポスト世俗化の時代において、あらためて確認されたと言い換えてもよい。世俗主義の確立こそがリベラル・デモクラシーの道であるといったヨーロッパ近代の歴史物語に抗する形で、グローバル・サラフィズムが大きな広がりを見せながら、対抗的なグローバル・ヒストリーを展開しようとしている。メタ・ヒストリーをめぐる抗争が起きているということは、近代が複数形になりつつあるということでもあろうが、その「複数の近代」という割れた鏡には、「テロとの戦争」という歪んだ像が映っている。

「複数の近代」に象徴されるメタ・ヒストリーをめぐる争いは、まさに異なる信念をめぐる争いである。過去、現在、そして未来を、どういうプロットで描いていくかという問題は、信念、ある種の信仰なしに不可能であるということについては、カーを引用しながら、既に指摘した通りである。信仰は不可視のものを取り扱うものであり、それは理性では証明することができないと言ったのはトマス・アクィナスであるが、知の領域と思われるメタ・ヒストリーを信仰の領域から完全に切り離すことはできない。端的に言えば、メタ・ヒストリーは常に神学的要素を含んでおり、特に未来(未知)をどう想定するかは信仰によって決まってくるからである。例えば世俗主義に基づく歴史物語そのものもまた、〈信仰/理性〉の分節化こそ未来であるといった信念によって支えられているのであり、問題は、そうした信念が現在、政治的イスラーム主義者という「ラディカルな他者」に対する暴力行使をもたらしているということであろう。

そもそもボコ・ハラムなどに代表される「ラディカルな他者」の問題がなぜ現代の問題として浮上してきたかということを再度確認したい。急速なグローバリゼーションは、時・空間の跛行的圧縮とともに、異質な他者同士を急速かつ緊密に結びつけあうことで、サラフィストによるジハードなどの強い反発を引き起こしたということがまずある。世俗主義対イスラーム主義の抗争は、ジェンダー・ポリティクスをも闘争場としながら、歴史的アイデンティティの衝突(メタ・ヒストリーを共有しない者同士のぶつかり合い)といった側面も有している。そうした混沌とした状況を前にする限り、近代化とともに世俗主義が確立し、世俗的なリベラル・デモクラシーが普遍的モデルとして世界中に普及し、また個人化が進む過程で女性やＬＧＢＴの権利も制度化されていくといった流れは、淀みはじめているように見える。

目の前に広がりを見せている淀みは、ある意味で、平等化に対する反発としての差別化の強まりといった、ある種のサイクル的変動の一齣を示しているのかもしれない。メタ・ヒストリーの支配的なパターンは、現在の状況に大きく影響を受ける。現在が、ある種の上昇局面にあれば、進歩史観が優勢になるであろうし、現在がある種の下降局面にあれば、世紀末的破局史観ないしは循環史観が優勢になるだろう。現在のグローバル内戦化またネオリベラリズム的統治の危機的状況は、明らかに後者、つまり世紀末的破局史観や循環史観が支配的になる条件を用意しているように思われる。今まで述べてきたように、ジェンダー・ポリティクスにおいても、原理主義者によるバックラッシュ現象など、進歩史観のイメージは遠のき霞みつつあるようにみえる。その靄を払うように「マララ」たちを支援するべくジハード主義者の居住する地域に大量の爆弾を投下するといったことを行えば行うほど、我々は新たな「啓蒙の弁証法」的な隘路に入りこんでしまうのである。

世俗主義という不可視化された神学を含めて、異なる信仰同士が絶対的敵対関係に陥らないためには、どうしたらよいか。信仰は不可視の領域のものを取り扱う以上、理性による対話によって障壁を乗り越えていく方法には限界がありそうである。世俗主義と同盟関係にあるとされるフェミニズムに関連して言えば、スピリチュアル・フェミニズムやイスラーム主義的フェミニズムといった新しい流れも、その点で一つの可能性を示唆しているように見える(Braidotti 2011, 2008, Mahmood 2005)。ポスト世俗化時代において、信仰する主体としての女性も、世俗主義的で理性中心主義的な主体とは別の仕方で、自由を希求するエージェンシーとしての潜勢力を有するとみることは可能であろう。その潜勢力は、理性中心主義が取りこぼしてしまう感覚や感情などの問題、さらにはケアの倫理といった関係性の問題などを視野にいれていくことで、道徳的判断における新たな倫理的根拠を形成していく可能性をもっている。

そもそも存在論的セキュリティの確保という点で意味世界の基礎付けを必要とする人間としては、未来に対するヴィジョンを含めて、ある種の信仰が必要不可欠である。そうである以上、その信仰が、もう一つの人間の根源的価値である承認や自由といったものと両立する形で構成されなければならない。また信仰と理性の境界は社会的に構成されるものであるという前提に立てば、公的領域と私的領域の境界などと同様に、その時々の時代・社会状況によって再構成されてくるものであろう。逆に言えば、異なる信条体系もまた、信仰と理性の境界と同様に、両者間の対話を通じて、それぞれ変容を遂げる可能性を有している。実際、現在、教条的なサラフィズムの動きとは別に、より柔軟な教義解釈によるポスト・イスラーム主義的転回と呼ばれる動きもある(Bayat 2013, 2007)。そこから、リベラル・イスラーム主義という道も開けつつあるし、現実の展開が単純な世俗主義対イスラーム主義といった二項対立の図式を乗り越えていく可能性があることは否定できないだろう。

歴史の地平は、どのように開けていくのかについては未確定であり、そこには決まったプロットはない。メタ・ヒストリーというプロットは、非決定性を特徴とし、過去の受容、現在の体験、そして未来への期待が交叉しながら幾つもの視角が絡み合う反過去形的な開かれたものである(土佐 二〇一二、三二一頁)。だからこそ、他者とのコミュニケーションを開くことによって、その方向性を大きく変えていくことが可能である。「ラディカルな他者」を排除しつづけることで成立する世俗的ヒューマニズムも、それに反発する原理主義的なジハード主義も超克する形で、文明間の対話を継続しながら、自らの歴史的／性的アイデンティティを変容させつつ希望ある未来の地平を切り拓いていくということもまた、一つの信念・信仰によって支えられているということは言うまでもない。

このことと関連して、「信仰とは超越者と連繫している実存の意識である」と実存主義の立場から信仰を論じたカール・ヤスパースもまた、その著『哲学的信仰』の中で、異なる信仰同士の問題について、次のようなメッセージを残している。「際限なく交わり(Kommunikation)を進めようとする心構えは、知の結果ではなく、人間存在における一つの道に向かおうとする決断である。交わりの思想は、ユートピアではなくて信仰である」(Jaspers 1948, p. 136)。ポスト世俗化時代においては、自らの理性の限界をしっかりと認識する一方で、他者とのコミュニケーションを限りなく開かれたものにしていこうとする、我々人間の内なる可能性に対する信仰が必要とされている。アドルノの表現を借りて言えば、それは、非同一性を担保する否定弁証法を通じて他者と交わることを志向し続けることでもあろうが、そうした志向性または希望を持ち続けることが、ハンティントン流の「文明の衝突」論的メタ・ヒストリーを回避していくことにもつながっていくことになる(Adib-Moghaddam 2013)。

参照文献

土佐弘之　二〇一二、『野生のデモクラシー』青土社
宮武外骨　一九八六（初出一九二二）、「半男女考　全」『宮武外骨著作集　第五巻』河出書房新社
Adib-Moghaddam, Arshin. 2013. *A Metahistory of the Clash of Civilizations: Us and Them Beyond Orientalism*. Oxford: Oxford University Press.
AP. 2013. "Malala Yousafzai's Book Banned in Pakistani Private Schools." *The Guardian*, November 10, 2013.
Asad, Talal. 2003. *Formations of the Secular: Christianity, Islam, Modernity*. Stanford: Stanford University Press.（中村圭志訳『世俗の形成』みすず書房、二〇〇六年）
Barber, Benjamin. 1995. *Jihad vs. MacWorld*. New York: Ballantine Books.（鈴木主税訳『ジハード対マックワールド』三田出版会、一九九七年）
Bayat, Assef. 2007. *Making Islam Democratic: Social Movements and the Post-Islamic Turn*. Stanford: Stanford University Press.
Bayat, Assef, ed. 2013. *Post-Islamism: The Changing Faces of Political Islam*. Oxford: Oxford University Press.
Berger, Peter L. 1999. "The Desecularization of the World: An Overview." In *The Desecularization of the World: Resurgent Religion and World Politics*, edited by Peter L. Berger, 1–18. Grand Rapids, Michigan: William B. Eedmans Publishing Company.
Braidotti, Rosi. 2008. "In Spite of the Times: The Postsecular Turn in Feminism." *Theory, Culture & Society* 25(6): 1–24.
Braidotti, Rosi. 2011. *Nomadic Theory: The Portable Rosi Braidotti*. New York: Columbia University Press.
Carr, E. H. 2001(orig. 1961). *What is History?* Hampshire: Palgrave Macmillan.（清水幾太郎訳『歴史とは何か』岩波新書、一九六二年）
Casanova, José. 1994. *Public Religion in the Modern World*. Chicago: The University of Chicago Press.
Casanova, José. 2006. "Rethinking Secularization: A Global Comparative Perspective." *The Hedgehog Review* 8(1–2): 7–22.
Cavanaugh, William T. 2009. *The Myth of Religious Violence: Secular Ideology and the Roots of Modern Conflict*. Oxford: Oxford University Press.
Elden, Stuart. 2014. "The Geopolitics of Boko Haram and Nigeria's 'War on Terror'." *The Geographical Journal* 180(4): 414–425.

Giddens, Anthony. 1991. *Modernity and Self-Identity: Self and Society in the Late Modern Age*. Stanford: Stanford University Press.(秋吉美都ほか訳『モダニティと自己アイデンティティ』ハーベスト社、二〇〇五年)

Goldstein, Joshua S. 2001. *War and Gender: How Gender Shapes the War System and Vice Versa*. Cambridge: Cambridge University Press.

Habermas, Jürgen et al. 2011. *The Power of Religion in the Public Sphere*. New York: Columbia University Press.(箱田徹・金城美幸訳『公共圏に挑戦する宗教』岩波書店、二〇一四年)

Horkheimer, Max, and Theodor Adorno. 1947. *Dialektik der Aufklärung: Philosophische Flagmente*. Amsterdam: Querido Verlag.(徳永恂訳『啓蒙の弁証法』岩波書店、一九九〇年)

Hurd, Elizabeth Shakman. 2009. *The Politics of Secularism in International Relations*. Princeton: Princeton University Press.

Inglehart, Ronald, and Pippa Norris. 2003a. *Rising Tide: Gender Equality and Cultural Change around the World*. Cambridge: Cambridge University Press.

Inglehart, Ronald, and Pippa Norris. 2003b. "The True Clash of Civilizations." *Foreign Policy* 135: 63–70.

Jaspers, Karl. 1948. *Der philosophische Glaube*. München: R. Piper.(林田新二監訳『哲学的信仰』理想社、一九九八年)

Laing, R. D. 1965. *The Divided Self*. Harmondsworth: Penguin.(阪本健二ほか訳『ひき裂かれた自己』みすず書房、一九七一年)

Mackinnon, Mark. 2013. "One year after being shot by the Taliban, Malala Yousafzai is a mighty machine." *The Globe and Mail*, October 8, 2013.

Mahmood, Saba. 2005. *Politics of Piety: The Islamic Revival and the Feminist Subject*. Princeton: Princeton University Press.

Mark, Monica. 2014. "Malala Yousafzai shows support for Nigerian girls abducted by Boko Haram." *The Guardian*, July 14, 2014.

Mavelli, Luca. 2011. "Security and Secularization in International Relations." *European Journal of International Relations* 18(1): 177–199.

Meijer, Roel. 2009. "Introduction." In *Global Salafism: Islam's New Religious Movement*, edited by Roel Meijer. London: Hurst & Company.

Montclos, Marc-Antoine Pérouse de, ed. 2014. *Boko Haram: Islamism, Politics, Security and the State in Nigeria*. Leiden: African Studies Centre.

Reilly, Niamh. 2011. "Rethinking the interplay of feminism and secularism in a neo-secular age." *Feminist Review* 97: 5–31.

Rubin, Gayle. 1975. "The Traffic in Women: Notes on the 'Political Economy' of Sex." In *Toward an Anthropology of Women*, edited by Rayna R. Reiter, 157–210. New York: Monthly Review Press.

Schmitt, Carl. 1996 (orig. 1922). *Politische Theologie*. Berlin: Duncker & Humblot.(田中浩・原田武雄訳『政治神学』未来社、一九七一年)

Spivak, Gayatri Chakravorty. 1988. "Can the Subaltern Speak?" In *Marxism and the Interpretation of Culture*, edited by Cary Nelson and Lawrence Grossberg, 271–313. Urbana: University of Illinois Press.

Taylor, Charles. 2007. *A Secular Age*. Cambridge, Mass.: The Belknap Press of Harvard University Press.

Toulmin, Stephen. 1990. *Cosmopolis: The Hidden Agenda of Modernity*. Chicago: The University of Chicago Press.

White, Hayden. 1973. *Metahistory: The Historical Imagination in Nineteenth-Century Europe*. Baltimore: The John Hopkins University Press.

Ⅱ　ポスト国民国家時代の諸相

4　グローバリゼーションの時代における「国境の越え方」

伊豫谷登士翁

一　二一世紀に「国境を越える」とは何か

境界は、グローバリゼーションによる差異化と均質化が、そして包摂と排除がせめぎ合う場のひとつである。さまざまな境界が生み出されるなかで、いまでも国境は特別な位置を占めている。ポスト国民国家の時代といわれる二一世紀に、「国境を越える」とは何を意味するのか、境界を越える人の移動はどのように変化してきたのか、そしてそれは国民国家の変容をどのように映し出してきているのか。(1)

いずれの国にあっても、移民と呼ばれる人々を含む国境を越える人の移動は国民国家の形成と深く関わってきた。近代は他者とわれわれを明確に区分けした時代であり、国境を越える人々の管理は、各々の国が歴史的に辿ってきた軌跡を映し出してきた。いま、「移民」とは何かという問いは、国民とは何か、そして国民国家とは何かという問いと重なる。将来の国民として移民を受け入れてきた国だけでなく、移民の国籍取得を例外としてきた国においても、国民の境界は揺れ動いている。多民族的あるいは多文化的といわれる状況が進みながらも、移民の存在が政治的あるいは社会的に「移民問題」として大きな争点となり、外国人の排斥といった過激な運動をも引き起こしてきている。

境界の揺らぎによる不安や恐怖とは、ヘイトクライムやバックラッシュなどの過激なナショナリズム、極右による移民排斥運動のみを指すのではない。静かで寛容なナショナリズムが深く社会のなかに浸透し、政治の表舞台に台頭してきている。文化的・社会的背景の異なる多様な人々が共存することは望ましいという社会的な合意が形成されながらも、境界の揺らぎに対して、国家が保護すべき範囲を拡げるのではなく、移民の制限が求められる。そこでは国民の再規定と再編成が、そして新たな境界が、大きな政治的課題となっているのである。揺らぎのなかで問われているのは、民主主義や人権といった戦後のリベラルな国家理念そのものである。

多民族的／多文化的状況といわれるものと西欧に育った普遍主義的な政治とは、両立できるのか。こちらの正義と向こうの正義との溝は埋めることができるのか。このような問いそのものが対立を煽ってきた。さらにナショナリズムの批判と擁護という二分法的発想が、争点を曖昧にしてきたのではなかったか。しかし、多文化共存や異文化理解といったスローガンを呼びかけてきたのはマジョリティであり、マイノリティはつねに呼びかけられる側でしかなかった、ということは留意されなければならない。多文化共存という問いは誰に向かって、どのような意図から発せられてきたのか。呼びかける側と呼びかけられる側、眼差す側と眼差される側との境界は越えられないままである。

多文化主義と民主主義との両立は、欧米諸国を中心に多様な政治的争点を生み出し、いわゆる移民問題はその焦点に位置してきた。いま直面している課題は、体制としての植民地主義と冷戦が終焉を迎えるなかで、第二次世界大戦後に創りあげられてきた、いわゆる「戦後体制」のなかで育ってきた制度や思想と深く関わっている。多文化主義と呼ばれる国家のあり方とそれに対する批判はそのひとつであり、国民の再規定や再編をめぐる軋轢でもあった。

国民とは固定的・静態的ではなく、歴史的にたえず再編され、国家は、国民を映し出す鏡としてつねに他者としての移民を規定し、管理しようとしてきた。ここで移民として念頭にあるのは、法的な規定とは必ずしも一致せず、しばしば人種的あるいは文化的な差異と結びつけられて表象される。移民として思い描かれてきたのは、その時々に、国民を映し出す他者であり、受け入れ社会の側から他者像を再定位する鏡であった。

移民とは、管理する対象として受け入れ側から捉えた規定である。国境を越える移動を制限し、介入してきたのは国家であった。国境が厳格な境界として要塞化されるにしたがって、主権国家としての境界が文化的な境界を創りだし、境界を越えることは、政治的なだけでなく、文化的／社会的な越境として特別の意味を持たされてきた。国境を越えるとは、物理的に国家間関係の境界を越えることだけではなく、個人あるいは集団のアイデンティティに関わるものへと転化してきた。それゆえに国境が厳格に管理されるにしたがって、移民は、政治化され、文化的な差異として言及され、そしてナショナルあるいはエスニックなアイデンティティを問われてきたのである。

一九世紀後半から二〇世紀初めは、地球上に国民国家が拡がった時代であり、領土としての境界が植民地へと拡大された時代であった。そして二〇世紀後半から二一世紀への世紀転換期は、国民国家という境界が揺らぎはじめたグローバリゼーションの時代である。この二つの世紀転換期は、地球的な規模での移民の時代であった。しかし、一九世紀後半における人の移動が国民国家を形成し、植民地支配を拡大してきたのに対して、二〇世紀後半の人の移動は、体制としての植民地の崩壊の帰結であり、国民国家という体制の溶解を引き起こしてきている。二つの世紀転換期における国民国家の形成と国民国家の溶解という対照性こそが、現代の人の移動が抱える課題をもっとも端的に表している。(2) 国民と国家との一義的な関係、ネーションが国民であり国家であるという同型性によって想像された国民国家という体制が、移民によって形成され、移民によって溶解してきているのである。

この二つの移民の時代の間には二度の世界大戦があり、多くの国を巻き込んだ世界大戦は人の移動を制限してきた、と考えられてきた。実際、ヨーロッパからの移民は減少し、南北アメリカから出身国へと大量の帰国者があり、またアジア人移民への制限は、ますます強化された。国民国家を創りあげ、体制としての植民地を創りあげてきた移民の時代は終焉を迎えたと考えられた。

しかし、二度の世界大戦期は、国民＝国家という体制の一義的な関係、同型性に亀裂を引き起こし、国民国家という体制に隠されてきた近代のさまざまな亀裂が、戦争によって露呈することになり、そのことがもうひとつの膨大な人の移動を引き起こした時代であった。二度の世界大戦、とりわけ第二次世界大戦には、数千万人にのぼる規模の人の移動があり、それに続く戦後の時期には、戦時期を上回る人の移動があった。戦争によって引き起こされた人の移動は、国民国家の再編を含めた近代世界の転換であった。世界大戦が総力戦として戦われ、軍だけでなく民間をも巻き込んで展開したこと、帝国主義国だけでなく植民地をも巻き込んで遂行されたことは、一九世紀の国民国家の性格を大きく転換することになった。[3] さらに戦争の終結は、新たに引き直された国境とそれに伴う大規模な人の移動をもたらし、戦後体制といわれるなかでの国民国家の再編成が進められた。それは、現代における移民問題、そして「国境を越える」ことを考えるうえでの起点である。

そしていま、膨大な資本や情報が国境を越え、国境を越える人の移動は国家による制御がきわめて困難になってきている。国家によって創られた境界が移動する人々によって溶解しつつも、グローバリゼーションといわれるなかで新たな境界が生み出され、国民国家は、そのなかで揺れ動いている。ここでの課題は、人の移動という観点から、グローバリゼーションといわれる時代における国民国家の変容を再考し、新しく創られた境界の越え方を展望することである。

二　総力戦体制からグローバル・マス・マイグレーションの時代へ

人の移動は、商品や資本の移動とともに、近代世界とよばれる空間の主要な編成要因であり、それは近代世界の中心であった西欧に限定されない。大規模な人の移動は、世界の各地域における人の流れを世界的な連関のなかに組み込み、また新たな流れを生み出した。近代移民の特徴は、組織的かつ継続的に繰り返される人の移動であり、農村から都市へ、さらに海外へと重層化された移動の連鎖であった。世界各地の多様な人の移動が、世界編成のなかに組み込まれ、近代世界の人の移動を構成してきた。

移動とはもともと私的な営みである。しかし道路や鉄道、港湾などの移動手段、そして通信手段が公的に形成されるにしたがって、国家による移動への介入と管理が拡がっていった。(4) しかしながら近代国家が、物理的に領域国家として明確な国境を画し、個人を特定して移動を管理できるようになったのは、二〇世紀になってからである。さらに、世界的な規模の戦争は、世界的な規模での人の流れを変えた。国民国家は両世界大戦に挟まれた時代に総力戦体制(5)へと変容し、国境を越える人の移動は国家によって一元的に管理されるようになり、国家は公式的には人の移動に介入する唯一の権力となった。

「国境を越える」ことが問いとして成り立つのは、国家による境界がその他の境界とは比較しえない強制的な力を持つようになったからである。人の出入国を管理することは、近代国家の主権行為と見なされてきたが、しかし国境が厳格な境界となったのは比較的最近のことである。越境する人々に対して、写真などによって個人を特定し、出入国が公的に管理されるようになり、パスポートが制度化され、また国境警備のような組織によって国境が厳格に管理されるようになったのは、いまから一〇〇年前のおよそ一九二〇―三〇年代である。(6)

近代は移動の自由を掲げてきた。(7) しかし移動の自由は国境によって制限され、領域のなかでは移動を繰り返す人々を定まった場所に定住させようとしてきた。国家が、そして国家間関係が、放浪する人々の余地を簒奪し、強制的にいずれかの場所に住まわせようとしてきたのである。近代国家は、国境に画された一定の領土とそこに居住する人々を国民として画定し、他方では移民の出入国を厳格に管理しようとしてきたのである。

移民の管理は国民の管理と表裏であり、広域化した経済圏のなかで動員された移民労働者とマイノリティと呼ばれた人々は、隔離され、排除され、同化や統合政策に組み込まれることになった。大規模な戦争への人々の動員は、総力戦体制といわれる新たな国民の統合であるとともに、民族的な多様性がはらむ対立を内包していった。

現代における人の移動を考えるうえでの起点として、二度の世界大戦期とその後の戦後体制期における人の移動がある。二度の世界戦争と未曽有の世界恐慌は欧米中心的な近代世界の構造的な転換を一挙に押し進めた。ヨーロッパからの移民の縮小やアメリカにおける移民規制の強化などにみられた近代移民の減少は、古典的な大西洋移民の時代の終焉であるとともに、新たな移民の時代への幕開けであった。これまでの移民の流れが衰退するなかで、マイノリティから植民地住民までを含めた人々が戦争に動員され、あるいは戦争に巻き込まれ、移動とは無縁であった人々をも国境を越える移動へと駆り立てた。戦時動員は、軍への徴用だけではなく、人々を農村や自営的な営みから切り離し、生存手段を奪われた新たな労働力として創出する過程でもあった。

植民地における軍事的ならびに戦時体制に必要とされる物資供給のための動員は、これまでの植民地支配の時代とは比較にならない規模と拡がりで、人々の移動を引き起こした。世界的規模での戦争は、軍需だけでなくその他の広範な工業生産の世界的な展開を押し進め、植民地における産業化を推進するとともに、軍事関係の施設を含めた産業分野やインフラをつくり出した。さらに、物資だけでなく人をも含めた徴用は、これまで生存を支えてきた農業や零細な農村工業を崩壊させ、言うなれば、植民地における戦時動員が、植民地地域における伝統的な生存維持手段を破壊し、強制的な労働力の創出、いわゆる原蓄を加速したということができる。

世界的な規模での戦時における移動は、形式的であれ「自由移民」と考えられてきた国際労働力移動とは異なり、半ば強制的あるいは政治的に生み出された移動であった。しかも二度の世界大戦とそれを挟む時期における人の移動は、これまで経験したことがない、きわめて短期間の組織的な地球規模の移動であった。

戦争という強制に基づく移動は、戦後の冷戦下において、戦時期を上回る規模での政治的な強制的移動を引き起こすことになった。軍人の復員や強制労働を含めた外国人労働者などの本国への帰還、あるいは帝国の解体だけではなく、いわゆる植民地の独立などの新たな国家の成立、戦後処理としての国境線の変更などは、国民の再国民化を含めた膨大な人の移動をもたらすことになった。欧米諸国にとって、戦争の終結による最も大きな政治的課題は国民国家の再建／再編成であった。それは、人的な面においては戦争前の「正常」への回帰を目標とした、本国あるいは故郷への帰国として現れ、再び、歴史上類を見ない規模での移動が繰り返されたのであった。しかしそれは、戦争前の正常と想定された状況への回帰ではなく、新たな人の移動の時代の始まりである(8)。

冷戦下での占領という戦後体制は、戦時における動員の延長として、これまでにない新たな人的移動の空間を生み出した。占領空間としての東アジアはその典型的な事例である。占領という空間が及ぼした影響は、たんに軍事戦略としての人の移動だけではない。基地という空間の拡がりは、消費文化を含めたアメリカの文化や価値観、ライフスタイルなどの世界的な浸透を押し進めただけでない。それは、産業やサービスなどの分野における標準化あるいはマニュアル化を占領空間に浸透させることになり、そこでの労働が海外において通用する基盤、労働力の越境化を可能にする条件を作り出すことになった。すなわち、総力戦体制から占領に至る過程で、労働力のグローバルな標準化の条件が形成されたのである。

アメリカによる占領は国境を越えたひとつの空間を創り出し、たとえばフィリピンにおいては、米軍基地への労務提供は、その後の看護／介護労働や家事労働ならびにエンターテナーなどの欧米への女性移民を送出するシステムを生み出した。また韓国では、韓国企業が米軍の基地建設や軍需産業などを担い、グローバルな標準化を満たすノウハウを獲得することによって、その後の米軍の世界戦略とともに財閥へと発展したのである。これら占領下における基地への労務供給は、その後の欧米諸国への移民労働の増加を引き起こすとともに、一九七〇年代以降、中東産油国への大量の労働力移動を可能にしたのであり、さらに家事労働や看護労働などの再生産労働における女性移民の劇的な増加をもたらしたのである。

形式的であれ政治的な独立を遂げた南の地域からは、かつての宗主国である北への大規模な人の移動が起こり、いわゆる移民問題が大きな政治的争点となった。第二次大戦とその後の占領期における人の移動が、現在のそれの原型の一つであるという意味は、何よりも国民国家の再編が植民地地域を巻き込んだ、南から北への大規模な人の移動を引き起こしてきたことにある。そしていまグローバリゼーションの時代に、国境を越えることが政治的に問題化されるのは、周辺から中心へと移動した大量の移民や難民が定住化し、中心における一定の領土のなかでの、政治／経済／文化／社会のナショナルな同型性が維持しえなくなったからである。大戦期から戦後期の移動は、グローバリゼーションの時代の移動を準備したのであった。

現代はグローバルな規模での、新たな移民の時代である、といわれる⑨。ジャンボジェットやインターネットは、これまでの移動の型や流れを大きく変えた。国境を越えるという行為は、かつては命がけの飛躍であった。しかしいまでは越境は日常化し、さらには国境という境界が持つ意味も変わってきている。この時代に国境の越え方とは何を意味するのかを考えるうえで、次の二点を付け加えておきたい。

ひとつは、国家による国民管理を基盤としつつも、資本による世界経済の統合化が個々の人々の身体にまで浸透し、経済的だけではなく、その社会的な統合原理のなかに移動が組み込まれたことである。すなわち、領域のなかに定住するマスとしての国民管理だけではなく、移動する身体としての個人管理の時代である。さらに、移動の送り出し／受け入れ地域を問わず、あらゆる人々が移動の外部にいることはもはや不可能となり、移動と直接的に関わりを持つ、あるいは持たざるをえない時代である。

大規模な労働力の移動と大規模な資本移動との緊密な連接によって、国民経済として分断されてきた労働市場はグローバルな労働市場へと包摂され、資本のグローバルな展開がグローバルな人の移動を不可避的に伴わざるをえない時代になった。これまで曲がりなりにも法的あるいは制度的に、さらに通貨体制によって保護されてきた国民経済が、資本の世界的な統合化によって、グローバルな労働市場へと編成されつつある。労働者は海外の低賃金労働者と直接的に競争せざるをえず、資本はグローバルな労働市場を前提として競争せざるをえない。グローバル化した労働市場は、単純労働と言われる低賃金労働力を越えて、起業家や技術者などの高度専門家から、文化的・社会的な領域へと拡がっている。

労働市場のグローバル化は社会のグローバル化を生み出す。欧米諸国だけでなく、産業化を経験した多くの国においては、多民族／多文化的な状況が急速に進み、その経済は、そして社会は、もはや移民労働者なくしては成り立たない。他方、発展途上国においては、消費文化を含めた市場化が、都市部だけではなく、農村の隅々にまで浸透し、急激な都市化《ハイパー・アーバナイゼーション》を引き起こし、さらに海外への大量の出稼ぎ移動を生み出してきた[10]。海外での出稼ぎが、国家的な対外バランスとしてだけではなく、家計戦略として展開される。資本のグローバル化によって、中心と周辺を問わず、国境を越えた賃金水準の平準化圧力が増し、資本とともに労働力の移動が加速してきた。

中心地域では、看護・介護労働、グローバル・シティを維持するための都市サービス労働などの領域において、移民労働者を欠いては成り立たなくなり、さらに国境を越えた結婚なども増えている。これは、資本移動と労働力移動とのいわば相補的・代替的な関係から移民労働への依存が不可欠となった局面への移行であり[11]、これまでの経済的な競争の段階から、生命の再生産過程までもが国境を越える段階に入ったことを意味する。グローバリゼーションの過程で、世界経済は、移動する身体としての人の移動を含めた局面にある、と言うことができる。

もうひとつは、移動と場所の関係の転回である。近代において、ある場所に住まうことが正常であり、移動は一時的な逸脱状態とみなされてきた。それゆえに、移民はあるべき場所に住まうまでの一時的な状態であり、したがって資本主義移民は、基本的には家族の生活拠点である出身地へと戻る還流型の自由移民あるいは出稼ぎと考えられてきたのである。もちろん、成功したが故に戻らず、失敗したが故に戻らない場合も多かったが、移民たちにとっては、つねに戻るべき場所が埋め込まれていた（伊豫谷 二〇〇一）。移動こそが故郷を創り、戻るべき場所は、移動を規定する重石であった。移民がつねにナショナリズムやアイデンティティと結びつけられてきたのは、そのことによる。

しかし現代の人の移動は、場所の規定性を失いつつある。それは、帰るべき場所を持たない、あるいは奪われた／失った、さらには放棄した移動である。いうまでもなく、いまでも移民たちは「故郷」に戻る、あるいは少なくとも戻ることを目指しているであろう。[12] しかし戻るべき場所、彼ら／彼女らが思いうかべる故郷は、もはや重石としての意味を失ってきている。人々は、中心や周辺にかかわらず、生存基盤から引き離されて、居場所を失って漂流しているのである。[13]

世界経済の新たな統合化、そしてグローバルな漂流の時代といっても、ナショナルな縛りは依然として根強く残存している。人の移動に対する国家管理は強化され、ナショナルな単位で構成される国家へと編入される。二一世紀における「国境の越え方」が抱える課題は、このグローバルな移動とナショナルな規定性とのせめぎ合いのなかにある。グローバル資本による統合化は、地域の反撥をさまざまなレベルで引き起こし、重石としての故郷は、反グローバリズム運動の基盤ともなり、ローカルな場は人々の拠り所であり続けている。現代の人の移動が政治化されてきた背後には、グローバルとナショナルの相克があり、ポスト国民国家の時代といわれる国民の再編成をめぐるせめぎ合いがある。

三　国民国家の変容と「移民問題」の政治化

グローバルな資本による世界経済の統合化は、国民国家の基盤を掘り崩し、世界的な規模での人の移動は新たな段階に入った。国境を越える資本は、国民経済の基盤を掘り崩し、国境を越える労働市場を形成してきただけでなく、国家主権をも脅かしてきている。移民の急激な増加、移民への恐怖は人の移動を再び政治的な争点に引き揚げてきた。ナショナルなものが脅威に晒されているという不安は、人々の生活を守る最後の砦としてのローカルな場所の復権願望を増幅してきた。国民国家への期待は、福祉国家の時代とは異なるグローバリゼーションという状況のなかで現れてきているのである(14)。

一九六〇年代から七〇年代以降、世界的な規模の人の移動は、多国籍企業と呼ばれる巨大企業の世界的な展開によって、周辺地域の農村から世界経済の中枢である世界都市にいたる、重層的な労働力移動の流れが主流となる。さらに八〇―九〇年代以降では、輸送通信手段の発達は、これまでの製造業や建設労働などの生産労働の移民だけでなく、ビジネスや企業家、観光、留学から結婚などによる多様で大量の越境者を生み出してきた。これらの人の移動は、いわゆる欧米先進諸国に限定されるのではなく、発展途上国と呼ばれる国々にも拡がっている。この新たな移民は、ナショナルとグローバルあるいはローカルとグローバルとの相克という現代世界の主要な対抗軸を生み出す主要な契機のひとつであった。

生まれた土地を離れ、海外で生活する移民、あるいは永住資格を持ちながら移動を繰り返す人々、複数の国に生活基盤を持つ移住者は、増え続けている。出稼ぎ移民の滞在が長期化するとともに、海外への生活拠点の移転や分散など、生存戦略として越境を繰り返す人々も多い。あたかも移動の自由が国境を越えて実現しつつあるかのようであり、しかも日常化した越境は、特権化された人々に限定されるわけではない。

海外で生活を営む国際移民ストックは、国連の推計では二億三二〇〇万人(二〇一三年)である。ここで言う移民は外国籍あるいは外国生まれに限定されており、国籍取得者とその子孫、難民や亡命者、いわゆる不法入国者は含まれていない。どの範囲までを海外居住者に含めるのかを定義することは困難であるが、やや広く解釈したとして、出身地を離れて外国で暮らす人口は三億人を超えていると思われる。これは、地球上の人口の約五%程度であり、おおよそ二〇人に一人が生まれた地を離れて、海外で暮らしているということになる[15]。

越境する人々の増大や外国人居住者の増加から、しばしば人のグローバル化と言われる。しかし現代の人の移動が有する意義は、必ずしもその量的な規模にあるのではない。かつて移民の時代と言われた一九世紀後半から二〇世紀初めと比較した場合、相対的には現在と大差はない。二〇世紀初めの世界人口はおおよそ二〇億人であり、この期の移民は、ヨーロッパから南北アメリカ大陸への移動、アフリカからの奴隷貿易、契約労働などによるアジア人移民、そしてそれら移民たちの子孫を含めるなら、そのストックは一億人を超えており、世界人口のおよそ五％であった。

近代において大規模な移民は周期的に繰り返され、さまざまな政治的、社会的な摩擦や軋轢を生み出してきた。しかしそれが移民問題として政治化されるようになったのは最近のことである。移民の国といわれるアメリカにおいて、新規移民の増加はつねに政治的な争点であったが、中南米ならびにアジアからの移民の急増が一九六〇年代以降に大きな政治問題として取り上げられるようになった。西欧諸国では、欧州共同体の一体化を進めながら、高度成長期の短い期間に移民の受け入れ国へと転換し、移民に関わる論争が政治化されるようになった。すなわち、人の移動が国民国家の根幹を脅かし、「難民問題」を含む「移民問題」として政治化されてきたのは、比較的最近である。その背後にあるのは、移民や難民と言われる存在が、曲がりなりにも均衡を保ってきた戦後体制を揺るがし、国民国家の根幹に触れる課題であるからである。

「移民問題」の政治化とは、一九六〇年代以降の欧米諸国における移民政策の転換を、戦後期の国民国家再編期における人の移動とは断絶し、さらに旧植民地からの人の移動を植民地主義とは切り離し、結果としていわゆる非西欧移民を移民労働者として問題化しようとしてきたことを意味する。ここにあるのは、グローバル化した時代において、国家がいかに移民労働者を管理対象とするのか、言い換えれば移民政策のなかに組み入れるのか、ということであった[16]。

西欧諸国において、いわゆる移民問題として政治的論争になってきたのは、高度経済成長の時代が終わり、失業が大きな社会問題となってからである。第二次世界大戦後の戦後復興から高度成長過程において、かつての植民地をはじめとして発展途上国と呼ばれた南の地域から西欧諸国に多くの移民労働者が移動した。旧植民地からの移民の流入は、植民地支配の帰結であるとともに、戦後復興にとって不可欠な労働力であった。すなわち、西欧諸国が移民労働者の受け入れ国へと転換したのは、植民地支配の終焉と戦後復興期における労働力不足によるものであり、是か非かという問題ではなく、歴史の帰結でもあった。大規模な非西欧からの、すなわち異質な文化的背景を持つと見なされた南の地域からの移民は、西欧諸国において、歴史上初めて直面した課題だと認識された。

ここで言う移民問題とは、いわゆる多文化的／多民族的状況の定着と、戦後の反人種差別を掲げる人権レジームのもとで、非西欧からの「第三世界出身者風[17]」の、文化的に異質な他者との出会いとして現れた。しかしいまでは、移民と呼ばれる人々は人口の二割あるいはそれ以上を占め、幻想としての均質な国民国家像は崩れている。さらに、人種差別は、普遍主義を掲げてきた戦後体制への挑戦であり、国家としての正統性を失わせるものと見なされている。

多文化主義は、戦後体制としての民主主義という「普遍性」の根幹といかに折り合いをつけうるのかは、たえず課題とされてきた。しかしこの課題は、何も西欧に限られたことではない。南アフリカのアパルトヘイト廃止だけでなく、アメリカの公民権運動やオーストラリアの白豪主義の転換、そして日本の在日差別など、人種差別が厳しく批判されるなかで、移民政策におけるさまざまな人種差別的制限が、法的あるいは形式上は撤廃あるいは修正されてきた。人権レジームと多文化主義は、形式上は各国において受容され、国家レベルにおいて、さらに社会的にも、基本的には定着してきた、といってよい[18]。

しかし、一九七〇年代以降の高度成長時代の終焉によって、完全雇用を目標としたコミュニタリアン的福祉国家政策が破綻し、豊かさの時代が終焉した。多くの失業者を恒常的に抱えるようになった西欧諸国の多くは、これまでの移民政策を転換し、受け入れを規制することになった。しかし移民の規制後においても、移民の絶対数そのものは減少することなく、国内では高い失業率が常態化し、若年失業者が増加の一途を辿った。新自由主義的な政策への移行によって、不安定就業層は拡大し続け、社会的な不安は増大した。移民問題は、不況の長期化、ネオリベラリズムの浸透、社会不安の増大などと共振する、多くの国がかかえる共通した政治問題となった。移民問題といわれるものは、そうした経済問題や社会問題と結びつきながら、現代国家のあり方に及ぶより深刻な課題であることが明らかになってきた。

現在における移民問題の核心は、必ずしも、移民数の、そして移民ストックの量的な規模にのみあるのではない。現代における人の移動、越境が重要なのは、日常化した越境が近代国家のあり方に変容をもたらしてきていることにある。越境には、いわゆる労働力の移動だけでなく、ビジネスや留学生、企業家、国際結婚、さらには年間一〇億人を超える観光など多様であり、国境を越えた家族ネットワークと複数の生活拠点をもち、シャトル化した移動を繰り返す人も多い。

グローバル化は、時間と空間の圧縮と言われるが、輸送通信技術の発達は、空間だけでなく、境界、そして移動の意味をも大きく変えてきた。国家による越境移動の管理は、これまでも必ずしも成功してきたわけではないが、すでに触れたように個人化して、強化されてきている。しかしグローバル化の過程では、ますます多くの人が国境を越えた移動を繰り返す。経済活動の拡がりは、もはや国家による国境管理が機能不全となる局面にある。それでは現代の人の移動はどのような特徴を持つのであろうか。

現代は、多くの国が不可避的に越境する移動と関わらざるをえない、共時的・同時代的な人の移動の時代である。人の移動の管理が、二国間あるいは国家間関係としてではなく、グローバルなレジームや世界経済の統合化のなかに組み込まれ、同時代的な共時性を持って、相互に連関して現れているのである(19)。各々の国が固有に行使しうる移民管理の自由度は著しく低下している。それゆえに、各国において、ナショナルな統治とグローバルな移動との乖離がさまざまな軋轢を生み出してきたのである。

人の移動に関わる問題群は、グローバリゼーションとナショナリズムとの接点にあり、その共犯関係を明らかにしうる課題として再登場してきた[20]。多文化主義という政策体系をめぐる問題は、そのことを端的に示している。多文化主義は、しばしば政治理念あるいは思想として掲げられてきたが、必ずしも具体的な政策と結び付いてきたわけではなく、当初のカナダやオーストラリアの事例を越えて、また文化の政治という枠を越えて、多くの国が共通して認知するようになっている。

多文化主義は、均質な国民国家という幻想に代替する新しい国民国家の理念として登場した。しかしそこでは国民としての統合的な理念は維持され、あくまでももうひとつの国民国家のあり方であり、移民や先住民がナショナルな文化を豊かにする資源として取り込まれることになった。さらに多文化主義を、国家を分裂に導くものとして批判する主張は、極右だけではなく、グローバリズムのなかで没落するマジョリティをも惹きつけてきた。

政策としての、あるいは国民国家の形態としての多文化主義が色褪せるなかで、一方では多文化主義が、主権国家のなかでの新たな人権として、あるいは国家規範として定着しながらも、他方では移民問題の先鋭化が主要な政治課題となり、バックラッシュと言われる極右の台頭や政治の右傾化を促してきた。欧米の多くの国では、多文化主義は、もはや国家理念として主張されることは少ない。しかしこれは、政治の右傾化というよりは、多文化主義が社会的に認知されてきたことによる[21]。

多文化主義が提起した問題は、国民国家の変容、国民の再規定である。移民の観点から、国民国家はしばしば移民国と非移民国との二つに類型化されてきた。しかしいままでは、移民国と非移民国との間にあったさまざまな政策的、法的な差異は次第になくなり、近似化してきた。こうした動向は、グローバル化に対応した国民国家の制度的な再編の動きである。

国民国家としての統合原理が揺らぐなかで、国民を保護するものとしての国家への期待や復権が主張されている。たんに労働力としてだけではなく、観光やビジネスの移動も急速に増大するなかで、移民といわれる人たちへの反感やパラノイアが拡がり、コミュニティ願望やナショナルなものへの期待が高まってきている。移民に対する政策の変化は、政治や経済だけでなく、人権やジェンダーに関わる幅広い領域の問題群と結びつき、現代という時代における民主主義や公共性といった問題と深く関わって現れてきている。その複雑に絡まる政策論点として、シティズンシップが取り上げられてきた。[22]

四　迷路としてのシティズンシップと国境の越え方

国民国家が溶解するなかでの国民国家への期待、移民が拡大するなかでの移民排斥の台頭、格差が拡大するなかでのコミュニティや家族の復権への願望、そしてグローバル化するなかでのナショナリズム、といった一見すると矛盾あるいは相反する事象が、世界中に拡散している。移民問題が政治化するなかで、国家が保護する範囲を明確にするための法的、制度的枠組み、国民の再規定が提起されてきた。人の移動の拡大と国家の統合原理の揺らぎ、そして国民の再定位といった問題の接点にある課題として、シティズンシップが取り上げられるようになった。

シティズンシップは、もともと国民という共同体の完全な成員資格という概念と結びついた基本的な人間の平等であると理解されてきた。その焦点となってきたのは、ひとつは、自由権や参政権などの諸権利の拡大であり、もうひとつは、女性やマイノリティなどシティズンシップの範囲の拡大であった。[23] しかしシティズンシップが国民共同体と結びつくかぎり、それはナショナルな語りを構成してきた。それゆえに先住民に関わる問題が政治化した際に、均質なナショナルな共同体としての国民国家とシティズンシップにおける諸権利の確立との間には、埋めることのできない軋轢が顕在化することになった。そして移民についていえば、シティズンシップは、長期に滞在している移民を国民化する回路、社会統合の新たな装置として機能することを期待されたのである。しかしシティズンシップという問いは、きわめて両義的であり、開かれたシティズンシップは可能か、という問いにつながる。言い換えれば、包摂と排除が進む現代において、シティズンシップは、ナショナルなものの再編と結びつき、それゆえに、〈他者〉を想定しない〈われわれ〉は可能なのか、という国民国家の根幹に関わる問いでもある。

シティズンシップをナショナルな語りから解き放つことは可能であろうか。移民の増大とシティズンシップが抱える問題点を最初に指摘したのは、R・ブルーベイカー（R. Brubaker）である。[24]彼は、対照的な移民政策をとってきたとされるドイツとフランスを比較し、西欧諸国が移民の増加という局面に直面したときに、そして滞在が長期化するなかで、シティズンシップが「内部包摂性」と「外部排他性」の両義性を持ってきたことを明らかにした。シティズンシップは、〈われわれ〉と〈他者〉とを分かつ境界である。そして、シティズンシップは、階級闘争に代わる社会統合の新たな装置として機能するとともに、移民の大規模な流入にたいして、国家による分断と包摂の装置として働くと指摘したのである。[25]

ヨプケは、現在欧米諸国が抱える課題を念頭において、シティズンシップを次の三つに分類している。ひとつは、「地位としてのシティズンシップ」であり、公的な国家の成員資格に関わり、第二は、「権利としてのシティズンシップ」であり、マーシャルにしたがって地位に付随する権利として取り上げられる。そして最後に「アイデンティティとしてのシティズンシップ」である。これらは相互に密接に関連するが、ここで問題となってきたのは、この集合的アイデンティティとしてのシティズンシップである。いま多くの国が移民の増大という現実を前にして、エスニックな多様性とナショナルな語りとの両立不能というジレンマに直面している。シティズンシップは、基本的にはヨーロッパ中心主義のなかで展開された普遍主義である。ヨプケは、「移民はいったい何に統合されるべきなのかという問いに対して、現代国家が普遍主義以外の答えを見出すことが困難になっている」(ヨプケ 二〇一三、一七二頁)と結論づける。

シティズンシップは、弱者の武器としても、また権力による管理の手段としても利用されてきた[26]。移民たちは、シティズンシップを掲げて権利の獲得／拡大を実現してきた。しかし、シティズンシップの制度化は、多様な移民のなかに分断を持ち込み、良い移民と悪い移民を分別する手段としても機能する。移民の権利の獲得や拡大は重要である。国民国家は、たえず他者を生み出すことによって維持され、そこに留まる限り、移民の包摂と排除が、そして移民の他者化が内包されることになる。

グローバリゼーションの時代、国境を越えることが多様化し、新たな境界を生み出しつつある。それは、国境という見える境界とともに、見えない境界が生まれ、それは、国境を越えて張り巡らされている。国境が持つ意味は、かつての国民国家の時代とは変化した。グローバリゼーションとよばれる時代に「国境を越える」とは何か。二一世紀の「国境の越え方」は、国境を越えて張り巡らされている見えない境界をいかに越えることができるかという課題でもある。ナショナルな物語は分かり易く、いまでも多くの人を惹きつける。多文化主義は両義的であるが、その基本理念は、ナショナルな物語への挑戦であり、シティズンシップの拡がりは国境を越える武器となり、グローバルな空間に切り込む可能性を持っている。シティズンシップをめぐる議論によってリベラルな国家は試されているのである。

注

(1)「国境の越え方」という問いの念頭にあるのは、西川長大である。西川は、『増補 国境の越え方』(西川 二〇〇一)において、「国民国家の原理にもとづく地球上の古い秩序は、いま音をたてて崩壊しつつある。……「われわれ」と「彼ら」の二分法はどのようにして廃棄し、あるいはのり越えられるのであろうか。これは現代の最大の思想的な課題だと思う」という言葉で始めている。そして原著(西川　一九九二)に付け加えられた増補版の「補論」において、ヨーロッパの移民を念頭においてではあるが、移民にかかわる問題の重要性を指摘し、移民は文化的な境界を壊し、ナショナルな文化に「私文化」を対置する鍵である、という。「私は二一世紀の「私文化」を表象するのは広義の「移民」であると思う。だが、「移民」の文化を押し進めるとき、領域的な国家や文化概念は変容し、あるいは解体せざるをえないだろう」(西川　二〇〇一、四三六頁)という言葉で締めくくっている。西川にとって、国境を越えるとは、「われわれ」という境界、ナショナルな境界として構築された文化的差異という境界を越えることであり、それはいわゆる移民とは何かという問いでもあった。

(2)　移民研究が主として対象としてきた移民像は、ヨーロッパからアメリカ大陸への大西洋をまたぐ大西洋移民であり、戦後の発展途上国から先進工業国への出稼ぎ的な労働力としての移民労働者であった。

(3)　世界大戦期における人の移動は、主として植民地支配との関わりから展開された植民論であった。そこでは、同化政策の是非をめぐる議論など現在に連なるテーマもあり、また本国の国益といった観点からの政策志向が強く、その点では現在の移民研究の先駆けでもある。しかし、人の移動という観点から戦時期と戦後をつなげる研究はほとんどみあたらない。そもそも、移民研究という独自な分野が成立したのは第二次大戦後であり、そこでは戦争と移民という研究テーマは、歴史的な関心からのものを除けば、ほとんどない。

(4)　移動手段の発達が公的領域の拡大として現れ、社会編成の転換と結びつき、国民国家のあり方と関わるという問題提起をしたのは、J・アーリである。彼は、移動という観点から社会科学の組み替えの必要性を主張し、これを「移動論的転回」とよんでいる(アーリ　二〇一五)。

(5)　総力戦体制を近代の転換、ひとつの時代と位置づけたのは、山之内靖である。山之内　二〇一五を参照。

(6)　パスポートについては、Torpey 1999を参照。また、コロニアリズムの観点からパスポートの発生を捉えたものとして、Mongia 2003がある。

アメリカにおいて、国境警備隊が組織され、ニューヨーク沖合のエリス島において移民の出入国管理が制度化されたのは、二〇世紀になってからである。もちろん、それ以前からアジア人移民の制限など入国の管理は行われ、周辺国を迂回して入国する移民の取り締まりは行われていたが、それらが組織的に行われるようになったのは、第一次世界大戦以降である。

(7)　近代の移民は、しばしば自由移民を想定してきた。ただし、自由移民と言いながらも、非西欧系移民の多くはいわゆる自由移民であったわけではない(Cohen 1987)。またマイルズが指摘してきたように、資本主義は、たえず不自由労働に支えられ、それを生み出してきている。移民労働は、不自由労働の典型的な形態であった(Miles 1987)。

（8）　戦後、西欧諸国が直面した最大の課題は、「ディスプレイスト・パーソン（DP）」と呼ばれた「難民」の存在であった、という。たとえば、数千万人を超える人々の「帰還」を終えた後にも、ドイツには数百万人の「残留者」が残り、それへの対応は喫緊の政治課題となっていた（シェファード 二〇一五）。シェファードは、「戦争は地球の構造プレートを揺るがし……第二次世界大戦は実は一つの名のもとにある複数の戦争だった」（シェファード 二〇一五、一九頁）という。これが意味することは、国民国家として形成された近代国家間体制が封殺してきたマイノリティなどの諸問題が、戦争によって噴出したということである。

伊豫谷編著 二〇一四は、戦争と引き揚げや帰国と呼ばれた移動が現代の人の移動を考える場合の基層である、という問題関心から編集した。復員や引き揚げ、帰国事業と呼ばれてきたものがいかなる課題を持つものであるのかは、本書を参照されたい。

（9）　S・カースルズ＆M・J・ミラーは、現代を「移民の時代（The Age of Migration）」と表現し（カースルズ＆ミラー 二〇一一）、現代移民の特徴として、移民のグローバル化を指摘し、移民の加速化や多様化、女性化とともに、移民の政治化を挙げる。また、J・ホリフィールドは、現代国家を「産業国家」から「移民国家」への移行と捉えている（ホリフィールド 二〇〇七）。

（10）　発展途上国における人の移動の底流として、市場化の浸透とともに、反共政策として遂行された開発政策の一環としての農村開発が農村社会の解体を押し進め、発展途上国における急激な都市化をもたらすことになったことがある。かつて都市化は国民経済の発展の関数であり、産業化の指標であった。それゆえに、戦後における発展途上国の都市化は、偽都市化（pseudo-urbanization）と呼ばれてきた。しかし都市化が、国民経済ではなく、グローバル資本に統合化され、世界経済の中で再定置されるにともなって、発展途上国においては、一〇〇〇万人を超える巨大都市が出現した。伊豫谷 二〇〇一を参照。

（11）　世界経済の編成原理として資本の移動と労働力の移動を連関する枠組みで展開したのは、S・サッセンである。サッセン 一九九二、同 二〇〇八を参照。

（12）　ただし、移民が故郷に戻る、あるいは移民のアイデンティティが母国にあるとするのは、多分に研究者の作為でもあった。故郷に戻る移民像を形成してきたのは、移民政策によるものであるとともに、政策と共犯関係にあった移民研究そのものである。

（13）　伊豫谷編著 二〇〇七、伊豫谷編著 二〇一三ならびに伊豫谷編著 二〇一四を参照。

(14)　いち早くグローバリゼーションの問題を指摘したバーネット(R. Barnet)とカバナー(J. Cavanagh)は、グローバルとローカルの対立を、「伝統的な共同体が消失し、伝統的な文化が呑み込まれるにしたがって、数十億の人々は、生活に意義を与えてきた場という感覚、自己という感覚を失ってきている。新たな世紀を告げる一〇年間における基本的な政治的紛争は、国家間あるいは貿易ブロック間でさえなく、グローバリゼーションの勢力と共同体を維持し再定義しようとする領土的基盤を持つ地域生存の勢力との間にあるであろう、と思われる」(Barnet & Cavanagh 1994, p. 22)と述べている。しかし問題の核にあるのは、グローバルとローカルの対立ではなく、その相補的・共犯的関係にある。

(15)　UN Department of Economic and Social Affair 2013. なお、OECDの統計では、一億九〇〇〇万人、世界人口の三%と推計している。ただしこれらの数字は、移民のなかの国籍取得者、いわゆる出稼ぎ労働者、留学などによる海外滞在者、越境労働者などは含まれておらず、それらを加えるなら、二倍以上になるであろう。

(16)　もちろん、問題の転化に成功したと言っているのではない。しばしば外国人労働者問題は経済問題とされ、失業者の増加や社会福祉のただ乗りなどが問題化される。経済問題へと転化することによって、人権と民主主義を標榜してきたリベラル国家の抱える課題は、隠蔽されることになる。

(17)　この表現は、G・ハージによるものである(ハージ 二〇〇三)。

(18)　日本においては、人権という意識、多文化社会という認識が欠落してきたといわれる。とくに政治の場において、人種差別的な政治家の発言が繰り返され、日本文化の礼賛がナショナリズムを煽ってきた。しかし日本の課題は、必ずしも多文化的状況や人権レジームが定着しなかったことにあるのではなく、こうした問題が政治化しなかったことにある。日本が人権レジームの外に置かれたわけではなく、多文化社会的状況から逃れているわけではない。

(19)　移民をグローバルな現象として捉える観点は、いまでは移民研究のひとつの流れである。前掲のカースルズとミラーだけでなく、A・ポルテスやS・サッセンなどの移民研究者の多くが、世界システムとの関わりから移民を捉え返し、移民を二国間関係ではなく、世界経済の構造変化から捉えている。

(20)　ここでナショナリズムが問題なのは、かつてのようなジェノサイドの危険があるからだけではない。複数への帰属が当たり前になってきているにもかかわらず、多様性や複数性が押し殺され、単一のアイデンティティへと収斂されるからである。国民国家がアイデンティティの特権的な帰属の位置を占める時代は終わったにもかかわらず、不安を煽り、郷愁に訴えかけることによって、あるいはセイフティネット願望を喚起することによって繰り返されてきている。

(21)　多文化主義の日本版とも言える「多文化共生」も、文化的背景の異なる人々が共存する社会と定義するならば、極端な排外的運動を別にすれば、これを否定する意見は多くはない。政府から地方自治体、さらに企業や労働組合までもが、これからの日本社会のあり方として、「多文化共生」あるいはそれに類する言葉を掲げている。しかしながら日本においては、多文化主義そのものが、国家理念の問題として政治の場で取り上げられることはほとんどなかった。

(22) 多文化主義からシティズンシップへの論点の転化については、さしあたり飯笹 二〇〇七を参照されたい。

(23) 日本において、シティズンシップが論じられる場合に、念頭におかれてきたのは、T・H・マーシャル（Marshall）である（マーシャル&ボットモア 一九九三）。彼によって、福祉国家としてのイギリスをモデルに、シティズンシップは、市民的権利（一八世紀）、政治的権利（一九世紀）、社会的権利（二〇世紀）という発展として分類された。すなわち、シティズンシップは、資本主義の諸矛盾に対して、国民の権利の拡大／発展として、福祉国家を基礎づける理論として展開された。

(24) Brubaker 1992. ヨプケは、ブルーベイカーを「近代シティズンシップのもつ逆説的な二重性を最初に明示した論者」（ヨプケ 二〇一三）と言っている。

(25) 政治の場においては、〈われわれ〉と〈他者〉との間につねに例外の場を設けてきた。人の移動において、そのひとつは難民収容所である。難民収容所は、人権やシティズンシップの機能しない空間、例外の場所であり、ナショナルな統治と越境する移動との折り合いをつける空間として機能している。

(26) ヨプケは、「シティズンシップは悪名高いほど多用される概念」（ヨプケ 二〇一三、五頁）と指摘している。他方、シティズンシップの戦略的な流用を主張したアイファ・オングは、「市民権〔シティズンシップ〕は、さまざまな場や倫理的状況との関連のなかで、再びつなげられたり、再定義されたり、再想像されたりしながら、新しい空間と個々につながりを発達させているのである」（オング 二〇一三、二三頁）と言う。ただし彼女の議論には、シティズンシップを戦略的に用いることができるのは、グローバリゼーションのなかでの勝者であること、また現代の境界は、必ずしもナショナリティではないことが、軽視されている。

参照文献

アーリ、ジョン 二〇一五、吉原直樹・伊藤嘉高訳、『モビリティーズ――移動の社会学』作品社。
飯笹佐代子 二〇〇七、『シティズンシップと多文化国家――オーストラリアから読み解く』日本経済評論社。
伊豫谷登士翁編著 二〇一四、『「帰郷」の物語／「移動」の語り――戦後日本におけるポストコロニアルの想像力』平凡社。
伊豫谷登士翁編著 二〇一三、『移動という経験』有信堂。

伊豫谷登士翁編著 二〇〇七、『移動から場所を問う』有信堂。

伊豫谷登士翁 二〇〇一、『グローバリゼーションと移民』有信堂。

オング、アイファ 二〇一三、加藤敦典ほか訳、『《アジア》、例外としての新自由主義』作品社。

カースルズ、S&ミラー、M・J 二〇一一、関根政美・関根薫監訳、『国際移民の時代（第四版）』名古屋大学出版会。

サッセン、S 二〇〇八、伊豫谷登士翁ほか訳、『グローバル・シティ』筑摩書房。

サッセン、S 一九九二、森田桐郎訳、『労働と資本の国際移動』岩波書店。

シェファード、ベン 二〇一五、忠平美幸訳、『遠すぎた家路――戦後ヨーロッパの難民たち』河出書房新社。

西川長夫 二〇〇一、『増補 国境の越え方』平凡社ライブラリー。

西川長夫 一九九二、『国境の越え方』筑摩書房。

ハージ、ガッサン 二〇〇三、保苅実・塩原良和訳、『ホワイト・ネイション』平凡社。

ホリフィールド、J 二〇〇七、「現われ出る移民国家」伊豫谷編『移動から場所を問う』有信堂。

マーシャル、T・H&ボットモア、トム 一九九三、岩崎信彦・中村健吾訳、『シティズンシップと社会的階級』法律文化社。

山之内靖 二〇一五、『総力戦体制』ちくま学芸文庫。

ヨプケ、C 二〇一三、遠藤乾ほか訳、『軽いシティズンシップ――市民、外国人、リベラリズムのゆくえ』岩波書店。

Barnet, R. & Cavanagh, J. 1994, *Global Dreams: Imperial Corporations and the New World Order*, Touchstone.

Brubaker, R. 1992, *Citizenship and Nationhood in France and Germany*, Harvard U. P.（佐藤成基ほか訳、『フランスとドイツの国籍とネーション』明石書店、二〇〇五年）

Cohen, Robin 1987, *The New Helots: Migrants in the International Division of Labour*, Gower Pub.（清水知久訳、『労働力の国際的移動――奴隷化に抵抗する移民労働者』明石書店、一九八九年）

Miles, Robert 1987, *Capitalism and Unfree Labour: Anomaly or Necessity?*, Routledge Kegan Paul.

Mongia, Radhika Viyas 2003, Race, nationality, mobility: A history of the passport, in Antoinette Burton ed., *After the Imperial Turn: Thinking with and through the Nation*, Duke U. P.

Torpey, John 1999, *The Invention of the Passport: Surveillance, Citizenship and the State*, Cambridge U. P.（藤川隆男訳、『パスポートの発明――監視・シティズンシップ・国家』法政大学出版局、二〇〇八年）

UN Department of Economic and Social Affair 2013, Trends in International Migration Stock.

5　よみがえる東欧と記憶の再編
――ポーランドの経験から

小山　哲

はじめに――冷戦の終結と記憶の流動化

「政治的にみれば、二〇世紀は、それほど長いものではなかった。七五年間しか続かなかったのだ。それは、一九一四年六月二八日、中央ヨーロッパ時間の一一時頃、ボスニアの若き民族主義者、ガヴリロ・プリンツィプが大公フェルディナンドとその妻を狙撃したときに始まった。そして、一九八九年六月四日、中央ヨーロッパ時間の六時に、ポーランド人民共和国において最初の――そして、東側陣営において最初の――複数政党制による議会選挙とともに終わったのである」。あるポーランドの若手の論客は、最近の著書で、二〇世紀の始まりと終わりをこのように語っている(Sowa 2015, p. 103)。

「二〇世紀はヨーロッパ中部で始まり、ヨーロッパ中部で終わった」というこの認識の根底にヨーロッパ中心史観(さらに言えば、中欧中心史観ないしはポーランド中心史観)が潜んでいることは指摘しておかなければならないが、第一次世界大戦の勃発から東欧・ソ連における社会主義体制の崩壊にいたるまでの期間を「短い二〇世紀」とする時代認識自体は、ポーランドの論者の独創ではなく、エリック・ホブズボームのような歴史家がすでに一九九〇年代の半ばに提示していたものである(ホブズボーム 一九九六。原著は九四年刊)。八九年六月のポーランドの議会選挙に始まる東欧諸国の体制転換と、それに続くソビエト連邦の崩壊が、「冷戦」と呼ばれる時代の終焉をもたらし、現在のわたしたちがイメージする「現代世界」が成立するうえで重要な出発点の一つとなったことは、多くの人が認めるところであろう。

「二〇世紀の終わり」を象徴するこれら一連の変革から、四半世紀の時間がすでに経過している。ベルリンの壁の崩壊後に統一されたドイツと、ソ連邦が解体することによって成立したロシア連邦とのあいだにはさまれた地域には、ドナウ川流域から北の地域に限っても、現在では一〇を超える国家が存在する。これらの諸国は、二〇世紀に成立した二つの全体主義(スターリニズムとナチズム)の経験という共通の重い過去を背負っているが、現時点でヨーロッパの国際関係のなかで占める位置は、かならずしも一様ではない。EU(ヨーロッパ連合)の東方拡大によって、二〇〇四年にバルト三国(エストニア、ラトヴィア、リトアニア)とポーランド、チェコ、スロヴァキア、ハンガリー、スロヴェニアが、二〇〇七年にはブルガリアとルーマニアが、それぞれヨーロッパ連合に加盟した一方で、ロシアとの紛争の渦中にあるウクライナや、大統領が独裁体制をしくベラルーシは、EUとNATO(北大西洋条約機構)の外部に位置している。冷戦期とは異なる新たな文脈のもとで、これらの諸国が位置する地域は、EUとNATOの東の境界線によって、政治的・軍事的に分断された状況におかれているのである。

冷戦の終結は、この地域における歴史認識が大きく変化し、流動化するきっかけとなった。「現実に存在する社会主義」が崩壊したことによって、社会主義段階を国民史の到達点として語られてきた歴史叙述は説得力を失った。ソ連邦の解体によって主権国家として独立した諸国では、新たな国民史の構築が始まった。二〇世紀史についてみれば、ナチズムとスターリニズムは、互いに敵対する体制としてではなく、抑圧と殺戮の時代としてむしろ一体化して記憶され、表象されるようになった。「二つの全体主義」のもとで民族や国家や宗教の境界を越えて拡大した恐怖と暴力が、「血塗られた地」(bloodlands)としてのこの地域を特徴づける共通の歴史的経験として語られるようになったのである(Snyder 2010)。

ナショナル・ヒストリーの構築や書きかえが進む一方で、EUによる統合の進展にともなって、従来のナショナル・ヒストリーの境界を越える広域的な枠組みの必要性が主張されるようになった。以下で触れるように、一九九〇年代の後半から二〇〇〇年代の初めにかけて、このような歴史的地域の創出を模索する動きが「東中欧史」の構築という方向に収斂するようにみえた時期もある。しかし、その後あきらかとなったことは、いったん流動化し始めた過去の記憶は、互いに交錯し、衝突し、刺激し合いながら、容易にその動きを止めることはないということである。四半世紀の時間を経て、その変化はなお進行中である。

流動化の結果として、この地域の記憶と歴史認識の内実は、よりいっそう複雑で多様なものとなりつつある。「東欧」の歴史と記憶を全体として一つのまとまりをもったものとしてとり扱うことがますます難しいものとなる一方で、この地域のいかなる国家・民族の歴史も、近隣の諸ネーションや諸集団の記憶から切り離して、自立し完結したストーリーとして語ることはもはや不可能であるといってよい。このような状況をふまえて、本章では、ポーランドに焦点を定めつつ、この間の歴史と記憶をめぐる議論の変化をたどりながら、広域的な歴史的地域としての「東中欧」の認識や、隣接する二つの国(ドイツとウクライナ)との歴史認識をめぐる対話に注目することによって、「東欧」におけるトランスナショナルな記憶の再編の現状の一端に触れてみたい。

一　語り直される歴史、展示される記憶

二〇一五年の二月末、ポーランドのメディアはいっせいに、ある映画の話題を大きくとりあげた。パヴェウ・パヴリコフスキ監督の『イーダ』が、第八七回アカデミー賞の外国語映画賞を受賞したためである。この作品は、二〇一

三年のワルシャワ国際映画祭でグランプリを獲得し、同年のトロント国際映画祭でも国際批評家連盟賞を受賞するなど国際的に高く評価され、世界中で一〇〇万人近い観客を集めた（日本でも二〇一四年に公開）。オスカー獲得のニュースを受けて週刊誌『ポリティカ』はさっそく特集記事を組み、「ポーランド映画の歴史的勝利」、「アンジェイ・ワイダやロマン・ポランスキーでさえできなかったことをやってのけた」と称えたが、この記事が興味深いのは、もう一方で「ポーランドでは好まれなかった映画に、世界で最も重要な賞が与えられた」と指摘していることである（Pietrasik 2015, pp. 16–18）。国際的な舞台で勝利をもたらした作品が国内では好まれていないという点に、二〇世紀史の負の記憶をめぐるこの国の現状の一端を垣間見ることができる。

『イーダ』のストーリーは、二〇世紀中葉の「二つの全体主義」の時代に起こった一連の出来事を背景としている。(1) 舞台は、社会主義時代（一九六二年）のポーランドに設定されている。戦争孤児としてカトリックの修道院で育てられたヒロインのアンナは、院長からヴァンダという叔母が生きていることを知らされる。ヴァンダは、検察官としてポーランドの共産党体制を支える地位についていた。叔母と初めて対面したアンナは、自分がユダヤ人であり、本名は「イーダ・レベンシュタイン」であることを告げられる。アンナが叔母とともにかつて両親が住んでいた家を訪ねると、そこにはポーランド人の家族が住んでいた。真相を追究する二人はやがて、第二次大戦中のドイツ占領下で、レベンシュタイン夫妻がポーランド人の村人によって殺害されたことを知る。

『イーダ』をみたポーランドの観客は、このストーリーが、現実に起こった一つの事件を下敷きにしていることをすぐに察したはずである。一九四一年七月一〇日、ポーランド東部のイェドヴァブネで、ポーランド系の住民が、ユダヤ系の住民を納屋に追い込んで火を放つなどして殺害した。イェドヴァブネは、第二次大戦勃発後にまずソ連の支配下に入り、四一年六月に独ソ戦が始まってからはドイツの占領下におかれた。虐殺は、この村がドイツの占領下に入った直後に起こっている。この事件をめぐる裁判は、大戦終結後の四九年から翌年にかけて行われ、虐殺に関与したポーランド人に対して、死刑を含む重罪が宣告された。しかし、この裁判はスターリニズムの最盛期に行われたこともあって、その重要性が広く知られるには至らなかった。その後、イェドヴァブネの虐殺はドイツ側によるものとみなされるようになり、ポーランド史の出来事としては半ば忘却されていた。

記憶の底に埋もれていたこの事件に再び強い光をあてたのは、二〇〇〇年にポーランド語版、翌年に英語版が出版されたヤン・トマシュ・グロスの著書『隣人たち――ユダヤ人の小さな町の虐殺の歴史』である(Gross 2000, 2001)。本文二〇〇頁に満たないこの小さな本のなかで、グロスは、四一年七月にドイツ軍が入ってきた時点でのイェドヴァブネのユダヤ人人口が約一六〇〇人であったこと、七月一〇日の虐殺を生きのびた者がごく僅かであったことを指摘し、これらのユダヤ人の虐殺を実行したのが、被害者の「隣人たち」――同じイェドヴァブネのポーランド人住民――であったと結論づけたのである。この結論は、ポーランド系住民がホロコーストに主体的に加担したことを意味しており、第二次世界大戦の被害者としての自己認識をもっていたポーランド国民に大きな衝撃を与えた。『隣人たち』の著者グロスは、ユダヤ系の父とポーランド系の母とのあいだに生まれ、一九六九年、共産党主導の反ユダヤ・キャンペーンが吹き荒れるなか、ポーランドから逃れてアメリカに移住した経歴をもつ。イェール大学で学位を取得し、アメリカの大学で教鞭をとるグロスが問題を提起したことによって、イェドヴァブネ事件は、ポーランド国内で激しい論争を引き起こしただけでなく、国外でも注目を浴びることになった(2)。

政治の次元では、事件から六〇周年にあたる二〇〇一年七月、現地のイェドヴァブネで行われた式典の場で、当時のポーランド共和国大統領アレクサンデル・クファシニェフスキがポーランド国民の名において謝罪することによって決着が図られた。事件の公式な認定という点では、一九九九年に設立された国民記憶院(Instytut Pamięci Narodowej)が果たした役割も重要である。国民記憶院は、第二次世界大戦中から戦後の社会主義期にかけて公安組織が作成した資料の収集・管理・調査・研究、ナチスと共産主義がポーランド国民に対して行った犯罪の捜査と訴追、これらの問題にかかわる教育・啓蒙活動などを目的として設置された。ナチスと共産主義という「二つの全体主義」にまたがる時代の記憶を対象とし、司法、情報管理、研究、教育の領域にまたがる複合的な機能を併せもつ点に、この国家機関の特徴がある（梶 二〇一三、二一四頁）。イェドヴァブネ事件について、国民記憶院は司法と研究の両面から調査にのりだし、その結果をふまえて二〇〇二年に報告書を刊行した（Machcewicz and Persak (eds.) 2002）。虐殺の被害者の人数は約三〇〇人と大幅に下方修正されたが、一部のポーランド人住民の積極的な関与についてはグロスの見方を裏づけることになった。

イェドヴァブネ事件をめぐる以上のような経緯は、ポーランド人による加害の側面に光をあてることによって、ポーランドにおける第二次世界大戦の記憶を部分的に書きかえることになった。このような歴史の語り直しの作業なくしては、『イーダ』のような作品は生まれなかったことであろう。しかしながら、まさしくこのような背景が、ポーランド国内におけるこの映画の受容を政治的に複雑なものにした。「スターリン体制を支えた犯罪者（ヴァンダを指す）を称えるのか」、「ポーランド人をユダヤ人虐殺の共犯者として告発するのか」といった声があがり、「ホロコーストの責任はドイツ人にあり、ポーランドは当時ドイツの占領下にあった」という注意書きを映画の冒頭に挿入するよう求める団体が多くの支持を集めた。他方、左派陣営からは、ヴァンダの役柄は「ユダヤ人＝共産主義者」（żydokomuna）という偏見を助長するという非難が寄せられた（Pietrasik 2015, pp. 16–17）。

『イーダ』をとりまく状況は、体制転換後のポーランドにおいて、ホロコーストやスターリニズムの経験が、もはやかつてのような単純な支配と抑圧の構図ではとらえきれなくなっていることを示している。『隣人たち』と『イーダ』は、戦時下の憎悪と暴力の連鎖のもとで、ともに支配される側におかれた二つの集団の一方が他方に対して加害者となる状況をクローズアップする。ドイツとソ連による支配の経験はそれぞれ、複雑に絡まり合いながら連続する全体主義の時代の一局面を構成するものとして捉え直される。局面から局面への変転にともなって加害と被害の関係は輻輳したものとなり、一人の人間が被害者であると同時に加害者ともなりうるような状況が生まれる。しかも、『隣人たち』の著者グロスがアメリカで活躍する研究者であることにみられるように、こうした新しい記憶の構図はしばしば国外で生みだされ、グローバルに展開するメディアをつうじてポーランド国内に流れ込んでくる。『イーダ』の監督パヴリコフスキも、幼少時にイギリスに移住し、オックスフォード大学で学位を取得した経歴をもっている。既成のナショナルな記憶の図式を相対化するには、国外からの距離感が必要であったともいえるであろう。

このような歴史認識の転換は、イェドヴァブネ事件への国民記憶院の関与が示すように、少なくとも部分的にはすでに公的に承認されたものとなっている。しかし他方で、こうしたかたちで行われる新たな記憶の書きかえは、いやおうなしに強い政治性を帯びざるをえない。国内の保守派や民族派からみれば、グロスの研究やパヴリコフスキの作品が提示する歴史像は、ポーランド民族の過去を貶める「外圧」にほかならないのである(3)。

イェドヴァブネ事件が新たな文脈で問題化した二〇〇〇年前後から、ポーランドの政界・学界・メディアにおいて、「歴史政策」(polityka historyczna)(4)という概念がしきりに用いられるようになった。この概念の提唱者の一人であるマレク・チホツキによれば、歴史政策とは「過去についての公的な言説を国内外で強化すること」を意味し、この強化は「さまざまなかたちでこの言説を制度化することをつうじて」行われる。この制度化は、中央の国家機関のレヴェルだけでなく、地方の自治体や諸地域の諸機関のレヴェルでも行われる(5)。より具体的にいえば、国家や地方の諸機関が歴史の解釈に介入することによって特定の方向性をもった歴史像を国内外に提示したり、歴史をめぐる議論の場を自ら設定することによって歴史認識や記憶の領域におけるイニシアティヴを握ろうとするような政治のあり方が考えられる。こうした主張は当然、歴史学者をも巻き込む論争を引き起こすことになった。この概念に批判的な論者は、公権力が政治的な意図から過去の記憶を操作し、自国に都合のよい歴史像を創りあげて国民に注入する危険性を指摘した。ポーランドの場合、保守派の政党「法と正義」が歴史政策に積極的であったことから、この概念にナショナリスティックなニュアンスが当初からつきまとっていたことは否定できない。他方で、歴史政策には、隣接する諸国との歴史認識をめぐる対話を支援することによって融和への動きを促す方向性も、少なくとも理論的な可能性としては、ありうることを指摘しておくべきであろう。

歴史政策は、広い意味での歴史教育と不可分の関係にある。ここでの歴史教育には、学校における教科としての歴史の教育だけでなく、市民のあいだで過去の来歴への関心を高め、集合的な記憶に一定の方向づけを与えるような施策が含まれる。そのような方向づけの手段として、近年のポーランドでとくに重視されているのが、歴史博物館である。開館して一一年目を迎えた「ワルシャワ蜂起博物館」は、このようなタイプの歴史博物館の典型例であり、「成功例」でもある。この博物館の建設は、二〇〇二年に当時ワルシャワ市長だったレフ・カチンスキ（政党「法と正義」の創始者の一人。二〇〇五—一〇年に大統領。一〇年四月、「カチンの森事件」の追悼式典に参加する途上、飛行機事故により死去）の決定により本格化し、蜂起の六〇周年にあたる二〇〇四年にオープンした。二〇一四年までの一〇年間に、延べ四六〇万人を超える訪問者を迎え入れた実績をもつ⑹。

一九四四年八月一日に勃発したワルシャワ蜂起は、一八世紀後半から続くポーランド人の抵抗の歴史における最後の武装蜂起であるが、一般市民を巻き込んで一五万人を超える犠牲者をだしたこともあって、その政治的・軍事的意義については議論がある（デイヴィス 二〇一二、下、四〇九—四三四頁）。最新の視聴覚技術を駆使して身体感覚に訴えかけるワルシャワ蜂起博物館の展示は、六三日間にわたるドイツ軍との戦いの過程を観客がリアルに追体験するように構成されており、全体として、出来事から距離をおいた批判的な見方を促すよりは、「自由と独立を求めてたたかうポーランド人の、悲劇的だが、英雄的な戦い」という歴史像を補強するものになっている。

これに対して、二〇一四年にオープンした「ポーランド・ユダヤ人史博物館」は、ポーランド民族史観の色合いの濃いワルシャワ蜂起博物館とは異なる「記憶の展示」の方向性を示している。旧ワルシャワ・ゲットー地区に建てられたこの博物館の構想は、一九九〇年代にさかのぼる。建設のための資金は広く国外（多くは在米のユダヤ系財団）から集められ、運営は、二〇〇五年にクファシニェフスキ大統領の主導のもとで国（文化・国民遺産省）、地方自治体（ワルシャワ市）、民間団体（ユダヤ史研究所）の三者が結んだ協定にもとづいて、半官半民方式で行われている。[7] ユダヤ人の生活史の視点からポーランドにおける共存と迫害の歴史を再構成するこの博物館は、今日のポーランドが多文化的・多民族的な過去の遺産に根ざし、多元的な歴史観の共存を許容する国であることを国内外に示す役割を担っている。

巨額の公費を投入した大規模な歴史博物館の建設は、現在なお進行中である。ワルシャワに造られる予定の「ポーランド史博物館」は、二〇〇六年、「法と正義」を与党とする政権のもとで設立が決定されたが、政権の交代と立地場所の変更などから建設が遅れ、現時点では二〇一八年の開館が予定されている。[8] グダンスクに建設中の「第二次世界大戦博物館」は、「市民プラットフォーム」から首相となったドナルド・トゥスクが二〇〇七年に公表した構想にもとづいて設立が決定された。[9] このように、歴代の政権がそれぞれの歴史政策に沿った博物館構想を打ち出すために、「記憶のインフラ」が次々に増えていくのである。二〇一五年に「法と正義」の支持を受けて大統領に就任したアンジェイ・ドゥダも歴史政策を重視することを表明しており、「記憶の政治」が今後どのようなかたちで具現化されていくかが注目される。

二　「東中欧史」の現在――プラットフォームの構築とその後

東西冷戦の終結は、ヨーロッパ大陸の政治体制による分断を前提とする「東欧」という地域概念の妥当性にも疑問をつきつけることになった。それに代わる歴史的な地域概念としてしばしば用いられるようになったのが、「中欧」(Central Europe)[10]と「東中欧」(East-Central Europe)である。この二つの地域概念のもとに含まれる空間は、概念を用いる者の意図や文脈によってかなりの伸縮があるが、総じて「中欧」について語る者は旧ハプスブルク帝国の領域を念頭において考える傾向が強いのに対して、「東中欧」を用いる論者は近世のポーランド・リトアニア共和国の領域(現在のバルト三国、ベラルーシ、ウクライナを含む)にチェコ、スロヴァキア、ハンガリーを加えた空間をイメージすることが多いと言えるであろう。[11]

このような事情もあって、体制転換後のポーランドの歴史学においては、「東欧」に代わる広域的な地域概念として、ポーランドの歴史的な領域を含む「東中欧」が注目を集めることになった。一九九一年にルブリンに設立された「東中欧研究所」は、国境を越えて広域的な地域史を構想し、共同研究を推進する拠点となった。この研究所の趣旨と活動については、すでに紹介したことがある(小山 二〇〇三)。ここでは、東中欧史をめぐるポーランドの歴史学界の近年の議論[12]と、そこにみられるいくつかの特徴について触れておきたい。

まず目にとまるのは、東中欧史の構想の時代的な規定性が、より強く意識されるようになりつつあることである。「東中欧」をはじめて歴史学上の地域概念として提起したのは、ポーランド出身の歴史家オスカル・ハレツキであった。ハレツキは、一九五〇年に刊行された『ヨーロッパ史の限界と区分』においてヨーロッパを西欧、中欧、東欧に三分割したうえで、さらに中欧を西中欧(ドイツ的地域)と東中欧(非ドイツ的地域)に二分する地域区分を提起した(Halecki 1950)。ポーランドを含む東中欧をドイツ地域とは区別しつつヨーロッパの内部に位置づける一方で、ロシアをヨーロッパ文明の外におくハレツキの地域区分論は、第二次大戦後に祖国に戻らずにアメリカにとどまった彼の政治的な立場を色濃く反映したものであった。ハレツキは、本来「西洋文明の〔東の〕境界地域」(Halecki 1952)であるはずの東中欧がユーラシアの強国(ソ連)のへゲモニーのもとに組み込まれている状況に対して、文明史の視角から異論を唱えたのである。[13]同様に、一九八〇年代に西欧、東中欧、東欧の三地域にヨーロッパを区分することを提案したハンガリーの歴史家スーチ・イェノーの『ヨーロッパの歴史的三地域』も、ヤルタ体制による東西分断への異議申し立てとしての意味をもっていた(Szűcs 1983)。ポーランドの歴史家ダリウシュ・コウォジェイチクは、ワルシャワ大学の学生だった一九八六年にフランス語訳によって知ったスーチの三地域論が「並はずれて魅力的だった」と回想している。その前提にあったのは、五六年のハンガリーと六八年のプラハの記憶を介した東中欧の三国の「共通の運命についての意識」であった(Kołodziejczyk 2013, pp. 845–846)。東中欧史が歴史研究の枠組みとして制度化されたのは体制転換後のことだが、その概念自体はヤルタ体制の現実と対峙する知的営為のなかから生みだされたものであり、その意味では、東中欧史の構想は、むしろ体制転換に先立つ冷戦の時代の所産であったといえるであろう。

こうした時代的な規定性が意識されるにつれて、東中欧史の枠組みを中世まで遡らせて歴史を記述することがもつ意味があらためて問われることになった。換言すれば、東中欧という地域には中世から今日まで続く歴史的実体があるのか、それともこの地域概念はあくまで特定の時代の現象を研究するために設定された分析概念なのか、という問題である。現状では、研究者が対象とする時代やテーマによってその立場はさまざまであるが[14]、今後、東中欧史の枠組みを採用する歴史家は、この問題を避けてとおることはできないであろう。

いまひとつの問題点は、ポーランドが主導するかたちで東中欧史の研究が組織されることがはらむ政治的な力学である。ポーランド側の歴史認識のなかには、近世のポーランド・リトアニア共和国の版図に含まれる空間のうち、今日のポーランド国家の領土よりも東に位置する地域について、「辺境」(Kresy)として、歴史的なポーランドの領域に含まれるものとみなす感覚が根強く存在する。こうした感覚が無自覚に東中欧史の研究に投影されると、ポーランドの地域的ヘゲモニーを歴史的に正当化することになりかねない。こうした問題を考慮して、東中欧研究所では、関係する四か国(ポーランド、リトアニア、ウクライナ、ベラルーシ)の歴史家が、共通の議論をふまえつつ、それぞれの通史を叙述することを企画した。すでにポーランド、ウクライナ、ベラルーシの通史が刊行されているが、リトアニア史は現時点でもなお未刊である[15]。他方で、ポーランド史学が東の「辺境」に向けるまなざしを、一種の「オリエンタリズム」として、批判的に再検討する試みがすでに始まっている(Zarycki (ed.) 2013)。また、ポーランドの研究者のあいだでは、近世の貴族共和政を独自の「市民社会」として肯定的にみる傾向が強いが、こうした見方についても、近世のウクライナをポーランド貴族による植民地空間ととらえて、ポスト・コロニアルな視点からポーランド中心の東中欧史研究を批判する声があがっている(Beauvois 2011)。さらに、このような批判をふまえて、あらためてポーランド史の「東欧」的特徴を強調する論者も現れた(Sowa 2015, pp. 43-75)。

広域的な地域史研究のプラットフォームとして東中欧研究所が創設されてから四半世紀が経過しようとしている現在、東中欧史は、その制度的構築の段階から、批判的再検討の局面に移行しつつあるといえるであろう。

三　国境を越える対話をめざして――「ポーランド・ドイツ 記憶の場」の挑戦

現時点で、ポーランド側からみて、歴史研究者間のトランスナショナルな交流と対話が最も長期間にわたって組織的に継続され、具体的な成果を挙げているのは、ドイツの歴史家たちとの協力事業である。冷戦期の一九七二年から、東西の壁を越えて、ポーランドと西ドイツのあいだで歴史教科書をめぐる対話が積み重ねられてきたことは、日本でもよく知られている(近藤　一九九八)。両国間の共同教科書委員会による協議は、ポーランド側の体制転換とその翌年の東西ドイツ統一以後も、継続して行われてきた。この対話の蓄積をふまえて、二〇〇八年からは共通教科書の作成の作業が始まっている。この対話にかかわって注目されるのは、共通教科書の企画はそれ自体が単独で存在するのではなく、教科書の執筆にかかわる研究者たちが、両国間のさまざまな学術プロジェクトに関与して互いに交流を深め、新たな視点から両国の歴史を問い直す試みに積極的に挑戦している点である。以下で紹介する「ポーランド・ドイツ記憶の場」も、そのような研究プロジェクトの一つである。

国際的な共同研究プロジェクト「ポーランド・ドイツ 記憶の場」(Polsko-niemieckie miejsca pamięci / Deutsch-Polnische Erinnerungsorte)は、二〇〇六年秋に、ベルリンにあるポーランド科学アカデミー歴史研究センター(Centrum Badań Historycznych Polskiej Akademii Nauk w Berlinie＝CBH PAN)を拠点として始まった。CBH PANは、ポーランド科学アカデミーが国外に設置した最初の研究センターであり、ポーランド・ドイツ間の歴史と現状にかかわる諸問題をヨーロッパ的な文脈のなかで研究することを主たる目的として発足した。「記憶の場」の共同研究は、この研究センターが最初に手がけた大規模なプロジェクトである。その研究成果は、ポーランド側からロベルト・トラバ、ドイツ側からハンス・ヘニング・ハーンを編者とし、五か国から一三〇名の執筆者を集めて、ポーランド語版四巻、ドイツ語版五巻からなる論文集『ポーランド・ドイツ 記憶の場』として刊行されつつある。⑯

このようなプロジェクトが成立した研究史上の背景としては、次の二つの動向を指摘することができるであろう。第一の背景は、すでに触れた、一九七〇年代に始まるポーランド・ドイツ間の歴史教科書対話から共通歴史教科書プロジェクトに至る流れである。CBH PANの所長であり、「記憶の場」のプロジェクトを統括する歴史家ロベルト・トラバは、ポーランド・ドイツ教科書委員会のポーランド側の代表でもある。「ポーランド・ドイツ 記憶の場」は、共通歴史教科書の作成とは別個の独立した共同研究プロジェクトであるが、このプロジェクトのなかで取り上げられ、議論された内容が教科書の執筆作業の前提となり、その記述のなかに反映されていくであろうことはまちがいない。⑰

研究史上の第二の背景は、一九七〇年代のフランスに始まる「記憶の場」の研究と、その影響の国際的な広がりである。「記憶の場」(lieux de mémoire)は、もともとフランスの歴史家ピエール・ノラが中心となって一二〇名にも及ぶ研究者を動員した一大研究プロジェクトの名称であり、その成果は一九八四年から九二年にかけて全七巻のシリーズとして刊行された。ノラのプロジェクトの課題は、「フランス的なるもの」を構成するさまざまな集合的記憶が根づいている「場所」を分析して、「フランスを象徴するものの広大な地勢図を創りだす」ことにあった。ノラが組織した研究の重要な特徴の一つは、それが「原因より結果の分析に重きをおく歴史学」であったことにある。このプロジェクトの成果を日本に翻訳・紹介した谷川稔が指摘するように、それは「行事や事件が「何故に、いかに行われたか」ということよりも、それらのその後の行方、相互作用、シンボル化された再利用、神話化された「誤用」のほうに注目する歴史学。あるいは伝統それ自体よりも、伝統がどんな風に創出され、いかに変容し、あるいは死滅するか、そのような在り方に関心を寄せる歴史学」であった（谷川 二〇〇二、四頁）。

ノラのプロジェクトのインパクトは大きく、フランス国内を越えて、イタリア、ドイツ、オランダなどヨーロッパの他の諸国でも、それぞれの地域や国民の「記憶の場」を研究するプロジェクトが企画され、九〇年代後半から二〇〇〇年代にかけてその成果が次々に刊行されている。ドイツでは、〇一年に、エティエンヌ・フランソワとハーゲン・シュルツェを編者として『ドイツの記憶の場』が全三巻で刊行された（François, Schulze (eds.) 2001）。ポーランド側では、一九八〇年代から、歴史上のステレオタイプの形成や機能、他者イメージの形成過程、歴史上の出来事や人物の神話化の過程など、「記憶」の領域に直接・間接にかかわる研究が行われてきており、その蓄積が「ポーランド・ドイツ 記憶の場」の研究を進める土台として活かされている。⑱

CBH PANのプロジェクトは、これらの一連の「記憶の場」研究の展開とその成果の批判的な検討をふまえて構想されている。⑲ ノラの共同研究においては、現在のフランスに隣接する諸国・地域との関係や、植民地の問題が「記憶の外」に追いやられている。また、出発点においてはナショナル・ヒストリーの相対化をめざしていた「記憶の場」の研究が、「国民の記憶」の構築の過程をたどり直すことで、結果的に新たな一国史的叙述を生みだしてしまう傾向があることも指摘されてきた。トラバとハーンを中心とするプロジェクト・チームは、従来の「記憶の場」の研究の成果と問題点を整理したうえで、クラウス・ツェルナックによる「関係史」(Beziehungsgeschichte) の手法からも着想を得ながら、[20] ドイツとポーランドの双方の「記憶」が交錯する事例や、現在の両国の空間的な領域を越える事例を意識的にとりあげて研究を進めた。また、両国が歴史的に共有はしていないが、現象としては類似している「記憶の場」を選び出して、その異同を検討することも試みられた。言い換えるならば、CBH PANのプロジェクトの特徴は、ポーランドとドイツという二つの「記憶の地勢図」の枠組みを設定したうえで、双方が「記憶の場」を共有したり、異なる「記憶」が衝突し合ったりする状況や、さまざまな「記憶の場」が生成・変容していく過程を、関係史と比較史の二つの視角から分析する点にあるといえるであろう。

CBH PANのプロジェクトが全体として、どのような「記憶の場」をとりあげ、どのように具体的な分析を行っているかを詳しく検討することは別の機会をまたねばならないが、ここでは、論集の第三巻『相似』のなかから特徴的な事例を二つ、紹介しておきたい。この巻は、ポーランド側とドイツ側から「相似」する「記憶の場」を選び出してペアを作り、両者を比較・対比する手法で構成されている。「トイトブルクの森の戦いとツェディニャの戦い――建国神話に利用される戦い」と題された章(パウェウ・ミグダルスキ、ディルク・メリエスの共同執筆)では、ドイツ側から紀元後九年のトイトブルクの森の戦い、ポーランド側からは九七二年のツェディニャの戦いがとりあげられている(*PNMP*. 3, pp. 107–124)。トイトブルクの森の戦いは、古代ローマのアウグストゥスの時代に、ゲルマン人の指導者アルミニウスがローマの三個軍団を全滅させた戦いとして知られる。他方、ツェディニャの戦いは、ポーランドの君主ミェシコ一世と彼の弟チュチボルが、ザクセン辺境伯の軍隊を敗走させたとされる戦いである。トイトブルクの森の戦いはポーランドの歴史とはかかわりがないのに対して、ツェディニャの戦いはポーランドとドイツの双方の歴史に関係する出来事である。また、これらの二つの戦いのあいだには、直接のつながりはない。にもかかわらずこの二つの戦いが組み合わせられているのは、両者の「記憶」の歴史に「相似」が認められるためである。二つの戦いは、ともに同時代の史料から得られる情報が乏しく、戦いが行われた場所を正確に特定することさえ困難であるにもかかわらず、西方から侵略する敵対的な勢力(ゲルマン人にとってのローマ、ポーランド人にとってのドイツ)に打ち勝って民族の独立を守った戦いとして、一九・二〇世紀にナショナルな歴史の語りのなかでその意義が強調された。トイトブルクの森の戦いは一九世紀のドイツ統一の過程で神話化され、戦いを率いたアルミニウス(ドイツ名ヘルマン)の記念碑が建てられた[21]。ドイツ民族の英雄としてのアルミニウス崇拝は、第三帝国の時代まで続いた。これに対してツェディニャの戦いは、第二次世界大戦の終結後、ポーランドがドイツから獲得した西方地域に対する領有権の正統性を主張するための歴史的な根拠の一つとして利用され、戦いを記念するモニュメントが建てられた。これら二つの戦いは、出来事としては直接関係するところがないが、「記憶の場」として分析すると、ともに建国神話の構築に用いられた素材としての共通性が見えてくるのである。

これに対して、「司教たちの書簡とワルシャワのヴィリー・ブラント――早く来過ぎた英雄たち?」と題された章(マグダレナ・ラトコフスカ、コリンナ・フェルシュの共同執筆)では、ポーランドとドイツが共有する冷戦期の二つの出来事の「記憶」が扱われている(*PNMP*. 3, pp. 380–396)。一つは、一九六五年にポーランドのカトリック教会の司教たちが、戦後の和解を求めて、西ドイツのカトリック教会に向けて送った書簡の「記憶」である。この書簡には、「われわれは〔あなたがたを〕赦します、そしてわれわれは〔あなたがたの〕赦しを求めます」という文言が含まれていたことから、当時の共産党政府によって宥和的・反愛国的な行動として批判され、政治問題化した。もう一つの出来事は、七〇年の西ドイツ首相ヴィリー・ブラントのワルシャワ訪問である。この訪問によってポーランドと西ドイツは国交を正常化したが、「記憶の場」として重要なのは、ブラントがワルシャワの「ゲットーの英雄たち」の記念碑の前でひざまずいて黙禱した場面であった。当時の西ドイツの論壇では、この振る舞いの是非をめぐって論争が生じた。二人の執筆者は、この二つの出来事に対するポーランド側とドイツ側の双方の「記憶」の変化を丹念にたどり、いずれのケースにおいても、当初は評価の分かれていた出来事が、ポーランドとドイツの和解を促した事件として一義的に肯定的な「記憶の場」に変容していった過程をあきらかにしている。

ただし、「赦し」をめぐるこれらの二つの「記憶の場」には、相違点もある。ワルシャワ・ゲットー蜂起の記念碑の前でひざまずくブラントの姿をとらえた写真は、戦後ドイツの「新東方外交」のシンボルとなり、対ポーランド関係を越える意味を帯びた一種の「ロゴ」として広く世界に流通したのに対して、司教たちの書簡の「記憶」はほぼポーランド側に限定されており、この点では、両者の関係は非対称的である。また、ブラントの謝罪には、ポーランド側からみると曖昧な部分が残されている。西ドイツの首相が黙禱を捧げたワルシャワ・ゲットー蜂起の記念碑は、ナチスの抑圧に抵抗して虐殺されたユダヤ人を追悼するモニュメントであり、そこで謝罪の対象となった被害者はホロコーストの犠牲となったユダヤ人であった。他方、ブラントは、同じ訪問のおりに、戦死したポーランド人兵士を記念する無名戦士の墓の前でひざまずくことはしていない。しかし、この事実の意味するところが突きつめて問われることはないままに、彼の黙禱は「ポーランド人とポーランドのユダヤ人に赦しを求めた」出来事として今日では記憶されているのである。

以上の二つの章の概要からわかるように、比較史と関係史の視角を組み合わせながら、国境をはさんだ二つの「記憶の場」の「相似」を分析することによって、敵対的な語りとして構築された二つのナショナル・ヒストリーのなかに、類似したレトリックを発見したり、同じ出来事に対する「記憶」のズレを見いだしたりすることができる。他方で、このプロジェクトに内在する問題点として、比較する対象――「ポーランドの事例」と「ドイツの事例」――がアプリオリに設定されるために、ポーランドとドイツを、それぞれ時代を越えた国家ないし民族として実体化してしまう傾向があることは指摘しておかなければならない。このような陥穽を避けるためには、分析する歴史的事象を「ポーランド対ドイツ」の二項対立の図式のなかに押し込めるのではなく、それぞれの事象は多方向に開かれた現象であり、事象と事象を区切る境界線も多様で可変的であることをあらためて確認する必要がある。比較史の意味について、かつてマルク・ブロックが指摘したことをここで思い起こしておくことは無駄ではないであろう。「比較史がわれわれに与えてくれるおそらく最も明瞭で最も説得的な教訓は、われわれが社会的諸事実を閉じ込めようとしているもはや古くさくなった地誌的仕切りを、今や破壊すべき時だということである。……いつの時代であれ、社会的諸現象が、その発展を、ひとしく同一の境界線――正確に言えば、政治的支配あるいは民族の境界線――で停止したなどということは今までどこでもおこったことがないからである」(ブロック　一九七八、四七―四八頁)。第三巻『相似』のなかでも、たとえば「ヴァレンシュタインとラジヴィウ――未来を洞察する者と裏切り者」(ボグスワフ・ディバシの執筆)では、二項対立を越える分析が試みられている(*PNMP*. 3, pp. 162–175)。三〇年戦争を戦ったヴァレンシュタインはドイツとチェコの共有する「記憶の場」であり、一七世紀半ばの戦乱でポーランドから離反してスウェーデン側についたリトアニアの貴族ラジヴィウはポーランドとリトアニアのあいだでまったく評価の異なる「記憶の場」である。ここでは、分析の視点を多重化することによって、複数の担い手によって分有された同じ歴史上の人物の「記憶」が複雑に交錯し合い、たがいに競合したり、模倣したり、一方が他方を排除したりする様相があきらかにされている。㉒

このように、CBH PANのプロジェクトでは、検討の対象となった事例を、しばしば複数の研究者による共同作業を介して、かなり「突き放した」視点から分析することが行われている。「ナチス親衛隊」、「アウシュヴィッツ」、「ホロコースト」、「ワルシャワ蜂起」のような第二次世界大戦の記憶にかかわる問題をとりあげる場合でも、論争的な問題を回避することなく記述している(いずれも第二巻に収録されている)。たとえば、「アウシュヴィッツ」の記憶をとりあげた章(ゾフィア・ヴイチツカの執筆)では、戦後まもなく結成された「ポーランド旧政治的収容者連盟」はユダヤ人の犠牲者の運命にあまり関心がなく、四七年に創立されたオシフィエンチム国立博物館の展示内容をめぐって「ポーランド・ユダヤ人中央委員会」と激しく対立したことが記されている(*PNMP*. 2, pp. 560–561)。「ホロコースト」を扱った章(マグダレナ・マルシャウェクの執筆)でも、ポーランド人の加害者としての側面をめぐる議論の経緯が――

T・グロスの研究に対しては実証と叙述の両面からかなり批判的だが——字数を割いて記述されている(*PNMP*. 2, pp. 592-596)。「ワルシャワ蜂起」の章(アダム・クシェミンスキとダミアン・ティリエの共同執筆)では、「民族蜂起崇拝の神殿」となったワルシャワ蜂起博物館の展示をめぐる論争が「記憶の場」の問題として分析されている(*PNMP*. 2, pp. 622-628)。「記憶の場」の視角から歴史を研究する意義の一つは、歴史家が「史実をめぐる争い」から距離をおいて、歴史論争それ自体の成り立ちや構造を対象化し、分析できるところにあると考えられる。「ポーランド・ドイツ　記憶の場」の場合には、その分析の舞台がトランスナショナルなかたちで設定され、多数の研究者が国境を越えて議論を重ねることによって、多くの知見を共有することに成功しているといえるであろう。

四　史実をめぐる葛藤——試練としての「ヴォウィン」

ポーランド・ドイツ間で冷戦期から歴史認識をめぐる対話が積み重ねられ、共通歴史教科書が執筆される段階まで到達しているのに対して、ポーランド・ウクライナ間の歴史対話はソ連崩壊後に本格化したこともあって、なお解決されていない多くの課題を抱えている。ポーランドとウクライナの関係も、ドイツとの関係と同じように、中世にさかのぼる歴史をもつが、ここでは第二次世界大戦中にウクライナ西部で起こった両民族間の紛争をめぐる両国の歴史研究者の議論に焦点を絞って、その経緯を概観してみたい。

今日のウクライナ西部の都市ルーツクを中心とする地域は、両大戦間期にはポーランド領の東部に位置し、行政区分としてはヴォウィン県に属していた。ヴォウィン地方は一五六九年にポーランド王国に編入されたためポーランド人の入植が進んだが、第二次世界大戦が始まる時点で住民の多数を占めていたのはウクライナ系の住民であった[23]。三九年九月に大戦が勃発するとヴォウィンはソ連軍の占領下におかれ、四一年六月に独ソ戦が始まるとドイツがこの地域を占領した。このとき、ウクライナの独立をめざすウクライナ民族主義者組織（ＯＵＮ）は、ドイツ軍と協力してソ連軍と戦った。しかし、ドイツはウクライナの独立を認めず、ＯＵＮの指導者ステパン・バンデラを逮捕し、収容所に監禁した。四二年、この状況に不満を抱いたＯＵＮの成員が中心となってウクライナ蜂起軍（ＵＰＡ）が結成される。四三年二月から八月にかけて、このＵＰＡの軍事活動の一環としてヴォウィン地方の農村部で多数のポーランド系住民が殺害された。虐殺のピークとなった七月だけで約一万人のポーランド系住民が殺害されたとみられる。ポーランド側も国内軍（ＡＫ）を中心に反撃し、大戦終結後の四七年にはポーランド東南部のウクライナ系住民は強制的に西部地域に分散移住させられた（ヴィスワ作戦）。この一連の紛争により、一九四三―四七年にポーランド人八―一〇万人、ウクライナ人一―二万人の犠牲者をだした（*Wołyń* 2008, pp. 18-19, 278）。

ヴォウィンの虐殺は、戦時下にソ連からドイツへと全体主義体制の支配者が交代するなかで、ともに支配下におかれた二つの民族のあいだで暴力の連鎖が生じ、双方に多数の犠牲者を生んだ悲劇である。イェドヴァブネ事件と類似する面もあるが、大戦前にはポーランド人が支配民族として政治的・社会的にウクライナ人に抑圧的であったこと、大戦中の両民族の解放・独立の戦いと密接に結びついていること、暴力の行使が双方向的であること（ただし、その規模や犠牲者の数は対等ではない）、戦後のウクライナ人の強制移住を伴っていることなど、固有の側面もある。犠牲者の人数はポーランド側のほうが多く、また、虐殺されたポーランド系住民のなかには女性や子どもが含まれ、その殺害の方法が残虐なものであったことから、ポーランド側の被害者意識が相対的に大きいといえる。ポーランド側のメディアでは、この虐殺について「ジェノサイド」（ludobójstwo）、「根絶」（eksterminacja）、「民族浄化」（czystki etniczne）といった表現が用いられることも多い（Maguś 2014, pp. 153-168）。しかし、歴史的な文脈をふまえて一連の出来事の経緯をみれば、単純に一方の民族を加害者、他方の民族を被害者とみなすことはむずかしい。

冷戦下では、ウクライナ民族運動が関与したヴォウィンの記憶は一種のタブーとなっていたが、九一年のウクライナ独立以後、ポーランド・ウクライナ両国間の関係に暗い影を落とす歴史認識上の争点としてクローズアップされることになった。この問題をめぐる両国の歴史家の協議は、九六年から、ポーランド側の旧国内軍関係者の組織である「国内軍兵士世界連盟」とポーランド在住のウクライナ系住民を代表する「ポーランド・ウクライナ人連盟」の呼びかけで始まった。協議の場は「国際歴史セミナー：一九一八―四七年のポーランド・ウクライナ関係」と名づけられ、二〇〇六年まで継続的に開催された。会議の報告書は、『ポーランド・ウクライナ――困難な問い』として現在までに一一巻が刊行されている(*PU*, 1/2-11, 1998-2009)。

ヴォウィン問題をめぐる両国の歴史家たちの協議の特徴は、この国際セミナーの名称と議題、報告書のスタイルに現れている。会議の名称が示すように、協議の対象となる時代は、大戦中の期間を挟んで、ウクライナ西部がポーランド領であった両大戦間期と、戦後のヴィスワ作戦による強制移住の時期を含んでいる。九六年の会議で提示された二三項目の検討課題には、「両大戦間期のポーランド共和国のウクライナ人に対する政策」、「ポーランド・ドイツ戦争におけるウクライナ人の立場と関与」、「一九三九―四五年のウクライナ西部におけるウクライナ独立運動」、「一九三九―四四年のウクライナ西部におけるポーランド地下組織」、「ヴォウィンにおけるポーランド・ウクライナ民族紛争――原因、経過、結果、帰結」、「一九四二―四五年のポーランド・ウクライナ紛争におけるドイツとソ連の役割」、「第二次大戦期のポーランド側とウクライナ側の占領軍への協力」、「ヴィスワ作戦の起源と経緯」などの項目が含まれている(*PU*, 1/2, pp. 7-8)。つまり、この両国間のセミナーでは、四三年の虐殺をそれだけとり出して議論するのではなく、事件の前提となった大戦前の状況や、大戦中のソ連とドイツの支配体制とのかかわり、殺戮と報復の連鎖の果てに実施された大戦後の強制移住まで含めて、一連の歴史的な文脈のなかで生じた問題として検討しようとしているのである。まとめられた報告書では、それぞれのテーマについて、ポーランド側とウクライナ側の研究者の報告が併記され、それらの報告をめぐる討論が記録されている。各巻の巻末には、報告と討議をふまえた会議の結果が「合意点と相違点」として整理されて掲載されている。

このような会議の議題と報告書の形式をみるだけでも、ポーランドとウクライナのあいだの歴史問題をめぐる協議が、ポーランド・ドイツ間の「記憶」をめぐる対話とは異なる次元で行われてきたことがみてとれる。協議の過程では、双方の犠牲者数の算定（*PU*, 5, pp. 148–192, 264–349）や、出来事の経緯を整理した年表の作成（*PU*, 5, pp. 14–147）といった基礎的な作業の結果が双方から提示され、そのような問題をめぐってさえ両国の研究者のあいだには見解の相違が数多くみられた。こうした事態が生じる背景には、とくにウクライナ側でソ連時代に問題の存在自体が十分に知られておらず、九〇年代に入ってからようやく研究が本格化したという事情がある。このため、まず「史実」について双方の見解を提示し合い、一致点と相違点を確認する作業から始めざるをえなかったのである。他方で、「記憶の場」をめぐるポーランド・ドイツ間の共同研究にもみられた二項対立の構図の弊害は、ウクライナとの議論においても認められる。この場合、少なくとも二つの問題を指摘できるであろう。一つは、家族関係などからポーランド系、ウクライナ系に明確に区分できない住民の存在がみえにくくなる点である。いま一つは、ユダヤ系住民のおかれた深刻な状況が議論のなかから抜け落ちてしまう点である[24]。

このような問題を含みながらも、一〇年以上にわたる探求と議論をへて、一連の事件の経緯についてはかなりの程度まであきらかとなり、その結果は両国の研究者のあいだで共有されつつある。二〇〇九年に、大戦中のＵＰＡとＡＫの対立をめぐるウクライナの歴史家の研究がポーランド語で刊行されているのは、このような対話の成果の一つである（Iljuszyn 2009）。それでもなお事実関係をめぐる研究者間の論争は続いており、史実の歴史的な意味づけや解釈の次元においては、認識の隔たりはなお大きい。たとえば、ウクライナ側は、ヴォウィンの殺戮を引き起こした要因として大戦前のポーランド国家によるウクライナ人への抑圧を強調する傾向があるが、ポーランド側は、それは事態の背景ではあっても虐殺を正当化する理由とはならないと批判する。ポーランド側からみればＵＰＡは残虐な殺戮者の集団だが、ウクライナ人にとってはドイツ軍に対してパルチザン闘争を挑んだ民族運動の組織でもある。そもそも、ポーランド側が大規模な虐殺事件とみなすヴォウィンの悲劇も、三二―三三年の飢饉で四〇〇万から六〇〇万、独ソ戦で五五〇万人の死者をだしたウクライナ側の二〇世紀の記憶のなかでは、局地的で周辺的なエピソードとして扱われがちであるという問題もある(Pogorzelski 2014, pp. 221-243)。

こうした史実をめぐる葛藤と記憶の重さの違いを問題として抱えながら、ヴォウィンの記憶は、現在なお「困難な問い」として、ポーランドとウクライナのあいだに横たわっている㉕。

おわりに――外部からの問いかけ

ここまで、体制転換後のポーランドにおける記憶の再編の様相を、トランスナショナルな次元における新たな議論の展開に注目しながら概観してきた。紙幅と筆者の能力の限界から、現在ポーランドが国境を接している七つの諸国との関係を全体として見わたすことはできず、また、ユダヤ、ドイツ、ウクライナの各集団・ネーションとのかかわりについても、光をあてることのできた問題はごく一部に限られている。しかし、ここでとりあげたごく限定された事例をみるだけでも、国境線が時代によって大きく変動し、言語的・宗教的・民族的に多様な集団がモザイク状に混在するヨーロッパ東部では、記憶の問題を、P・ノラがフランスの「記憶の場」の研究で採用したような一国史的な枠組みのなかで研究することは、とうてい不可能であることが理解できるであろう。他方で、東中欧史をめぐる議論が示すように、国民国家の境界を越える地域概念もまたアイデンティティをめぐる問いから逃れることはできない。

こうした状況を念頭においてみるとき、ヨーロッパ外の研究者が投げかける問いのなかに、記憶とアイデンティティの関係をめぐって新たな認識の地平をきり拓くヒントがしばしば含まれているように思われる。ヨーロッパ東部の歴史をテーマとする問題作を次々と発表してきたアメリカの歴史家ティモシー・スナイダーは、近年の論文で「コメモレーション的因果関係」(commemorative causality)を問題としてとりあげている。「コメモレーション」(記念された記憶)の次元では、過去に起こった出来事の因果関係が単純化され、感情に訴える力が増幅される傾向がある。そのような「記念された記憶」が過去それ自体と取り違えられ、共感を喚起する商品として消費されていく状況に、スナイダーは警鐘を鳴らしている(Snyder 2013, pp. 76-89)。ポーランドに限らず、世界各地で増えつづける博物館や記念館がわたしたちの歴史認識にどのような影響をおよぼすかを考えるにあたって、「展示された記憶」においては複雑な歴史上の因果関係が単純化され、感情的な反応を引き起こす要因となりうるという指摘は重要であろう。

東欧の経験を、ヨーロッパ世界を越えて、グローバルな連関のなかに位置づける試みとしては、韓国の歴史家イム・ジヒョンの問題提起が示唆的である。近現代史には、歴史的な犠牲者としての意識が、ナショナルなプロジェクトへと人びとを動員する権力側の論理を正当化する現象が、しばしばみられる。イムは、このような現象を「犠牲者ナショナリズム」(victimhood nationalism)と名づけ、東欧と東アジアの歴史的経験を結びつける議論を展開している(Lim 2010, pp. 22-34; 林 二〇〇九、五七―六二頁)。日本でも、橋本伸也が、歴史認識問題をめぐるロシア・東欧の状況を考察することをとおして、東アジアにおける記憶の政治の現状をグローバルな文脈のなかでとらえ直すことを提言している(橋本 二〇一五、四一―四八頁)[26]。また、アメリカの日本史研究者キャロル・グラックは、最近のインタビューのなかで、記憶の問題をめぐる現状について、冷戦期に第二次世界大戦の共通の記憶を形成する動きが凍結されていたという点で「東アジアは東欧に似ている」と指摘している(「インタビュー　米歴史家らの懸念」『朝日新聞』二〇一五年六月五日)。

体制転換後のポーランドにおける歴史認識をめぐる議論の現状は、共通の記憶を形成する手法が多様なものでありうることを物語っている。ポーランドの歴史研究者たちは、ウクライナのパートナーとの議論にあたっては、しばしば歴史対話のモデルとされるドイツとの対話とは異なるやり方を採用している。対話の目ざす目標、議論が行われる次元、協議のスタイルは、対話をする相手との持続的な相互関係のなかで、設定と更新を繰り返しながら創りあげられていくべきものなのである。歴史認識をめぐる対話よりも対立が強調されがちな東アジアの歴史研究者にとって、議論のスタイルを柔軟に選択しながら多角的な対話の回路を開いてきたポーランドのケースから学ぶことは多いであろう。東欧・ポーランドの経験を、さらに多様な視角から「われわれの現代」の問題へと開いていく作業が必要とされている。*

注

（1）『イーダ』の歴史的背景については、日本での映画公開用パンフレットに掲載された久山宏一「一九六二年前後のポーランド事情――『イーダ』の歴史的背景」が、簡にして要をえた解説となっている。

（2）論争の経緯については、以下の文献を参照。*Jedwabne. Spór historyków wokół książki Jana T. Grossa "Sąsiedzi"*, Warszawa: Fronda, 2002; Jan Tomasz Gross, *Wokół Sąsiadów. Polemiki i wyjaśnienia*, Sejny: Pogranicze, 2003; Antony Plonsky and Joanna B. Michlic (eds.), *The Neighbors Respond. The Controversy over the Jedwabne Massacre in Poland*, Princeton and Oxford: Princeton University Press, 2004; Piotr Forecki, *Od Shoah do Strachu. Spory o polsko-żydowską przeszłość i pamięć w debatach publicznych*, Poznań: Wydawnictwo Poznańskie, 2010, pp. 281-381. 解良澄雄「ホロコーストと「普通の」ポーランド人――一九四一年七月イェドヴァブネ・ユダヤ人虐殺事件をめぐる現代ポーランドの論争」『現代史研究』五七（二〇一一年）、六九―八五頁。なお、四六年に起こったキェルツェのポグロムを扱ったグロスの著書が日本語に翻訳されている。ヤン・T・グロス『アウシュヴィッツ後の反ユダヤ主義――ポーランドにおける虐殺事件を糾明する』染谷徹訳、白水社、二〇〇八年。

（3）この問題は、二〇一五年の大統領選挙において再び政治問題化した。保守政党「法と正義」から立候補したアンジェイ・ドゥダは、五月一八日に行われたテレビ討論において、二〇一一年にイェドヴァブネでの式典で読みあげられたブロニスワフ・コモロフスキ大統領の書簡中の表現――「被害者の国民は加害者でもあったという容易ならざる真実を認めなければならない」――をとりあげ、「ポーランド人がホロコーストに関与したという偽りの告発」に加担するのか、と批判した。

http://wyborcza.pl/1,75968,17937932,Debata_prezydencka__Wronski_Duda_atakujac_Komorowskiego.html（二〇一五年八月一日に確認）

（4）文脈によって「歴史をめぐる政治」と訳すほうがよい場合もある。この場合には、公権力だけでなく、市民社会や諸利益集団もこの「政治」にかかわる主体であることが含意される。近似した意味で「記憶の政治」(polityka pamięci)という概念が用いられることもある。これらの概念にどのような内容を含めるかは、議論の文脈によって、また、論者の立場や意図によって、かならずしも一様ではない。この問題については、S. M. Nowinowski, J. Pomorski and R. Stobiecki (eds.), *Pamięć i polityka historyczna. Doświadczenia Polski i jej sąsiadów*, Łódź: Instytut Pamięci Narodowej, 2008 に収められた諸論考を参照。

（5）*Mówią wieki*, 2006, nr 8 に掲載された討議 "Polityka historyczna—za i przeciw" における発言。

（6）博物館のホームページによる。http://www.1944.pl/o_muzeum/o_nas/（二〇一五年八月一日に確認）

（7）ポーランド・ユダヤ人史博物館の設立の経緯については、*Na początku było marzenie. Jak powstawało Muzeum Historii Żydów Polskich 1993–2014*, Warszawa: Stowarzyszenie Żydowski Instytut Historyczny w Polsce, Muzeum Historii Żydów Polskich, 2014. 博物館のホームページも参照。http://www.polin.pl/pl/o-muzeum（二〇一五年八月一日に確認）

（8）http://muzhp.pl/pl/c/8/informacje-o-muzeum-historii-polski（二〇一五年八月五日に確認）

（9）http://www.muzeum1939.pl/pl/o_muzeum/zalozenia/misja_i_cele（二〇一五年八月五日に確認）

（10）地政学上の概念としてドイツ語の「中欧」(Mitteleuropa)がすでに普及していたが、ドイツの地域的覇権を含意する用語として旧東欧地域では忌避される傾向が強い。

（11）東中欧史の総合的叙述の例として、Piotr Wandycz, *The Price of Freedom. A History of East Central Europe from the Middle Ages to the Present*, London and New York: Routledge, 1992; 2nd ed., 2001; Natalia Aleksiun *et al.*, *Histoire de l'Europe du Centre-Est*, Paris: PUF, 2004.

（12）二〇一三年に、ポーランドを代表する歴史学雑誌の一つである『歴史四季報』が、「研究上の問題としての東中欧」と題して国内外の研究者に行ったアンケートの結果をふまえた特集を組んでおり、最近の動向を概観することができる。*Kwartalnik Historyczny*, 120-4 (2013), pp. 659–919.

（13）冷戦期の「自由の闘士」としてのハレツキとそのヨーロッパ観を論じた研究として、Janusz Cisek, *Oskar Halecki. Historyk—Szermierz wolności*, Warszawa: Instytut Pamięci Narodowej, 2009; Małgorzata Dąbrowska (ed.), *Oskar Halecki i jego wizja Europy*, vol. 1-3, Warszawa-Łódź: Instytut Pamięci Narodowej, 2012-2014 を参照。

(14) 注(12)に挙げた『歴史四季報』所収の論考とアンケートへの回答を参照。これとは別に、歴史的実体があるとする一例として、G. Schramm, “Wokół pojęcia “Europy Środkowo-Wschodniej”. Dyskusja panelowa”, in: Id., *Polska w dziejach Europy Środkowej*, Poznań: Wydawnictwo Poznańskie, 2010, pp. 11-17. 分析概念としての有効性を主張する論考として、M. Janowski, “Pitfalls and opportunities. The concept of East-Central Europe as a tool of historical analysis”, *European Review of History*, 6(1999), pp. 91-100 を参照。

(15) ポーランド史は、Jerzy Kłoczowski, *Historia Polski od czasów najdawniejszych do końca XV wieku*, 2000; Andrzej Sulima Kamiński, *Historia Rzeczypospolitej wielu narodów w XVI-XVIII wieku*, 2000; Hanna Dylągowa, *Historia Polski 1795-1990*, 2000. ウクライナ史は、Natalia Jakowenko, *Historia Ukrainy od czasów najdawniejszych do końca XVIII wieku*, 2000; Jarosław Hrycak, *Historia Ukrainy 1772-1999. Narodziny nowoczesnego narodu*, 2000. ベラルーシ史は、Hienadź Sahanowicz, *Historia Białorusi. Od czasów najdawniejszych do końca XVIII wieku*, 2001; Zachar Szybieka, *Historia Białorusi 1795-2000*, 2002(いずれも刊行は、Lublin: Wydawnictwo Instytutu Europy Środkowo-Wschodniej)。

(16) ポーランド語版は、*Polsko-niemieckie miejsca pamięci*, vol. 1-2: *Wspólne/Oddzielne*, 2015(vol. 1 は未刊); vol. 3: *Paralele*, 2013; vol. 4: *Refleksje metodologiczne*, 2013(いずれも刊行は Warszawa: Wydawnictwo Naukowe Scholar)。ドイツ語版は、*Deutsch-Polnische Erinnerungsorte*, vol. 1-2: *Geteilt/Gemeinsam*, 2015; vol. 3: *Parallelen*, 2013; vol. 4: *Reflexionen*, 2013; vol. 5: *Erinnerung auf Polnisch. Texte zu Theorie und Praxis des sozialen Gedächtnisses*, 2015(いずれも刊行は Paderborn: Verlag Ferdinand Schöningh)。第一巻から第四巻までは同じ内容のポーランド語版とドイツ語版が並行して刊行されるのに対し、第五巻はポーランドにおける「記憶の場」の研究状況をドイツ側に紹介することを目的としてドイツ語版のみが刊行された。以下ではポーランド語版を参照し、論集全体について言及するさいには *PNMP* と略記する。

(17) 共通教科書をめぐる両国の研究者の対話と「記憶の場」プロジェクトのあいだをつなぐ出版物として、二〇〇三年に両国で刊行された歴史事典『ドイツとポーランド――歴史・文化・政治』(ドイツ語版 *Deutsche und Polen. Geschichte, Kultur, Politik*, München: C. H. Beck, 2003、ポーランド語版 *Polacy i Niemcy. Historia, kultura, polityka*, Poznań: Wydawnictwo Poznańskie, 2003)を挙げることができる。大項目方式で構成され、六四の項目について両国から五六名の研究者が執筆している。執筆者の多くはのちに「記憶の場」プロジェクトにも参加している。

(18) ポーランド、チェコ、スロヴァキア、ハンガリーにおける「記憶の場」研究の動向については、次の特集号を参照。

"Memory Studies in Central Europe", *Acta Poloniae Historica*, 106(2012).

(19)　プロジェクト・チームは、上記の五巻本の論集と並行して、記憶の文化にかかわる概念を整理して解説した事典を編纂している。M. Saryusz-Wolska and R. Traba(eds.), *Modi memorandi. Leksykon kultury pamięci*, Warszawa: Wydawnictwo Naukowe Scholar, 2014.

(20)　「記憶の関係史」の考え方については、次の論集を参照。R. Traba(ed.), *Historie wzajemnych oddziaływań*, Berlin: Centrum Badań Historycznych PAN, Warszawa: Europejska Sieć Pamięć i Solidarność, Narodowe Centrum Kultury, 2014.

(21)　「ヘルマン記念碑」については、松本彰『記念碑に刻まれたドイツ——戦争・革命・統一』東京大学出版会、二〇一二年、七六—七七、七九頁をも参照。

(22)　この点で、規模ははるかに小さいが、方法論上の設定と分析の手法にかんしては遜色のない研究成果が日本でも刊行されていることは指摘しておくべきであろう。板垣竜太・鄭智泳・岩崎稔編『東アジアの記憶の場』河出書房新社、二〇一一年。

(23)　一九三一年の人口調査によれば、住民の六八%(農村部では七五%)がウクライナ人であった(母語によって区別された数字)。*Historia Polski w liczbach*, Tom I: *Państwo. Społeczeństwo*, Warszawa: Zakład Wydawnictw Statystycznych, 2003, s. 384, Tabl. 109(374).

(24)　ウクライナ西部における民族集団間の複雑な関係をユダヤ人の境遇に焦点をあわせながら考察した研究として、野村真理『ガリツィアのユダヤ人——ポーランド人とウクライナ人のはざまで』人文書院、二〇〇八年。同『隣人が敵国人になる日——第一次世界大戦と東中欧の諸民族』人文書院、二〇一三年も参照。

(25)　両大戦間期から第二次世界大戦後にかけてのポーランド・ウクライナ関係については、吉岡潤「ポーランド共産政権支配確立過程におけるウクライナ人問題」『スラヴ研究』四八(二〇〇一年)、六七—九三頁をも参照。

(26)　橋本は、本稿で触れることのできなかったポーランド・ロシア間の歴史対話にも言及している。

参照文献

略号：

PNMP＝*Polsko-niemieckie miejsca pamięci*, vol. 2-4, Warszawa: Wydawnictwo Naukowe Scholar, 2013-15.

PU＝*Polska-Ukraina: trudne pytania*, vol. 1/2-11, Warszawa: Światowy Związek Żołnierzy Armii Krajowej, Związek Ukraińców w Polsce, 1998-2009.

梶さやか 二〇一三、「ポーランドとその過去——国民記憶院の活動」『カレントアウェアネス』三一八。

小山哲 二〇〇三、「よみがえるヤギェウォ朝の記憶——ヨーロッパ統合と東中欧史の構築」谷川稔編『歴史としてのヨーロッパ・アイデンティティ』山川出版社。

近藤孝弘 一九九八、『国際歴史教科書対話——ヨーロッパにおける「過去」の再編』中公新書。

谷川稔 二〇〇二、「『記憶の場』の彼方に——日本語版序文にかえて」ピエール・ノラ編、谷川稔監訳『記憶の場』第一巻、岩波書店。

デイヴィス、ノーマン 二〇一二、染谷徹訳『ワルシャワ蜂起一九四四』上・下、白水社。

橋本伸也 二〇一五、「歴史と記憶の政治とその紛争化——中東欧・ロシアにおける歴史認識問題とそのグローバル展開」『歴史学研究』九三二。

ブロック、マルク 一九七八、高橋清徳訳『比較史の方法』創文社。

ホブズボーム、エリック 一九九六、河合秀和訳『二〇世紀の歴史』上・下、三省堂。

林志弦 二〇〇九、金京媛訳「犠牲者意識の民族主義」『立命館言語文化研究』二〇巻三号。

Beauvois, Daniel 2011, "Nowoczesne manipulowanie sarmatyzmem—czy szlachcic na zagrodzie był obywatelem?". P. Czapliński (ed.), *Nowoczesność i sarmatyzm*, Poznań: Wydawnictwo "Poznańskie Studia Polonistyczne", pp. 121-140.

François, Etienne and Schulze, Hagen (eds.) 2001, *Deutsche Erinnerungsorte*. Vol. 1-3, München: C. H. Beck.

Gross, Jan T. 2000, *Sąsiedzi. Historia zagłady żydowskiego miasteczka*. Sejny: Pogranicze.

Gross, Jan T. 2001, *Neighbors. The Destruction of the Jewish Community in Jedwabne, Poland*. Princeton: Princeton University Press.

Halecki, Oskar 1950, *The Limits and Divisions of European History*. London and New York: Sheed & Ward.（鶴島博和訳者代表『ヨーロッパ史の時間と空間』慶應義塾大学出版会、二〇〇二年）

Halecki, Oskar 1952, *Borderlands of Western Civilization*. New York: The Ronald Press Company.

Iljuszyn, Ihor 2009, *UPA i AK. Konflikt w Zachodniej Ukrainie (1939–1954)*. Warszawa: Związek Ukraińców w Polsce.

Kołodziejczyk, Dariusz 2013, "O roli użyteczności pojęcia "Europa Środkowo-Wschodnia"". *Kwartalnik Historyczny*, 20-4, pp. 845-850.

Lim, Jie-Hyun 2010, "Narody-ofiary i ich megalomanie". *Więź*, 615-7, pp. 22-34.
Machcewicz, Paweł and Persak, Krzysztof (eds.) 2002, *Wokół Jedwabnego*. Vol. I-II, Warszawa: Instytut Pamięci Narodowej.
Maguś, Justyna 2014, "Debata o Wołyniu w tygodnikach opinii w Polsce". I. Hofman and J. Maguś (eds.), *Obraz współczesnej Ukrainy w mediach w Polsce*, Lublin: Wydawnictwo Uniwerstytetu Marii Curie-Skłodowskiej, pp. 153-168.
Pietrasik, Zdzisław 2015, "Oskar idzie". *Polityka*, Nr 9 (2998), 25.02-3.03, pp. 16-18.
Pogorzelski, Piotr 2014, *Barszcz ukraiński*. Gliwice: Wydawnictwo Helion.
Snyder, Timothy 2010, *Bloodlands. Europe between Hitler and Stalin*. New York: Basic Books.
Snyder, Timothy 2013, "Przyczynowość kommemoracyjna". *Respublica nowa*, 214, pp. 76-89.
Sowa, Jan 2015, *Inna Rzeczpospolita jest możliwa! Widma przeszłości, wizje przyszłości*. Warszawa: Wydawnictwo W.A.B.
Szűcs, Jenő 1983, "The three historical regions of Europe. An outline". *Acta Historica*, 29-2/4, pp. 131-184. (フランス語版 Id., *Les trois Europes*, Paris: L'Harmattan 1985)
Wołyń 2008, *Wołyń 1943-2008. Pojednanie. Zbiór artykułów publikowanych w "Gazecie Wyborczej"*. Warszawa: Agora.
Zarycki, Tomasz (ed.) 2013, *Polska Wschodnia i orientalizm*. Warszawa: Wydawnictwo Naukowe Scholar.

*　本稿は、日本学術振興会科学研究費補助金・基盤研究（A）「社会主義期東欧ロシアの歴史学」（研究代表者：渡邊昭子、二〇一二―一六年度、研究課題番号二四二四二〇二九）および基盤研究（A）「ヨーロッパ東部境界地域における他者概念の形成と空間的再構成」（研究代表者：篠原琢、二〇一五―一八年度、研究課題番号一五H〇一八九八）による研究成果の一部である。

6　中華帝国の拡大と「東アジア」秩序
――「天下」の記憶と多様性のはざまで

平野　聡

一　「中国夢」が投げかける波紋

人類史上いかなる時代においても、一国・一文化の枠組みを超えて多大な影響を及ぼすような、一定の広域秩序なり文明が存在してきた。例えば、古代の黄河中流域を揺籃として、数千年来持続してきた中国文明とその秩序観が、世界史において多大な位置を占めることを疑う人は稀であろう。少なくとも日本は漢字を用い、様々な文物を中国文明から輸入して改変を加えてきた。

いっぽう、ある秩序や文明の永遠不変を信じることは、その影響力の過小評価と同じように誤りであろう。中国文明は、西洋近代の思想的へゲモニーに直面して以来、明らかに変容を迫られた。とはいえ、人々の脳裏においては往々にして「古き良き文明の記憶」が生き続け、再生産される。とりわけ「歴史において他者から圧迫され、抵抗を通じて民族的実体を保存・再生産してきた」(費　一九八九)という意識が強まるほど、理想としての過去に固執しやすく、現実とのバランスを欠くことになる。

過去二〇年来の急速な経済発展によって、貧しい大国から大胆に変貌した中国は、その「成功」によって自意識を肥大化させつつあるものの、現実の諸問題は依然解決せず、新たな矛盾が再生産されている。筆者のみるところ、習近平国家主席・共産党総書記の就任以来強調されている「中国夢 Chinese Dream」論は、中国における「文明の記憶」と現実の深い葛藤を示している。

「中国夢」論[1]によると、世界に数多の文明や文化はあれども、「天下」の中心たる中国文明こそ、豊かな生産力や発明、そして主体的な意識に支えられ、世界全体に恩恵をもたらす存在であった。しかし列強あるいは「西側」は一九世紀以来中国を圧迫し、弱体化した中国は結局西洋という「他者の夢」、すなわち西洋文明の論理に適応せざるを得なかった。とはいえ、借り物の「他者の夢」(主に計画経済を指す)は結局中国で成功しなかった。「西側」も世界を救わず、リーマン・ショックで限界を露呈した。これに対し中国は、北京五輪とリーマン・ショック後の経済的復活を機に、「西側」が世界にもたらした暗雲や偏見を打破し、真に世界を温かく包容する存在になったのだという。そして国内に向けては、中国が世界史上で占めるはずの位置を回復した以上、それを実現した中国共産党と国家を全ての人々が信じ、さらなる発展へ向けて邁進すべきと説く。そして、「中国夢」と連動して強調される「社会主義核心価値観」によると、中国における「自由」や「民主」とは、個の独立を前提としたものではない。中国の誇るべき伝統ならびに「中国の特色ある社会主義」を前提とした、人々が団結し発展を目指す社会的思想的実践のあらわれであるという[2]。

しかし、中国が「夢」を高く掲げるほど、中国の内外を取りまく様々な緊張が強まっているのは何故か。その最たるものとして、国内では少数民族問題や格差の問題、環境問題、そして官の汚職や専横の問題が蔓延している。対外面では、領土・影響圏をめぐる摩擦が深刻の度を増し、国際社会の運営方法そのものをめぐる「西側」との新たな摩擦も浮上している。しかも中国は、敢えて摩擦を厭わない。現状に不満な中国が、先に実力で国際秩序の現状を変更することで利益と空間を拡大し、米国などとの緊張を極限まで高めた上で、衝突回避のための妥協を実現しようという[3]。

筆者の私見では、自己主張に終始した「秩序」「文明」の語りは、他者との共存の回路を欠き、真に成熟したものとは思えない。しかし、中国にかつて存在していた文明が、ある程度「平和的」な秩序をもたらしていたことも事実である。したがって、そのような文明と秩序のありかたが、どのような変化を経て内外に矛盾を蓄積してきたのかという問題について、中国という国家の方向性が世界に与える影響がかつてなく大きくなっている今こそ、冷静にとらえ直される必要があろう。

二　揺らぐ中国の歴史認識と帝国の理念

では、中国が掲げる文明と秩序の自画像とはどのようなものか。それは歴史学上「華夷秩序」と呼ばれ[4]、この秩序の中心に位置してきた帝国は、多くの場合その文化的な美称をとって（あるいは大国主義への批判という文脈で）、しばしば「中華帝国」[5]と呼ばれてきた。最近では中国自身がナショナリズムの言説を補強するために、華夷秩序論を「正統」として「中国夢」につなげている。

もっともこのように記すと、「封建的な専制支配の歴史がもたらした抑圧と落後のために、中国は列強に侵略された。それを打破するために中国革命が起こり、さらに中国は被圧迫民族の解放の最前線に立ってきた」という言説に安住してきた人々は理解不能に陥るかも知れない。実際、一九八〇年代までの中国の歴史記述（及び中国革命を理想とする日本の中国研究）は概ね「反帝・反封建」の歴史観に沿っていた。

しかし、このようなイデオロギーは結局のところ中国を救わず、国際的立場の向上にも寄与しなかった。冷戦の終焉と並行した社会主義圏の激変の中で中国が「学習」したのは、「発展」「富強」こそ全てだ（発展是硬道理）ということである。その結果、共産党自身が既に、貧しくとも平等な労働者と農民の国家から脱し、中国の「先進性」を代表し経済発展・富国強兵を追求するエリートの党に変貌した(三つの代表論)。その中で、中国が歴史上輝いて見えた事績として、唐や清の最盛期が再発見され、メディアや教育を通じ顕彰されている。

もっとも、もし専制支配の事績が理想的なものであれば、諸々の歴史的混乱は起こらず順調に「発展」し得たのではないかという疑問が湧く。そして何と言っても、清は満洲人がつくった外来王朝であり、漢人主導のナショナリズムとは齟齬をきたした。ところが、現実の中国が「核心利益」と呼んで領域主権の保持を掲げるのは、清の版図からモンゴル国を除いた範囲であり、清の事績を継承して賛美しなければならない。その結果、中国ナショナリズム自身の論理構造や民族問題において混乱が生じている。それでは、華夷秩序の基本的イメージと、近現代中国の源流にあたる清との関係はどのようなものか。

黄河中流の城壁都市で中国文明が生まれ、文書行政の手段として漢字が発達すると、国力や文化的成熟の面で周囲と大きな違いが生じた。そこで城壁都市の側は、自らこそ「天下」の中心であり、周囲の「夷狄」と比べて優れた「中華・華夏」であると意識した。そして「華」が「夷」を次第に自らの影響下に置くこと(教化)を肯定した。何故なら、当面両者のあいだに違いがあっても、「華」の中国文明は彼らの専有物ではなく、万人にも共有されるはずだからである。「普き天のもと、王土にあらざるなし」(詩経)、「四海兄弟」(論語)といった表現は、このような境地を示している。

しかし現実には、「華」の期待通りに文明が拡大するわけではない。そこで、多くの地域が「華」の影響下にあり、「天下」の一体性が保たれているという物語を擬制する必要がある。

具体的にはまず、「華」の天子＝皇帝こそ万物を育む「天下の主」であることを「夷」に知らしめ、朝貢をすれば然るべき地位と恩恵がもたらされる旨を呼びかける。そこで諸外国の権力者が使節を「華」に送り忠誠心を示すと、皇帝はその権力者を朝貢国の国王に封じ、時間を共有するための正しい暦（正朔）ならびに、持参した貢物よりもはるかに高い価値の下賜品を分け与える。いっぽう、朝貢国ではない国々や民間商人をしばしば貿易から排除することもある（海禁）。何故なら、「華」との関係における利益は、忠誠を示す者のみに享受させることが望ましいためである。

このようにみると、「天下」の論理はあたかも差別や排除と表裏一体に見える。しかし、総じて「華」は豊かな大国であったし、諸国が近代国際法のもとで対等・平等であるという観念が一般化する前においては、強く豊かな者が弱く貧しき者に影響力を行使することへの疑念も薄かった。

しかも「華」の側はほとんどの場合、一方的な屈服を迫ったわけではなかった。清が朝鮮を軍事力で圧倒して絶対服従を誓わせたという特異な事例を除けば、「夷」の忠誠はもっぱら、彼らがそう感じるか否かによる。「華」は自らの文明の高みと国力を自負し、「夷」に対してアピールすれば良かったのであり、多くの場合軍事的な圧迫を伴わなかった。

習近平時代の中国共産党が掲げる「中国夢」が、このような伝統的秩序を念頭に置いていることは、外交面におけるキーワードとして「親・誠・恵・容」[6]を掲げていることからも仄見える。

三　清を支える複数の論理、そして内在された危機

しかし、「中華」が「天下」全体に君臨するという図式は、あくまで理念型に過ぎない。個別の王朝・帝国ごとに、最終的にどのような論理で権力を正当化して「夷」と関わるのかについては様態が異なり、「中華」という価値が一概に強く作用していたわけではない。何故なら、「夷」は彼らなりに自らの文化に対して強い矜持を持ち、同化という筋書きには必ずしも乗らないからである。現在の歴史観では「華」の側とされている個々の王朝にしても、同化に

重点を置くのか、それとも個別の文化を尊重したうえで関係を取り結ぼうとするのか、相当性格を異にしていた[7]。

さらに、漢と匈奴、宋と女真(金)・モンゴル(元)、そして明とモンゴル・満洲(清)との関係のように、北方の騎馬民族が農耕地帯に入って君臨したため、「何故我々は《華》として相応しくない境地に陥ったのか」という漢人の煩悶は近代に至るまで何度でも蒸し返された。しかしそれは自ずと、「天下」に安定をもたらしたと自負する外来勢力の強い不満を引き起こした。例えば清の雍正帝は、根強い排満論を全面的に反駁するためにも、敢えて自らが「夷」であると開き直り、実力があるからこそ「夷」にも「天命」が降されたと批判した(雍正帝 一九六七)。

雍正帝が「天命」の証として引き合いに出したのは、清が造りあげた版図の巨大さである[8]。明は「華」の論理に根ざした漢人国家の典型であり、「中華十八省」すなわち漢人地域を統治する一方、山岳などに住む「夷」の小豪族については恭順と引き替えに「土司」と位置づけ、間接的な影響を及ぼして版図に加えたつもりでいた。以上は概ね今日の中国における、万里長城から南側の「省(行省)」の範囲に相当し、中華人民共和国の地図に占める面積は必ずしも広くない。

ところが清の場合、省や小規模な土司でもなければ朝貢国でもない、間接支配を行う巨大な版図を擁していた。すなわち今日のモンゴル・青海・チベット・新疆である。

これらの地域と満洲人皇帝とのあいだには、個別の論理に基づいた主従関係が設定されており、皇帝への絶対的忠誠を誓った武人の集団「八旗」に属する貴族・軍人(主に満洲・モンゴル人ならびに、遼東での建国当初に投降した漢人からなる)が実務に関与していた。これに対し、「華」の世界を統治するため、儒学の教養によって採用された科挙官僚は、原則としてこれらの地域に関与しなかった。これらの地域は行政上においても、「中華十八省」ならびに朝貢国を管轄する「礼部」とは切り離され、「理藩院」と呼ばれる独自の機関が管轄する「藩部」と呼ばれた。

これらの地域と満洲人皇帝との関係は、概ね以下のような論理によっていた(詳しくは平野 二〇〇四、二〇〇七を参照のこと）。

モンゴル（青海の一部を含む）……モンゴル人が満洲人皇帝を「騎馬民族共通の大ハーン」と認め、軍事的な同盟者として従った。その代わりに皇帝は、騎馬民族共通の信仰であるチベット仏教を手厚く保護し、モンゴル人の信仰心を満たす一方、所領（盟・旗）を与えて管理した。とりわけ一八世紀半ばまでは、別の騎馬民族国家ジュンガルがモンゴル高原西部から天山山脈にかけて台頭し、チベット仏教の保護者＝草原世界の大ハーンを目指すべく清への対決姿勢を見せたため、清がモンゴルをつなぎ止めるためにも、仏教保護とモンゴルへの優遇・管理は不可欠の国策となった。清とジュンガルの関係は純然たるゼロサムのパワーゲームであり、「華」の論理が入る余地はない。こうして清の最盛期には、対ジュンガル戦争勝利のために多くのエネルギーが振り向けられた。

チベット……騎馬民族共通の信仰であるチベット仏教の中心として優遇され、満洲人皇帝は仏教の振興にいそしむ「転輪聖王（仏教王の最高形態）」というイメージを守り、この結果チベット人の支持を得た。一方、チベットに大きな混乱が起こることは、皇帝権力に対するモンゴル人の信頼を損ね、モンゴルの支持がジュンガルに向かうことにつながる。このため清は一七二〇年、チベットの都ラサに派兵し、ダライ・ラマ政権（今日のチベット自治区にあたる範囲）を正式に版図に組み込むことで、ジュンガルの介入可能性を封じた。さらに一七九二年、乾隆帝は「御製喇嘛説」（ラマに説いて聞かせる書）を発し、活仏（衆生を救うために繰り返し肉体を借りて生まれ変わる菩薩的存在）選びにおける不正・腐敗を封じるため、黄金の壺を用いたくじ引きを求めるなど、仏教内部の乱れを正すための介入を行った（乾隆帝　一九八八[9]）。

新疆……もともとこの地は、ペルシャ語圏を通じてイスラーム文化を採り入れたトルコ人が住む「トルキスタン」の東半分であったものの、仏教国家ジュンガルの台頭によりトルコ人は抑圧されていた。一八世紀半ばに乾隆帝がジュンガルを滅ぼすと、その支配地は「新疆（新しい土地）」と命名され、イスラーム文化の維持が認められた。そこでトルコ人も、異教徒の支配を嫌ってヒジュラ(聖遷)することはせず、清の支配に従った(濱田 一九九三)。

このように、清が藩部を支配したのは、騎馬民族の連帯に必要な精神的紐帯であるチベット仏教を保護するという文脈と表裏一体であった。清は機械的に華夷思想的な「天下」秩序を踏襲したのではなく、あくまで個別の実情・論理に照らして広域支配をつくりあげた。それは言わば、個別の文化的集団が並置され、それらと「扇の要」たる皇帝が一対一で結びつくというモデルであった。

したがって、清という帝国の性格について、それが中華民国・中華人民共和国も継承する広大な版図を形成し、「中国史」上まれに見る繁栄を現出させたことをもって「中華帝国」とみるのは不適切である。あくまで同君連合的なものとみる必要があろう。とはいえ清は、「華」(中華十八省)との関係ならびに朝貢国との関係については、儒学的な「天子」が号令するという観念を継承し、その通りに振る舞っていたことも確かである。

筆者のみるところ、このような秩序の重層性こそ、清という帝国の成功の鍵であった。しかしそれは同時に、清の主権を継承したと称する近現代中国が民族問題の混迷に陥る原因でもあった。

とりあえず満洲人皇帝が、様々な主従関係の頂点にいる立場を自覚し、八旗の軍人と科挙官僚という全く性格を異にする集団を適切に使いこなし、それぞれの「教」がはらむ他者への優越意識(華夷思想・儒学思想のみならず、チベット仏教にもイスラームにもある)を抑制するならば、個別の論理の肥大化による他者への圧迫を避けることができた。しかし、このような中立的立場を保持し得たのは、つまるところ満洲人皇帝と彼を取りまくごく少数の満洲・モンゴル貴族のみであった。一見すると満洲人の支配を受け容れていたかに見えた「華」の漢人官僚・士大夫にしても、彼らはあくまで「華」の優越を信じ、何らかの契機さえあれば「夷」を否定しようと考えていた。彼らが何らかのかたちで民族差別的発言を行えば、清は強権をもって弾圧し(文字の獄)、他者への尊厳を通じた緩やかな対話と共存が実現する可能性は少なかった。

ゆえに、満洲人皇帝のもとで実現した広域支配と平和は、管理された「多様性」と「共存」のあらわれに過ぎず、リベラルな価値とは対極のものである。そして、個別の支配の論理を尊重するという意味での「公正」な立場が様々な原因で失われて行くと、たちまち個別の「教」の論理が一人歩きを始め、他者に対して抑圧的な性格を見せるようになる。その過程が実際、一九世紀以後の清を見舞った内憂外患の中で止めどなく進んだことで、矛盾の集合体としての近現代中国が形成されるとともに、「東アジア」国際関係の緊張も生み出された。

四　清の変質と「辺疆の喪失」

それでは、一九世紀の清を取りまく危機とはどのようなものであったのか。

結論からいえば、それは清が営む「天下」の構造と近代国際関係がかみ合わなかったことに尽きる。とりわけ、二つの秩序の不調和を近代外交の立場で打破しようとした日本[10]によって、「天下の主」の立場は最終的に失われた。それでもなお、残された版図(中華十八省＋東北三省＋藩部)を国家主権の名において維持しようとする過程では、清も帝国主義外交全盛期の西洋や日本と同じような論理を「成功モデル」として身につけた。その結果、「内なる他者」としてのモンゴル・チベット・トルコ系ムスリムに対して「列強への抵抗」「富強」の名において圧迫を加え、それに対する反発が激しく噴出した。それは、伝統的な秩序の存立基盤と、近代国民国家としての統合のいずれもが瓦解する過程であった。

(1) 秩序の不共有

中国ナショナリズムの立場によると、中国の民族問題の発生は、帝国主義列強の外圧が内陸部にも及んで人々を圧迫し搾取したためであり、その打破のために全国各族人民はともに協力したととらえる(国家民族事務委員会 二〇〇二、三一頁)。果たしてその通りなのか。

前近代以来、他者どうしを互いに結びつけ合う秩序や規範が存在していたのであれば、近代においても個別の国家やエスニック・グループを超えた連帯の枠組みが創出・再生産されうる。イスラーム主義が近代的に機能したことはその典型であろう。「華」を軸にした相互依存が機能していたのであれば、「天下」を共有する人々がこぞって立ち上がり、西洋に対して伝統的な秩序を防衛し、起死回生的に改良してゆくことになる。

しかし「東アジア」の歴史においては、そのような歴史的過程は起こらなかった。むしろ「東アジア」に近代国際関係が及んで来るほどに、域内各国の摩擦が過熱する傾向にあり、今日ではある意味でその極限状態に達しているのではないか。しかも、日本は率先して近代的な国際関係を受容し、「天下」の秩序を全力で否定したのみならず、植民地化を経て独立した朝鮮半島やベトナムなども「天下」の秩序に戻る気配はない。

勿論、歴史的にはアジア主義という現象が存在し、白色人種に対する黄色人種の連帯や、西洋的ではない多文化複合的な人文社会環境を踏まえた連帯が唱えられた。とはいえこれは、近代西洋という巨大な他者に対する《抵抗》や《超克》を前提としてのことであり、「アジアの連帯・協調のリーダーシップを誰がとって西洋に対峙するのか」を論じ始めた瞬間から、伝統的に抜きがたく存在する他者への優越意識なり自国中心の思想が刺激されたのではなかったか。過去の日本が進めた大東亜共栄圏構想とアジア主義の関係を否定することはできない(11)。今日の中国外交が主張する「アジア人によるアジア人のためのアジア」論も、欧米(及びその同盟者とみなす日本)の影響力をアジアから排除したうえで、中国を中心とした秩序を構成しようとするものであろう。

何故このようになったのか。華夷思想、ならびにその影響を直接受けたナショナリズムにおいては、自らの「中心性・優越性」を他者がどのように受け取るかをめぐる熟慮が原理的に存在せず、あるいは希薄だからではないか。

そもそも「華」の帝国は、自らの文明や生産力に比肩しうる他者が存在しないという、実証しがたい優越感と一体である。しかも朝貢国の存在は、自らの「正しさ」を内向きに実証していた。

とはいえ、朝貢する国は往々にして、漢字と儒学を中核とした文明の価値を何とも思わない国の方が圧倒的多数であり、「華」が「恩恵」として与える利益をそれぞれ固有の論理で享受することを狙っていた。いっぽう、そもそも漢字や儒学のような優れた存在は「中州清淑の区」すなわち「中原」の専有物であって、他者には理解されなくても良いとする知識人(例えば清代中期の趙翼)もいた(趙 一九九二、一七二二頁)。これだけでも、「華」の価値観念は真の共存の論理たりえない。

しかも、「華」が優越と差別の論理である結果、「華」と自国の現実を比較して、自らの方がより「華」にふさわしいと考え、中国文明を格下にみる動きも起こった。日本国学や水戸学はその典型であろう。朝鮮も、満洲人に強いられた朝貢の陰で、自らこそ明に代わって儒学の本流を伝える「小中華」であると自負し、朝貢儀礼や朝鮮通信使といった対外的な場面でなければ、清や日本を格下に扱い差別していた。朝鮮の対清朝貢は、軍事力で強いられながらも朝鮮なりに「礼儀の国」であることを実証しようとしたに過ぎないものであり、「華」の側と価値観を共有していたわけではない。今日の東南アジア等の朝貢国も、仏教やイスラーム、あるいは北の大国に対峙する南の自国(ベトナム)の方が尊いと考えていた。藩部のモンゴル・チベット・トルコ人も、「中華」の価値に何らの重きを置かず、彼ら固有の論理に基づいて満洲人皇帝に従ったに過ぎない。

(2) 内陸アジア国家から東アジア国家へ

したがって、清の弱体化がそのまま秩序の解体へとつながったのは、「天下」の秩序の中に多様な人々を協力へと仕向ける「魅力」なり求心力があり、それが外力によって解体させられたためではない。皇帝と個別の朝貢国・藩部をつなぐ要因が徐々に崩れ、そこに外圧が追い打ちをかけたと考えるべきである。

その具体的な動きは、清という帝国の社会経済的な変質と連動している。

清は一八世紀、康熙・雍正・乾隆と三代続いた「名君」のもと、空前の規模の版図を形成し、「盛世」と呼ばれる経済的繁栄を実現した。しかし、成功それ自体の中に斜陽へ向かう要因が複数あらわれ、互いに重層しあっていた。まず、繁栄に伴う人口の急増は湖北・湖南以西の山岳地帯の開墾を促したものの、山林伐採と乱開発は洪水と地力減退を引き起こし、天変地異に対し脆弱になった。そこで一八世紀末以後、窮乏ゆえに白蓮教などメシア信仰と結びついた農民反乱が頻発し、税収不足と軍事費増が清を圧迫した。

いっぽう満洲人やモンゴル人の故地では、「満洲人の平和」の中で軍事行動からは遠ざかった満洲・モンゴル人の王公が、自らの所領を担保に漢人商人から借金を重ねて贅沢に走り、やがて所領に対する権限を失っていった。そこで漢人商人が土地の経営権を手に入れると、生活に困窮した華北の農民を招き入れ、草原が虫食い状に開墾された。しかも、粗放な農法のため土地の塩化が急速に進み、耕作放棄地から虫食い状に砂漠化が始まった。清は当初(特に乾隆帝の時代)、「騎馬民族は漢人よりも質朴で、武勇に秀でているからこそ天命が下った」という雍正帝のイデオロギーを死守するためにも、騎馬民族の文化的純潔にこだわり(「国語・騎射」問題と呼ばれる[12])、万里長城を越えた漢人農民の北上と満洲・モンゴル人の「漢化」を厳禁しようとした。それにもかかわらず「武勇と実力の集団」たる八旗の弱体化は進み、一八五〇年代の太平天国の乱における敗北続きが八旗の存在感低下に追い打ちをかけた。

そこで台頭したのが漢人士大夫である。清の北京入城・漢人支配開始から最盛期に至るまで、華夷思想に基づく士大夫の排満論は厳しい弾圧に晒された。いっぽう清は漢人支配の手法として儒学と科挙を温存したため、社会的集団としての士大夫は引き続き大きな存在感を持ち続け、やがて一九世紀半ばの混乱の時代になると独自の主張を始めた。それはすなわち、儒学者の実用理性に基づいて満洲人皇帝の事績を再解釈し、その成果を維持するために儒学者が藩部に関与し改造して行くという発想である。例えば魏源『聖武記』(魏 一九六六)は、満洲人皇帝が獲得した版図の広がりについて、歴史上の如何なる王朝と比べても巨大であり、しかも漢人社会を常に悩ませてきた騎馬民族との争いも「満洲人の平和」のもとで終息したことから、今や農民反乱が相次ぐ混沌の時代にあって、満洲人皇帝たちが残した巨大な版図を神聖なものとして捉えなおし賛美することによって、翻って儒学者自身の実践の鑑としなければならないとした。

このように、儒学者からみた満洲人皇帝ならびに清のイメージについて、版図・領域そのもの、及びその維持拡大のためになされた戦争の意義が強調されはじめた。その結果皮肉なことに、皇帝と個別地域・集団のあいだでどのような関係が作用しているのかを問う意識は薄れ始めた。既に一八四〇年代には、戦乱であぶれて貧困な漢人農民を新疆などに送り込んで屯田兵とすることで、既存の腐敗した漢人社会とは切り離された新たな儒学的理想郷をつくることが喧伝され、漢人社会の思惑に基づいて「神聖な版図」を利用する発想があらわれていた（屯田論〔魏　一九九二、一九六二頁、及び龔　一九九二、一九九三頁〕。但し当時は予算不足で実現しなかった）。さらに一八五〇年代から六〇年代半ばにかけて、キリスト教の影響を受けた農民反乱である太平天国の乱を鎮圧するため、地方士大夫の自発的な軍事力が台頭して以来、政界全体で漢人の影響力が大きくなりはじめた。

この結果、清という帝国が満洲人皇帝と個別の集団との関係の束であり、その中心にいる皇帝権力が絶妙なバランス感覚で統治するという前提が薄れ、「神聖不可分」な版図・領域を漢人エリートの発想で運営するという、一九世紀末以後今日に至るまでの基本的な構図が立ち現れた。これはすなわち清が、内陸アジア騎馬民族の実力やリアリズムに則って運営される「内陸アジアの帝国」から、漢字と儒学を中心とした「東アジアの帝国」へと変質していったことを意味する。

（3）「辺疆の危機」と「主権」概念への適応

清自身と藩部の人々にとっての不運は、このような政治エリートレベルでの変化が、当時の近代国際関係や西洋的近代化の急拡大による安全保障上の危機と完全に軌を一にしていたことである。

この変化を促したのは何と言っても、清に対して近代外交の論理を受け容れさせ、かつ清の「天下」への利害関心を拡大させた欧州列強や日本の側であり、このような動きは従来、清にとっての「辺疆の危機」と呼ばれてきた。しかし、筆者のみるところ本当の危機は、版図・領域の危機に対処しようとするあまり、藩部や朝貢国との関係を一方的に変えていった清のエリートによって引き起こされた。清という帝国は、対話なきまま急速に解体に向かい、その後今日に至るまで、「神聖不可分な主権の保持」が常に揺らぎ続けることになる。

「辺疆の危機」が起こった原因は、地域ごとの事情をうけて複数あるが、内陸に関しては、インド支配を固めた英国と、現在の中央アジア諸国を保護下に組み入れたロシアとの、ユーラシア全体に跨る角逐である「グレート・ゲーム」の影響が新疆に及んだことが特に重要である。新疆では、ジュンガルの復活を防ぐために八旗の軍事力が遠路大量に送り込まれ、主要都市に駐屯していたものの、やがて一八世紀末以後農民反乱の連続で清の財政が揺らぐと、新疆駐屯軍が補給を受けられなくなり、トルコ人からの搾取に依存するようになった。その結果新疆では、一八二〇年代と一八六〇年代に大規模な反乱が発生し、とりわけ後者の結果清の支配は崩壊、ヤークーブ・ベグ王国が成立した。そこで英露両国は、ヤークーブ・ベグ王国が中立を保つことを望んで同国を承認したものの、いっぽうでは新疆の不安定化により英露の勢力圏が変動することを互いに懸念し、清が新疆を確保することで緩衝地帯としての性格が保たれることを望んでいた。そこでロシアはいち早く均衡を破り、新疆北部の伊犁地方について、「清の新疆支配が回復されるまで保障占領する」と称して軍事侵攻した。この主張は、清の漢人官僚・左宗棠による一八七七年の新疆回復を機に大義名分を失い、最終的に一八八一年のペテルブルグ条約によって伊犁地方のほとんどの土地が清に返還された。一連の経緯に強い危機感を抱いた清は、一八八四年に新疆省を設置して直轄支配に移行することになるが、それは同時に漢人科挙官僚を中心とする「華」の一方的な支配がトルコ人に及ぶようになったことを示している。こうして、新疆における「辺疆の危機」の中身は、英露両国との対峙以上に、清の国家統合手法の変更に伴う内部対立へと変容して行くことになる。

いっぽう、伝統的秩序と近代国際関係との矛盾は、全く反対側の東シナ海を取りまく海域において進行した。いち早く主権国家へと変容して対等な近代外交を進めようとしていた日本と、「天朝」が営む朝貢関係と西洋・日本との対等な外交は両立可能であるとする清の立場の衝突である。

日本としては、単に清と対等な外交関係を樹立するのみならず、従来清に朝貢していた朝鮮とも近代的な外交関係を樹立しようとした。それは、日朝関係において清が関与する可能性ならびに、清を中心とした朝貢関係が日本の周辺で持続し続けること自体を否定し、国際関係を主権国家間の関係のみに整理することで、日本の生き残りを図るとともに影響力を拡大するためである⑬。

また、琉球王国が清に朝貢しつつも薩摩藩の影響下にあったという「日清両属」であったことも、近代的な国家主権との整合性がとれないことから、琉球の朝貢を否定して日本の国家主権のもとに組み込んだ(一八七九年の琉球処分)。日本はこれに先立ち、宮古島民が台湾東海岸で原住民に虐殺された事件について、清が「化外につき関知しない」という立場をとったことから、日本政府が宮古島民に代わって討伐するという台湾出兵(一八七四年)を実施し、清は出兵費用を払って日本を撤退させた。このことは近代国際法上、琉球の属領であった宮古への日本の国家主権を清が認めた行為であると解釈できる。そこで日本は、清が全く意図せずして示した「琉球＝日本」認識をも根拠として、琉球を正式に沖縄県とした。

清は新疆と琉球をめぐって起こった事態、そして朝貢国ベトナムがフランスの保護国とされたことをきっかけに、従来の朝貢国・藩部に対する態度を大幅に変更していった。従来清は、「華」に君臨する皇帝と朝貢国王とのあいだで上下関係が確認され、朝貢儀礼が適切に履行されさえすれば、朝貢国における内政ならびに第三国との関係については基本的に関与しなかった。したがって朝貢国は、清(あるいは明以前の諸帝国)に対し、儀礼上はさておき実質的には独立・自主でもあった。これを歴史用語で「属国自主」という。このような状況を近代国際法からみれば、ある政府が外部の何者からも干渉されずに一定の領域とその中の人民を支配していることを意味する。したがって、朝貢国もまた主権国家ということになる。日本はこの点に着目して朝鮮を独立国として扱い、清と朝鮮の朝貢関係を否定した。

そこで窮した清廷は一八八〇年代に入ると、伝統的な朝貢関係を近代国際法に則って再解釈し、「属国」は主権を擁する「自主」ではなく、宗主国の方針に従う付庸国であると位置づけ始め、事あるごとに朝鮮の内政と外交に対し干渉するようになった。この結果朝鮮のエリートは、清に反発して日本と同様の独立と急進的な近代化を模索する「独立党」と、清に従いつつ漸進的な近代化を模索する「事大党」に分裂し、両者の背後にいる日本と清が激しく対立し合う構図が形成された。その最終的な破局こそ、朝鮮の独立を最大の争点とした一八九四年の日清戦争に外ならない。

朝貢国は「属国自主」であるからこそ、日本によって「自主」に力点が置かれ、次第に清の影響下から切り離されて行くという展開は、清の外交当局者にとって深刻このうえないものであった。何故なら、藩部についてもそれぞれの固有の社会があり、科挙官僚が統治する「中華十八省」とは全く異なるのみならず、漢文において「華」以外の存在は全て「夷」「外国・外藩」と呼んできたことから、列強は藩部独自の政治社会的枠組みに着目して、朝貢国と同じく清から分離しかねなかったからである。そこで、清の近代外交初期を担い、新疆問題をめぐるロシアとの交渉の最前線にも立った外交官・曾紀沢は、藩部については朝貢国以上に皇帝権力と緊密であり、北京の理藩院が管理していることから、「自主」たりうる朝貢国とは全く異なり、清の国家主権の対象であることを国際社会に明示しなければならないと強調した（曾　一九九三、一〇六七頁）。

しかもちょうどこの頃、英領インドとチベットの関係悪化が、転じてチベットと清の関係悪化につながるという状況が重なった。英国はアヘン戦争・南京条約以来拡充の一途にあった対清貿易について、海路経由のみならずチベット・雲南ルートの開拓に全力を注ぐようになり、その結果まずブータンなどで激しい戦闘が発生した。そこでチベット人は「仏教の危機」を感じ、チベット入りしようとする英国人の排除を北京に要請するようになった。しかし清廷は、条約港を介した英国など諸列強との取引、さらには西洋近代文明の漸進的な摂取を通じて、英国を単なる脅威とは見なさなくなりつつあった。むしろ清廷のみるところ、通商を第一義に考える英国は、朝鮮・琉球や新疆の危機をもたらす日本・ロシアなどと比べても好ましく、英国とチベットの主張を比較すれば、通商の利を追求する前者こそ道理にかなっていることから、逆に仏教の保持に固執するチベットは急速に否定的存在となっていった（総理各国事務衙門　一九九四、六三四頁）。

こうして清との関係が悪化したチベットは、ロシア領ブリヤート・モンゴル出身の僧ドルジエフを仲介役としてロシアに依存しはじめ、英領インドはロシアがインドの目前に迫ってくる可能性に恐怖を感じた。そもそも英国は、清がチベットに対して宗主権に相当する影響力を行使していると考え、そのような清の影響力に期待してチベット通商の門戸を開こうとしていた。ところが、チベットの対露依存、そして清とチベットの意思疎通不全という局面に至り、いよいよ宗主権の存在自体が疑わしく、チベットは事実上の独立に近い状態であると見なすようになった[14]。そこで、英国と「独立」チベットが直接交渉するためと称して、一九〇三年には軍をチベットに送ることとすらした（ヤングハズバンドの遠征）。しかもこのとき、北京からラサに送り込まれていた駐蔵大臣（チベットに駐在し監督する大臣）有泰は、遠路遠征した英国兵をねぎらい、彼らの要求を聞き入れ、チベットを一方的に責めるという失態まで犯していた。

五　日本経由の近代化と「国民国家・中国」

このように、清が伝統秩序と近代国際関係の両立不可能性のあいだで迷走を続け、ついには日清戦争によって朝貢国を失い、伝統秩序の破綻を目の当たりにした以上、最後に残された乾隆帝以来の「神聖な版図」が列強の勢力圏争いによる「瓜分」に直面して完全に分裂するのを避けるため、版図を国家主権の名における領域として完全に固めなおす必要に迫られた。しかも同じ時期、自らを敗北に追いやった日本は日露戦争にも勝利し、「近代化と立憲政治を実現した国家こそ生き残り、西洋に比肩しうる存在へと脱皮しうる」という評価がアジア全体に広まった。さらに、欧米へと渡っていた華僑が低廉な労働力として現地の白人と競合し、黄禍論の槍玉に挙げられる中、社会進化論における「優勝劣敗」の論理も翻訳（厳復『天演論』）を通じて急速に影響力を拡大し、今や黄色人種と白色人種の淘汰をかけた闘いが展開されているという観念が一般化した。この結果、清末の近代化論者と日本のアジア主義的動向が結びつくようになり、清と日本が漢字を共有する「同文同種」として連帯すべきで、当面は清が日本の経験を学ぶ、といった思想的連関が出来上がった。

そこで清は、全面的近代化・立憲君主制への移行を目指す「新政」を始める中で、満洲人・漢人だけではなくチベット人・モンゴル人・トルコ系ムスリムについても、速やかに伝統社会・文化と手を切り、漢人（及び漢化した満洲人）エリートが日本経由の知識によって身につけた近代化と「富強」の意義を学ぶよう強要するようになった。そしてこの時期を境として、新たに形成されるべき国民国家の名称として、《中国》が前面に掲げられるようになった。

ここできわめて大きな役割を果したのは、一八九八年の「戊戌政変」（急速な近代化の試みが保守派のクーデタにより約一〇〇日で潰えた）に敗れて日本に亡命して以来、日本語訳された膨大な西洋思想を漢語訳し、近代中国ナショナリズムの最大の立役者となった梁啓超である。梁の議論によると、これまでの中国文明は世界に冠たる圧倒的な文明であり、皇帝の支配も現実の版図であるか否かに関係なく、朝貢関係を通じて無限に広がる「天下」の秩序であった(この点は先述の通り)。しかも政治は皇帝・八旗・科挙官僚任せで、一般の人々は血縁(宗族結合)、地縁など狭い範囲への帰属感しかなかった。このため、そもそも人々は漠然とした「天下」を知るのみで、一定の国家の範囲に対して愛と責任を感じることは原理的になく、それが西洋や日本に対する敗北をきたした。そこで今こそ、清に残された版図を明確な領域と位置づけて国民を形成し、その国号と歴史については、これまで文明の名称であった《中国》の名において愛を注ぐべきであるという(梁 一九六〇b)。

しかし繰り返しになるが、清の版図の約六割の土地に住むチベット・モンゴル・トルコ系ムスリム・満洲人は「華」への思慕から皇帝に従っているわけではなく、彼らは漢字を知らない以上「中国」「中華」の意味を理解しようがない[15]。したがって、清の版図を近代国家として生まれ変わらせる際に、「中国」「中華」を国号として用いるという合意を形成しないまま、単に中国ナショナリストの立場から「清の版図は欧米との近代外交においてChinaと呼ばれ、それを中国とする」という説明を一方的にするのであれば、手続き上きわめて大きな問題を孕む。

こうして清は、皇帝との個別の関係の束である同君連合から、特定の思想・価値の優越に重きを置く国民国家へと変質し、対内的に新たな「勝者」となった「華」の立場が他の関係の論理を崩すようになった。確かに、朝貢国を従えた「天下」「中華帝国」としての清は、日清戦争を最後に立場を失った。しかし内陸アジアの藩部との関係では、まさに一九世紀後半から二〇世紀初頭の清末にかけて、清は東アジアに基盤を置く近代的な中華帝国(どれほど中国が否定しようとも、中国ナショナリズムの原風景において帝国主義国家と共通の思想的要素があったことは否定できない。そこで、ここからはカギ括弧を外す)として立ち現れ始めた。

元々内陸アジアの藩部・非漢字民族は「中華」の観念も儒学も漢字文化も共有しないうえに、清の統治構造そのものも「華」が「夷」を包摂するものではなく、皇帝のもとで「華」と藩部は同格であった。したがって藩部の側としては、そもそも近代化の名の下で「華」が包摂を図ってくるのを受け容れる必要はないし、その過程が上からの強圧的なものであるほど、それまでの満洲人皇帝による「公正」な支配と比較して抵抗せざるを得ない。

六　民族問題にみる価値一元的「東アジア」の限界

この図式は、一九一一年の辛亥革命を境に中華民国・中華人民共和国という共和制国家に移行したのちも、基本的には全く同じである。

既に一八八四年の時点でいち早く省制が施行された新疆では、北京の直轄管理のもとで漸進的な漢語教育・儒学教育が始まっていたものの、当時は日清戦争の前であり、清の側には切迫感が薄く、その浸透度は緩慢であった。しかし民国期以後、漢人軍閥の跋扈に対する不満が強まる中、ジャディード運動（ムスリム改革派運動）やソ連草創期のムスリム共産主義思想などの流入を経て、一九三〇―四〇年代には「東トルキスタン」の名の下で独立を志向する運動が高揚した。この動きは、中国共産党による新疆制圧や、人民共和国の開国式典に招待された民族主義者の墜落死によって下火となり、最終的には一九五七年以後の中国全体に吹き荒れた反右派闘争における「新疆地方民族主義批判」によって押さえ込まれた。とはいえ、新疆生産建設兵団という巨大屯田兵組織を中心として、外来の漢人が「中国全体の発展・建設」の大義名分のもと、新疆の天然資源など経済的利益を優先的に享受する状況が生まれ、その利権からはウイグルなどトルコ系ムスリムが排除されたことで、今日における民族問題の激化の構図が形成された。

いっぽうチベット・モンゴルの近現代史は、北京からの距離的遠近によって状況が異なる。北京から遠いダライ・ラマ政権（今日のチベット自治区）及び北モンゴル（今日のモンゴル国）では、いち早く清末新政に対する反発が起こり、清軍との戦闘ならびに清の崩壊を経て一九一二年に事実上独立した。しかし、両者の後ろ盾になった英国・ロシアは、近代中国との関係にも配慮するため両地域を独立国として扱うことはせず、結局両地域の国際的な位置づけは曖昧なままであった。

北モンゴルは、北京政府との対立やロシア革命に伴うシベリアの混乱の影響を経て、最終的には独立に成功したものの、一九九一年のソ連崩壊までは事実上ソ連・コメコン体制に従属を強いられるという苦難を経た。いっぽうダライ・ラマ政権のチベットは、民国の抗日が英国からの支援なしでは行い得ないことを逆手に取った英国が、蔣介石のチベット関与可能性を排除し続けたこともあって、それなりに「自立した国家運営」を続けて来た。しかし一九四七年のインド独立で、チベットは英国という後ろ盾を失ったのみならず、朝鮮戦争の勃発で世界中の注目が朝鮮半島に集まると、チベットは巨大な地政学的空白となり、そこに着目した毛沢東が約一〇万の人民解放軍を進撃させた。その結果ダライ・ラマ政権は、一九五一年に「チベットを帝国主義から解放する」と称する「一七条協定」を結ばされ、中華人民共和国への服従を強いられた。

このことは、中国とインドが帝国主義の圧迫から解放された代わりに、中国ナショナリズムの圧迫から逃れようとしていた別の事実上の国家が独立を失ったという逆説を意味する。

いっぽう、チベット・モンゴルと近現代中国との関係を考えるうえでは、最初から「独立」を目指した地域もさることながら、表向き中華民国に従った東チベット（甘粛・青海・四川などのチベット高原）や南モンゴル（内モンゴル）の状況が一層深刻である。彼らは当初、北京との関係の深さなどから独立を志向しなかったものの、民国期の軍閥割拠への反発から自立を志向し、あるいは東部モンゴルのように満洲国に組み込まれ、日本的な近代化の影響を強く受けたことで、中国ナショナリズムから次第に距離を置くようになったからである。(16)

これらの地域に共産党の権力が及んだ当初、長年来の国民党関係者は台湾逃亡や処刑などの憂き目に遭った。しかし総じて、共産党が軍閥の横暴を取り払い、北京を中心とした中央集権下ながらも言語・文化的な特殊性にも配慮した政策運用を可能にする「民族区域自治」を設定し、性急な社会改造をせず貧困解消に重点を置いたため、当初は共産党の支配が受け容れられる傾向にあった。

しかし、そのような「順調な支配」は逆に、党中央自身がこれらの地域の統治について緊張感を欠くことにつながり、実際一九五〇年代半ばに人民公社化が漢人地域で進むと、東チベットや南モンゴルでも強引な社会改造が始まった。これに対してチベット人は、牧畜に集団化は馴染まないこと（厳しい気候での放牧は個人の技術に依存する）、そして給与の安さが信仰生活を配慮していない等の理由で全面的に反発し、やがて人民解放軍と内戦状態に陥った。その影響がやがてチベット政府＝ダライ・ラマ政権にも飛び火し、混乱の中でダライ・ラマ一四世がインドに亡命した結果、チベット亡命政府が成立するに至った。また南モンゴルでも、漢人中心の社会と、日本人に教育されたエリートを多数擁するモンゴル人社会との軋轢が高まる中、中ソ冷戦と文化大革命の極限の緊張とともにモンゴル人エリートが大弾圧される「内蒙古人民革命党事件」が発生した。

こうしてモンゴル・チベットは、漢人主導の近代化、とりわけ毛沢東の政治のもとで大打撃を被った。しかし八〇年代に入ると、毛沢東時代の宿弊の排除につとめた胡耀邦政権が「チベット工作会議」を開催し、穏健な少数民族政策を推進した結果、チベット・モンゴルはもとより、新疆など多くの少数民族地域が文化的復興と経済発展の機会を得られた。しかし一九九〇年代後半以後は「西部大開発」のかけ声のもと、漢人や資本が大量に流入するようになると、単にチベット・モンゴル・ウイグルは政治的な主体性を奪われているのみならず、言語面でも漢語中心の社会への適応を強いられ（教育面でも漢語中心のカリキュラムへ移行している）、さらには砂漠化対策の「生態移民」によって伝統的な牧畜業が危機に直面するようになった。

二〇〇八年の北京オリンピック聖火リレーを巻き込んだチベット独立運動、二〇〇九年の新疆ウルムチでの衝突事件、そして各地で頻発するウイグル人によるといわれる無差別殺傷事件は、清の領域が漢人中心の近代国家に変貌しきれないことに伴う矛盾のあらわれである。それは同時に、中国という国家及びその歴史を「華」としてのみとらえることの不適切さ、及び「東アジア」的な論理（華夷思想、ならびに日本経由の近代のうち価値一元的な側面やナショナリズムの語り方）がアジアに幸せをもたらすものではないことを意味している。

注

（1）最も代表的なものとして公 二〇一四があり、共産党の官製メディアにて説かれる「中国夢」論は総じて公茂虹氏の議論が根拠となっているようである。

（2）中国共産党中央辦公庁「関於培育和践行社会主義核心価値観的意見」『新華網』二〇一三年一二月二三日。http://news.xinhuanet.com/politics/2013-12/23/c_118674689.htm

（3）『日本経済新聞』二〇一五年六月二三日、閻学通氏へのインタビュー（「米中、きょうから戦略・経済対話：海洋・投資——摩擦は必然」）。

（4）本節の説明について、より詳細な内容は平野 二〇一四、第一章を参照のこと。黄河文明と「中華」「華夏」概念の発生については平勢隆郎氏、そしてそれが世界観・朝貢秩序として拡大して行く過程については濱下武志氏をはじめ多くの研究があるが、両氏が編者となった簡明な概説が『中国の歴史——東アジアの周縁から考える』（平勢、濱下編 二〇一五）として刊行された。また、茂木敏夫氏が華夷秩序について多くの論考を重ねている。特に、前近代の朝貢関係を説明する概念であった華夷秩序論が、ここ一〇—二〇年来中国側の体制的な言説として取り入れられ、歴史上あたかもそのような秩序が国際関係で所与のものとして機能したかのように論じられる傾向に対して警鐘を鳴らしている（茂木 二〇一四）。

（5）本論では「中華帝国」という表現に言及する際、原則としてカギ括弧つきとする。何故なら、この帝国の本質は「天下」すなわち世界全体を包摂しようとすることにあり、他に並び立つ帝国の存在を前提としていないためである。したがって、それぞれの帝国は「天下の主」としての自画像に満足し、個別の王朝名または「天朝」と称した。近代になり世界史の観念が一般化する中、他国と並び立つ存在であることを自覚せざるを得なくなったときに「中国」「中華」ははじめて主権国家を指す固有名詞として採用されるようになる（梁 一九六〇bを参照）。ただ厳密に言えば、歴史上正式に中華帝国を名乗った期間がごく僅かながらも存在した。民国期の初期に強権を振るった袁世凱は晩年「帝政運動」を起こし、国号を中華帝国と改めた。しかし袁世凱による上からの運動は、共和制こそ理想であるという考えが既に一般化していた当時の情勢から浮き上がって失敗し、国号ももとの中華民国に復した。

(6) 公式見解によると、「親」は中国が周辺国を思いやることで支持を獲得すること、「誠」は中国が誠心誠意を見せることで周辺国からの尊重を勝ち取ること、「恵」は協力関係を通じて中国の発展の恩恵が周辺国にも及ぶこと、「容」は中国が大きく胸襟を開いて周辺国の期待に応え共に繁栄することであるという。「中国特色周辺外交的四字箴言：親、誠、恵、容」『新華網』二〇一三年一一月八日。http://news.xinhuanet.com/world/2013-11/08/c_118063342.htm

(7) 内藤湖南「支那論」をはじめ、内陸アジア世界の独自の展開に着目する議論では、「中華」王朝の歴史的に一貫した特徴ではなく、内陸アジアとの関係における各王朝それぞれの独自性が強調されてきた（内藤　一九七二、三三二―三三八頁）。

(8) 近代国家主権に即した厳格な領域を指すわけではないが、少なくとも皇帝権力が外部勢力を排して強い影響力を行使しうる範囲を意味する。

(9) なお、中華民国・中華人民共和国は、清から国家主権を継承したという立場から、「乾隆帝が定めた活仏選定手続きを主宰する権利を引きつづき中央政府が有する」という立場である。これに対し、チベット仏教が乾隆帝の制定による手続きを受け容れるかどうかは、乾隆帝または権力者を仏教の保護者と認めるか否かによる。このため、近現代になって中国とチベット仏教の関係が悪化すると、活仏選びを主宰する権限が仏教教団にあるのか、それとも「中国中央政権」にあるのかという問題自体が、民族・宗教問題の一大要因に転化している。

(10) 「天下」の秩序を明確に否定しようとする明治日本の立場を示した議論として、例えば陸奥　一九八三ならびに福沢　一九三一がある。

(11) 例えば、インドやイスラーム諸国が見舞われた困難から、西洋に対するアジアの団結を説きながらも、その中心に日本を据え、やがて軍人中心の急進的かつ過激な運動と結びついていった人物として、大川周明を挙げうる（大川　一九九三を参照）。

(12) 『大清十朝聖訓・高宗純皇帝』（文海出版社、中華民国六五年）のうち「聖学」の部分は、国語・騎射問題に多くの内容が割かれている。また『大清十朝聖訓・仁宗睿皇帝（嘉慶帝）』（文海出版社、中華民国六五年）でも、次代の嘉慶帝も父祖の栄光の再現にこだわり、騎馬兵力の軍事訓練を行う予算が不足し巻き狩り場が荒廃する事態とともに「満洲らしさ」を喪失することに必死に抵抗しようとしたことが窺える。

(13) 陸奥　一九八三のうち、特に第五章「朝鮮の改革と清韓宗属との問題に関する概説」参照。

(14) F. O. 228-2562 No. 1 India Office to Foreign Office (1903. 2. 26), Inclosure in No. 1 Government of India to Load G. Hamilton, Jan. 8. 1903.

(15) 近現代史において正確に翻訳する試みもあったが、長く複雑な表現となりすぎるため諦めたという経緯があり、今日では単に「ヒャタド(契丹に由来するモンゴル語。ロシア語のキタイと同じ)」または「チュンゴ(中国 Zhongguo の近似音。チベット・ウイグル語)」である。

(16) 当時のモンゴル・チベット人エリートの中国に対する認識として、例えばドムチョクドンロプ 一九九四、格桑澤仁(ケサンツェリン) 一九七四、楊 二〇〇九を参照。

参照文献

大川周明 一九九三、『復興亜細亜の諸問題』中公文庫
ドムチョクドンロプ 一九九四、森久男訳『徳王自伝――モンゴル再興の夢と挫折』岩波書店
内藤湖南 一九七二、『内藤湖南全集』五巻、筑摩書房
濱田正美 一九九三、「「塩の義務」と「聖戦」との間で」『東洋史研究』五二巻二号
平勢隆郎、濱下武志編 二〇一五、『中国の歴史――東アジアの周縁から考える』有斐閣アルマ
平野聡 二〇〇四、『清帝国とチベット問題――多民族統合の成立と瓦解』名古屋大学出版会
平野聡 二〇〇七、『大清帝国と中華の混迷(興亡の世界史一七)』講談社
平野聡 二〇一四、『「反日」中国の文明史』ちくま新書
福沢諭吉 一九三一、『文明論之概略』岩波文庫
陸奥宗光 一九八三、中塚明校注『蹇蹇録』岩波文庫
茂木敏夫 二〇一四、「中華世界秩序論の新段階」『東京女子大学紀要論集』六五巻
楊海英 二〇〇九、『墓標なき草原――内モンゴルにおける文化大革命・虐殺の記録(上・下)』岩波書店

(漢語文)
魏源 一九六六、『聖武記』近代中国史料叢刊第十一輯、文海出版社
魏源 一九九二、「答人問西北辺域書」賀長齢・魏源等編『皇朝経世文編』中華書局

格桑澤仁（ケサンツェリン）一九七四、『邊人芻言』文海出版社
乾隆帝 一九八八、「御製喇嘛説」張羽新『清政府与喇嘛教』所収「清代喇嘛教碑刻録」、西蔵人民出版社
公茂虹 二〇一四、『解読中国夢』広西人民出版社
国家民族事務委員会 二〇〇二、『中国共産党関於民族問題的基本観点和政策（幹部読本）』民族出版社
総理各国事務衙門 一九九四、「諭僧俗番官及各領袖喇嘛界外通商一事不宜拒絶（界外の通商は拒絶すべきでないことに関する僧俗番官及び各領袖ラマへの諭）」光緒十三年（一八八七）十一月二十五日、呉豊培編『清代蔵事奏牘』中国蔵学出版社、六三四頁
曾紀沢 一九九三、「軍機処録呈曾紀沢為英遣馬科蕾入京議通商事函及英国之西蔵通商節略（曾紀沢の、英国がマコーレーを北京に派遣し通商を議することに関する書簡、および英国のチベット通商節略）」光緒十一年（一八八五）九月初五日、『元以来西蔵地方与中央政府関係档案史料匯編』中国蔵学出版社
趙翼 一九九二、「天主教」賀長齢・魏源等編『皇朝経世文編』中華書局
費孝通 一九八九、『中華民族多元一体各局』中央民族大学出版社
雍正帝 一九六七、『大義覚迷録』近代中国史料叢刊第三十六輯、文海出版社
梁啓超 一九六〇 a、「中国史叙論」『飲冰室文集』第六巻、台湾中華書局
梁啓超 一九六〇 b、「中国積弱溯源論」『飲冰室文集』第五巻、台湾中華書局
龔自珍 一九九二、「西域置行省議」賀長齢・魏源等編『皇朝経世文編』中華書局

7　アフリカ史の可能性

松田素二

はじめに――グローバル化時代のアフリカ

アフリカの国々は若い。若いというのは近代的な国民国家として世界デビューしてわずか半世紀という国々が大半を占めるという意味でもあるし、子供の人口が極端に多く、高齢者が極端に少ないという意味でもある。サハラ以南の多くの国が独立したのは一九六〇年だった。このいわゆる「アフリカの年」だけで一七の国が産声をあげ、一九六〇年代だけで三十数か国が誕生した。また人口動態をみても若い大陸である。日本社会は、今日、少子高齢化が深刻な社会問題になっている。一九五〇年には総人口の三分の一を占めていた一五歳未満の子供人口は、二〇一一年には、一三・一％まで減少し、逆に六五歳以上の高齢者が人口の二三・一％を占めるようになった。これに対してアフリカ社会は、総人口の半分近くが子供であり、高齢化率はわずか六％ほどだ。

このように日本と対照的な若さを示しているアフリカ社会は、現代世界においてどのような役回りを果たしているのだろうか。本章の目的は、このいっけん「若い」アフリカ社会とアフリカの歴史を考えることが、今まで私たちがなじんできた、歴史をとらえる見方、社会を認識する視点、人間を把握する視座を一新させる可能性を秘めていることを明らかにすることにある。

日本社会にとってアフリカは遠くの異質の、そして未知な存在だろう。明治以降の西洋化のなかで、「未開な暗黒大陸」としてのアフリカ認識はひろく定着してきたし、その裏返しの豊かな自然と野生の王国像もメディアを通じて流布されてきた。こうした「無邪気」なアフリカ・イメージが暗転するのは、一九八〇年代から九〇年代にかけての二〇年だった。この時期のアフリカを表す言葉は、「悲惨」と「絶望」だった。(1) 近代国民国家制度が破たんし、多くの国が政治的混乱を経験した。軍事クーデター、強権的独裁、抵抗勢力の抹殺に端を発して、内戦、内乱、大量殺戮がつづいた。国民経済も崩壊し、この時期ほぼすべてのサブサハラの国々は自らの経済運営を放棄して、IMFや世界銀行による「構造調整計画（SAP）」にもとづいて（つまり欧米のオフィスで立案された計画にもとづいて）経済政策が実行された。政治と経済の混乱と無秩序にさらにHIV／エイズの猛威がアフリカ社会を襲った。ウガンダやボツワナ、ジンバブエやザンビアなどはHIV感染者が総人口の二〇％以上に達するところもでてきた。なかでもウガンダは、一九九一年には総人口二四〇〇万の三〇％以上が感染者という、社会存続の危機的状況に陥っていた。こうしたジェノサイド、内戦、少年兵、性的暴行、貧困、腐敗、感染症といった絶望と悲惨な情報と表象が世界中を駆け巡り、グローバル社会の「お荷物」として（同情と救済の対象として）アフリカ・イメージが確立していったのである。

しかしこのアフリカ・イメージは、二一世紀にはいって一変する。ここではとくに、それまでアフリカ社会の「破たん」「未開発」「停滞」の象徴としてとりあげられてきた「経済」分野に焦点をあててその変貌ぶりを確認してみよう。二一世紀のアフリカは石油や金、ダイヤモンドなどの豊富な資源を背景に、グローバル経済を牽引する成長の機関車に変貌したのである。二〇一四年の経済成長をみても、日本や欧米がほぼゼロ成長であったのに対し、経済発展が著しいといわれるアジア地域と肩を並べる年率五％近い発展を示している。とくに紛争で苦しんできたコンゴでは九％、コートディボワールでも七・五％、ジェノサイドを経験したルワンダも七・〇％という高度成長を経験している。国民一人当たりのGDPをみても赤道ギニアのように（ロシアより上位の）二万ドルに手が届こうかという国も出現している。

二〇〇二年に日本のメディアが報道したアフリカ関係のニュースに「ボツワナ・ショック」があった。これはムーディーズによる日本の国債の格付けが、Ａａ３から一気にＡ２に格下げされ、（誰も知らないあのアフリカの）ボツワナより低くなった（当時ボツワナはＡ１）という、日本社会のアフリカに対する無意識の揶揄と嘲笑がかいまみられた報道だった。しかしボツワナはダイヤモンドを武器に、一九六六年の独立以降、一貫して高い経済成長を遂げており、二〇一〇年においても年間八・五九％の高い水準を維持している「優等生」国家なのである。

こうした経済成長を背景に、国際社会はそれまでの「援助」中心の政策から「投資」中心へと転換し、日本が主宰する「アフリカ開発会議（ＴＩＣＡＤ）」においても二〇一三年の第五回の会議では安倍首相がアフリカを「成長に向けたパートナー」と位置づけ、アフリカを世界経済成長の原動力として称えた。そこで安倍首相は、五年間で一〇〇億ドルのＯＤＡ支援を約束し、一〇〇〇人のアフリカの若者を日本の大学と企業に招聘する計画を打ち上げた。二一世紀にはいってアフリカで圧倒的な存在力を示している中国も、「中国アフリカ協力フォーラム（ＦＯＣＡＣ）」を組織し、日本をはるかに上回る支援政策を実施している。

このように二一世紀のアフリカ社会は、二〇世紀末の「失われた時代」から抜け出して、グローバル社会における主要なプレーヤーとして認知されたといってよいだろう。

一　アフリカの過去——消された歴史

しかしながら現代世界におけるアフリカを考えるとき、決して避けて通れない問題がある。それが「過去の清算」の問題であり、「アフリカの歴史」の問題である。今日、日本も含めて世界の多くの政府や機関・団体が、アフリカに目を向け「成長のパートナー」（経済的には天然資源の安定的供給源として、また自国産品の有望な市場として「活用」することの洗練された表現としてよく用いられる）として新たな関係を取り結ぼうとしている。しかし、その多くは、「過去の清算」「アフリカの歴史」については、意識的に無視するか無意識的に無知な状態にある。

たとえば二〇一三年六月、イギリス政府は、ケニアの植民地支配時代の人権侵害（拷問、暴行、監禁など）の行為について、五〇〇〇人を超える被害者に総額二〇〇〇万ポンド（当時の金額で三〇億円）を賠償金として支払うと発表した。(2) しかしここに至るまでは遠く長いプロセスがあった。一九世紀末以降植民地として統治していたケニアにおいてイギリスは、もっとも肥沃で農牧適地の中央州の土地を、そこで暮らしているアフリカ人から取り上げ白人の植民者に安く与えた。一九五〇年代にはいると、土地を奪われたアフリカ人は、「土地自由軍」を組織して土地の奪還のためのゲリラ戦争を起こした。植民地政府は、彼らを「マウマウ団」と呼んで蔑視し、第二次大戦後に大量に出回っていた強力な武器（戦車や戦闘機）を用いて徹底的に弾圧した。一九五二年から一九六〇年まではナイロビと中央州に非常事態を宣言して、多くのアフリカ人（とくに中央州に先住するキクユ人）を収容所に隔離したり、支援者を拷問・殺戮してきた。隔離されたアフリカ人の数は一五万人近く（そのなかにオバマ大統領の父親も含まれていた）、拷問・暴行の被害者は九万人、殺害された数は一万人ともいわれる。

しかしこのマウマウの戦いは、一九六三年、ケニアが独立したのちも報われることはなかった。ケニヤッタ大統領を首班とする新政権はマウマウへの補償と名誉回復をネグレクトしたし、つづくモイ大統領は積極的にマウマウの歴史と存在を封印した。(3) 二〇〇二年の政権交代でようやくマウマウの歴史は公然と語られることが許されるようになった。その直後から、マウマウ戦士のイギリスに対する損害賠償請求が模索されつづけてきた。二〇一一年七月、ようやくイギリスの高等裁判所が、この賠償請求訴訟にゴーサインを出した。それまでイギリス政府は、植民地時代の債務一切はケニア政府に引き継いだこと、係争事実から五〇年以上が経過し、適正な証拠もなく公正な裁判は望めない、そもそも時効除斥の対象である、という法技術上の理由をあげて、提訴受理に強く異議を申し立てていたのである。

このゴーサインを受けて、五名の元マウマウ戦士(男性四名、女性一名)が自ら受けた拷問、暴行、監禁などの被害を訴えて提訴した。いずれも七〇代、八〇代の高齢者だった。その後、一人は疲れ果てて訴訟を取り下げ、もう一人は死亡したため、残った三名で法廷闘争を闘ってきた。その結果、二〇一三年六月にようやくイギリス政府が和解を申し立て補償に応じたのである。しかし今後の展開も容易ではない。ケニア各地に、イギリスが指定した五二二八名以外の多くのマウマウ戦士やその遺族がいるからである。このマウマウ訴訟に象徴される植民地支配の清算抜きには、ケニアの現代史を語ることはできない。

こうした植民地支配とそれに先立つ奴隷貿易(アフリカ人の奴隷化)を正面きってとりあげ世界的な過去清算を求めたのが二〇〇一年八月に南アフリカのダーバンで開催された「反人種主義」世界会議だった。世界の一五〇か国から代表団とNGO関係者が集合し、七四か国からは国家元首級の政治家が参加したこの会議の最大の焦点は、一五世紀から一九世紀にかけてヨーロッパがアフリカに対して行った奴隷貿易と一九世紀から二〇世紀にかけて行った植民地支配に対する、公式の謝罪と補償であった。奴隷化や植民地時代の暴行・拷問・搾取といった明らかな「人道に対する罪」に対して、結局のところ、欧米各国は罪を認め補償に応じることはなかった。彼らの言い分は、当時被害を受けたひとの子孫が、奴隷交易で富を得たり植民地支配体制下で拷問した当事者を訴える種類の問題ではなく、法的資格が不明確ゆえに認められないというものだった。こうした言い分を維持している限り、過去の清算は実現するはずもない。会議は妥協の産物として、過去の奴隷貿易と植民地支配について、「夥しい数の人間に苦痛を与えたことを残念に思う」という声明を出しただけだった(松田 二〇〇九)。たしかに加害者(国家)を特定することもない、ただの「遺憾」と「残念」の表明は、過去の問題解決には程遠いものである。しかし強調しておかねばならないのは、植民地支配と奴隷交易の受益者であった欧米諸国は、これまでただの一度も、かつての行為について「人道に対する罪」

であることを認めたことはなかったことを考えると、これでさえ、アフリカの歴史にとっては「画期的」なことなのであった。

二　アフリカを世界史に位置づける

以上のことを踏まえるなら、アフリカの過去〔歴史〕を考えることは、これまでの、そして現在の世界秩序の起源〔あるいは土台〕を、まったく別の視点から見直すことにつながることがわかる。したがって、アフリカ史という、この課題を遂行する知的分野が、世界的にみても極端に遅れてきたことには十分な根拠がある。アフリカ史と向き合うことは、言うならば自らが依ってたつ知的世界の基盤を解体していく、いわば自己解体的な営みだからである。

ルネサンス以降誕生した、実証主義的な歴史学は、「オリエント」も含めて多様なジャンルの歴史研究を蓄積してきたが、アフリカの歴史が歴史学の研究機関のなかに正式に位置づけられたのは二〇世紀の半ば以降のことだ。先行したのはロンドン大学の東洋アフリカ研究学院で、一九三八年以降、アフリカの歴史を研究する研究者を養成してきたが、欧米の研究機関がアフリカ史を正規の学問分野に組み込み、研究者を組織的に養成しはじめるのは、一九六〇年前後からだった。たとえば、アメリカのカリフォルニア大学ロサンゼルス校〔UCLA〕では、一九五七年以降、アフリカ史で博士号を取得した研究者を一二〇名以上送り出している。イギリスのオックスフォード大学やケンブリッジ大学がアフリカ研究の機関を設置し、歴史学部と連携しながらアフリカ史研究の専門家を養成しはじめたのも一九六〇年代にはいってからだ。とりわけケンブリッジ大学は、一九五九年以降アフリカ史の学術雑誌 *The Journal of African History* を刊行し、のちに初の体系的アフリカ通史となる『ケンブリッジ アフリカ史』全八巻を送り出す原動力となった。

ただこうした初期の西欧・北米のアフリカ史研究は、先述した「アフリカの過去清算の問題」を正面からとりあげ、それを支えてきた世界観・世界秩序を批判的に懐疑する姿勢には乏しかった。それが原因で、一九八〇年代には、当時のユネスコ事務局長でセネガル人のアマドゥ・マハタール・ムボウの強力なイニシャティブで、全く別のアフリカ史、『ユネスコ アフリカの歴史』全八巻が編纂された。アフリカ人の主体性・創造力と抵抗を強調する、ケンブリッジ流のアフリカ史とはまったく異質な新しい歴史の提示だった。その強力な脱西欧近代の主張は、反西欧覇権主義へと政治化され、ユネスコからの米英の脱退を招いたほどだった。

こうした経緯をみると、アフリカを直接植民地支配した西欧やアフリカ系の国民を多数抱える北米においても、アフリカ史の歴史は浅く、しかも「アフリカの過去清算」を直視し、それをつくりあげた世界秩序から脱却する営みの蓄積はきわめて脆弱だったということがわかる。

ひるがえって日本のアフリカ研究をみると状況はさらに惨憺たるものだ。日本のアフリカ研究者によって一九六四年に結成された日本アフリカ学会は、今日会員数八〇〇名を超える世界でも有数の規模を誇るアフリカ学会である。しかしこのなかにアフリカ史を専門とする研究者は数人に過ぎない。そのうえ、もともとの専門は、文化人類学や国際関係論、あるいは西洋史などであり、アフリカ史で博士号を取得した研究者は皆無である。日本においては、アフリカ史の専門家を養成するコースも学科も研究機関もいまだ存在しない。

日本におけるこうした著しい偏りは、アフリカ史自体のもつ自己否定性とは別に、日本のアフリカ研究における出自の特性に由来するものでもある（日本アフリカ学会 二〇一四）。日本の研究者がはじめてアフリカで本格的な調査を開始したのは、アフリカがいまだヨーロッパ列強によって植民地支配されていた一九五〇年代末であった。探検家・登山家でありニホンザルの研究者でもあった今西錦司は一九五八年にはじめてアフリカに霊長類共同調査隊を送り込み、自らも伊谷純一郎とともにベルギー領コンゴ（現在のコンゴ民主共和国）においてゴリラの調査を実施した。それ以降、今西は人類進化という問題を解明するために、霊長類社会だけでなく狩猟採集民、牧畜民社会までも「連続的」に射程にいれた総合的なアフリカ調査を実施するという方針を定め、それに向けて霊長類学者だけでなく人類学者も含めた大調査隊を組織することになった。その共同調査は一九六一年から一九六七年まで六次にわたって組織され、その成果と人材は、日本アフリカ学会結成の中核となった。こうした初期のアフリカ研究にとって、アフリカの歴史は、人類進化の歴史というタイムスパンでのみ関心がもたれ、植民地支配や奴隷交易あるいはそれ以前と以後の社会の変容といった、アフリカ社会のもつ歴史的ダイナミズムは完全に視野の外部に置かれてきた。

さらにアフリカ史を学的に排除する仕組みが、日本の歴史学界の成り立ちのなかに埋め込まれていた。それは、明治以降、国策として導入され、今日もなお強力に機能している、世界史の区分システムである。日本において歴史学は、自らの国家としての正統性と特殊性を保障するための「国史」、乗り越えるべきモデルとしての社会を研究する「西洋史」、そして日本が「兄」として訓導する対象社会をリサーチする「東洋史」という三区分が厳然と存在し、それに従って、研究者と研究の再生産が連綿として続けられてきた。そこから除外される、アフリカやオセアニアなどの地域の歴史は、三区分と関連づけられることによってのみ、研究の居場所を確保できる構造になっているのである。そのためアフリカ史は、西洋史と関連づけられた植民史、交易史、宣教史としてのみ、日本の高等教育機関においては存在が公認されてきた。

アフリカ史の存在をさらに困難にしたのが、日本の大学に固有な「文学部」の存在である。文学部は英語にすると、Faculty of Letters となる。文字を通して人間の営みを研究する人文学の全分野ということであろう。その中核には、明治以降、哲学、文学とならんで歴史学が位置づけられてきた。つまり日本の人文学（human science）においては、文字を媒介としない人間の営みは対象化できなかったのである。そこでは文字を媒介としなくても存在する哲学や文学、さらに文字を使用することなく創造・継承される歴史意識は不可視化されてしまう。こうしてアフリカ史は日本の歴史教育・歴史研究の舞台から体系的に排除されることになった。

三　アフリカ史という革命(1)——文字中心主義の刷新

　このような知的状況のなかでアフリカ史が果たす役割は、きわめて革命的なものになる。それは今日の世界秩序(政治的にも経済的にも)を作り出した知の基盤そのものに対して、あるときには異議申し立てをし、あるときには激しく抗い、ときにはもう一つ別のあり方の可能性を提示するからである。たとえば先述した、文字中心主義的な人文学から、人間の生の活動の総体を通した人間理解を模索する人文学への刷新もそうした挑戦の一つである(松田 二〇〇七a)。

　独立後のアフリカの知識人が、植民地以前のアフリカ社会にもバムン社会やドゴン社会のように文字を考案した社会があったこと、また日常的なアラビア文字との接触のなかで文字の効能を熟知した社会があったことを指摘したうえで、彼らが主体的に文字使用を選択しなかったことを強調したことはよく知られている。私たちのように長年にわたって、文字を知識の要としてあたりまえのように受容してきた社会にとっては、文字を選択しないことは想像できないことだろう。文字を媒介することなく社会を円滑に運営し、教育を実現することはありえないし、深く思索したり(哲学)想像力を表現したり(文学)、そして過去を記録し解釈する(歴史学)といった人間固有の営みを文字なしで行うことは不可能だと信じているのである。

　こうした常識は、文字を持たない人々が、じつは文字使用を選ばなかった人々であり、彼らは自らの生活世界のなかで広く他者と交流しながら、深く思索し、想像力を表現し、過去を記録し解釈していることを、徹底的に否定してしまう。すなわちアフリカの人文学的活動と能力を消去してしまうのである。しかし、アフリカの人々が、こうした人文学的（あるいは人間的）活動を数千年にわたってしてこなかったと考える方が異様な思考だろう。文字を持たない人々が、いったいどのようにして文字を媒介とすることなく、こうした人間的活動を実現したのかを探求するのが自然な発想であり、その延長上にアフリカ的人文学（文字中心主義を脱した）がみえてくるのである。

実際、一九六〇年代のアフリカの知識人たちは、こうした試みを精力的に行ってきたし、日本では文化人類学研究者でありアフリカ的人文学的知性の体現者でもある川田順造による精緻で迫力ある実証がなされている。たとえば、文字を媒介することなく過去の出来事を記録し評価する営みが、口承や歌謡、さらに太鼓の音によってつくりあげられる叙事詩を通して正確に伝えられることが示された（川田 二〇〇一a、二〇〇一b）。西アフリカの小王国の宮廷では、楽士と語り部の役割を同時に果たす職業集団（グリオ）によって、王国の盛衰史が叙事詩として詠じられることはよく知られている。それには歌舞伎のように幾種類もの定型化された型があり、今日まで継承され、過去の出来事の記録が正確に保存されてきた。

また、太鼓の音は、仲介者を置けば、長距離のメッセージ伝達を可能にする。中央アフリカや西アフリカの熱帯雨林の中では、たとえば獲物がいる位置や種類を、太鼓のリズムと音の高低で伝えることができる。王国の宮廷では、そういう太鼓の音だけで、神話時代からの王国の歴史すら再現することができると言われている。このように声や音によって、過去の出来事の記録や解釈、そして想像力の提示も可能なのである。こうした歴史は、たしかに公文書や文字資料によって実証的に確定される、たった一つの「史実」ではないかもしれない。しかしながらそれは、歴史を過去の営みの人間的再構成であるとする社会にとっては、まぎれもない「史実」なのである。そのことは、マンデラ政権が南アフリカにおけるアパルトヘイトによる不正義を裁くために設置した「真実和解委員会」の真実の定義と重なり合うものだ。真実和解委員会においては、真実を、近代国民国家の法廷で通用する客観的証拠と文書にもとづくタイプと、加害者と被害者の語りと思い入れの交錯のなかで作り出されるタイプの二つに分けて、前者を「顕微鏡型真実」、後者を「対話型真実」と名付けた（松田 二〇〇七b）。近代法廷ではまったく重きをおかれなかった後者の真実に寄り添うことが南アフリカの真実和解委員会の方針だった。個人の過去の記憶にもとづく語りは、実証的真実からは程遠いものかもしれない。しかしその語りを通じて、被害者と加害者が過去の再構成を協働しながら共有し、現在の赦しをつくりあげることができれば、それが対話型の「真実」ということになる。これと同じように、実証的「史実」とはたとえ異なるものであっても、社会的協働によって構成され共有された「史実」を提示するという点で、文字を媒介としない、文字中心主義を脱した人文学が展望できるのである。

四　アフリカ史という革命（2）——理性中心主義の刷新

アフリカ史という発想と方向がもたらす第二の革命は、既成の社会認識の土台に関わるものだ。既成の社会認識のひな形は、西欧近代が作り出し活用してきたものであり、それがヨーロッパ列強による世界制覇の過程で世界標準として各社会に植え付けられ受容されてきたものだ。その根幹にあるのは、神や呪術から解放された諸個人、自律した自由な個人が備え持つ人間の理性であった。現代日本社会も含めて、今日、世界標準の社会の仕組み（それは、三権分立、民主主義といった政治制度、市場経済を基礎とする経済システム、自由を至高価値とする社会秩序、それに実証主義にもとづく近代科学など）は、とりわけ冷戦構造崩壊によるライバル不在のなかで、人類史における普遍的な「正しさ」を獲得していった。その根底にあるのは、最終審級としての人間理性だろう。グローバルな政治・経済構造のなかで圧倒的な強さと正しさを帯びてきたこの理性主義の世界においては、理性を持たないと判断された社会や文化、そして諸個人は、世界の敵対者であり脅威とみなされる。そのことは、グローバル・メディアによるイスラム国（IS）に関する報道にもよく表れている。アフリカ社会についても同様な姿勢が確認できる。理性を欠いた社会や集団に対しては、父として兄として、幼い未熟な子供を教化・啓蒙するように、救いの手を差し伸べ正しい方向へと導くことが理性を持つ側の責務であるという発想は、かつての植民地支配を正当化しただけでなく、今日のアフリカへの援助や支援の思考や実践のなかにも深く埋め込まれている。

近代西欧の理性主義を代表するヘーゲルは、たとえばアフリカ人について次のような有名な規定を示した。「アフリカ人は、個としての自分と普遍的本質としての自分との区別を認識する以前の、素朴で内閉的な統一のうちにあって、自己とはべつの、自己より高度な絶対の実在については、まったく知るところがありません。すでにのべたように、黒人は自然のままの、まったく野蛮で奔放な人間です」(ヘーゲル　一九九四、一六〇頁)。こうしたアフリカ人観はけっしてヘーゲル固有のものではない。またけっして一九世紀にあらわれた特殊な人種差別的観念ではない。理性に至高の価値をおく社会と時代であれば、どこであっても、ごく普通に共有され了解される観念なのである。

こうした理性至高主義を前にしたアフリカの知識人の対応はどのようなものだったろうか。アフリカ的なものを否定するのではなく擁護する立場にたつなら、選択肢は限られている。第一の選択肢は、この社会観を肯定したうえで、アフリカ社会にもここでいう理性が存在していたと主張する立場である。実際、一九六〇年代のアフリカ知識人のなかには、アフリカ社会に存在する西欧的理性を発掘することに奔走するひとたちもいた。第二の選択肢は、この社会観を否定し反転させることで、アフリカ的な「非理性・非論理」を擁護する立場である。この立場は一九三〇年代、戦間期のパリに留学していた西アフリカ出身の知識人によって創設されたネグリチュードという思想運動によって体現され、その後、アメリカにおけるアフロセントリズムなどによっても継承されていった(松田　一九九八)。ネグリチュード運動のリーダーの一人でのちにセネガルの大統領になるサンゴールは、この運動の核心について、「推論的理性よりも直感的理性、抽象的表現よりも類似的イメージを強調する」ことだと指摘している(サンゴール　一九七九、二八八頁)。

サンゴールにとって、ヨーロッパの白人世界の価値は、理性、合理、主客(自他)分離であり、アフリカの黒人世界の価値は、情動、感覚、主客同一だった。そのうえで白人世界が全否定したものを全面的に肯定したものを絶対的に否定したのである。つまり狂気、感情、非合理を賛美し、理性、論理、合理を拒絶したのだ。それはまさしくテーゼに対するアンチテーゼであった。こうした価値の反転に対するイージーな批判(それはネガ―ポジを入れ替えただけであって構造自体は不変)をネグリチュードは、歴史の弁証法の名のもとに拒絶する。これについては後述しよう。このように、アフリカ社会の歴史をとらえることは、アフリカを外部から眼差し支配してきたヨーロッパの理性中心主義的認識枠組を相対化していく試みだったのである。

五　アフリカ史という革命(3)――人間観の刷新

アフリカ史という発想はまた、これまで支配的であった世界標準の人間観にも大きな衝撃を与えることになった。これまで述べてきたように、今日の歴史観や社会観の「正統」は、西欧近代由来の文字と理性に依拠してつくられたものだが、これに基づく人間観も強固に形成されてきた。文字を操り、沈着冷静な理性的能力をもつ、自律した自由な個人という人間像こそが、今日の世界のあるべき人間の標準形であり、こうした人間像を基点として、現代のみならず過去の社会と集団の諸活動が解釈されてきたのである。しかし一九八〇年代以降、アメリカの文化人類学者のブーンやガーナ人の地理学者で人権・法学者でもあるコバーなどによって、このような西欧近代出自の人間像を普遍的なものとすることに疑義を唱える動きが活発化する。

たとえばブーンは、インドネシア・バリ社会の事例を踏まえて、アジア・アフリカの「部族社会」において、西欧的自己形成とはまったく異質なアイデンティティ構築が行われていることを詳細に述べたうえで、その二種類の人間像を原理的に区分してみせた(Boon 1982, 松田 二〇〇六)。西欧近代における自己の析出は、さまざまな要素を否定(除外)して最後に残ったそれ以上除外できないものとして立ち現れるが、非西欧的な個体のアイデンティティは、さまざまな要素を肯定(包含)した多重・多層なものとして生成される。言い方をかえると、西欧的自己は、排除すべき他者をつねに必要とし、その敵を取り除く過程で正しく確立されるのに対して、非西欧的自己は、他者との関係は排他的なものではなく相互に必要としあい補い合う、両者をあわせて一とするような関係性のなかで成立するのである。したがって、西欧的自己において自他間はつねに緊張関係にあり、相互に競合・排斥することで勝った側が負けた側を吸収して秩序を再構成することになる。これに対して、非西欧的自己においては、自己と他者は、差異を公認し相対化するなかで共存することになり、相手を圧倒したり否定したりすることはない。ブーンは、西欧的自己を、文字を操ることに規定された「書写する自己(scribal self)」と呼び、非西欧的自己を「部族的自己(tribal self)」と定式化してみせた。

ブーンが「部族的自己」ととらえた人間像を、アフリカ社会の人間像として強調したのがコバーである。人権研究者でもあるコバーは、現代世界を席巻する普遍主義的人権観念の状況的有効性を承認しながらも、その基底にある「西洋的なリベラル個人主義」を無条件で受容する危険性に警鐘を鳴らしている。それは、文化共同体から切り離された個人主義的な自然権を暗黙の前提として受容しており、まさに西洋的な人間観そのものだと指摘する。こうして巧妙に普遍性を身につけた西洋の人権観念についてコバーは、アフリカ社会を歪めた植民地統治のテクノロジーと同様の役割を果たしていると厳しく指弾した。コバーは、この西洋的なリベラル個人主義の人間像の対極に、アフリカ的人間像を措定する。それは、文化共同体の一員として「我々ゆえの我」という人間観である。たしかに、このような共同体成員としての「自己意識」は、西洋的個人主義が称揚する自己意識とはまったく異なるものの、文化共同体の世界観のなかで個人の尊厳は保障されているのである。もちろん、今日のような流動性と異種混交性が極大化している状況において、こうした二分法が静態的にすぎることは、一九八〇年代当時のコバーも十分自覚していた。にもかかわらず、西欧近代出自の強大な人間像が、グローバルな政治経済力を背景に、無批判かつ無条件に普遍性を獲得していく過程に歯止めをかけるために、あえてこうした極端に単純化された二分法を提起しているのである。コバーは、西洋近代の人間観がつくりだした普遍的人権観念が、アフリカ社会のさまざまな局面で有効に作用していることを踏まえて、それを承認しながらローカルな変異を限定的に認める「脆弱な相対主義 weak relativism」を提唱している。(4) それは、ときに強者のイデオロギーとして作用しかねない普遍主義的観念のなかに、相対主義的な世界認識(たとえばアフリカ的自己という)を潜り込ませようとする戦術でもあった。

六　歴史におけるアフリカ史――位置づけの変遷

ではこのような革命的な意義をもつアフリカ史という存在は、これまで世界の歴史のなかでどのように位置づけられ、眼差されてきたのだろうか。

近代歴史学の出現は、ヨーロッパ近代の曙の時代と重なるが、当然のことながら、それを産みだした無条件の前提は、先述した文字と理性への信仰であった。したがって、文字と理性をもたない(とみなされる)社会には「歴史は存在しない」ということになる。こうしたアフリカ史を否定する見方は、一九世紀から二〇世紀半ば、一九六〇年代まで強力に歴史学界を支配してきた。それはヘーゲルが一八三〇年に断言した「アフリカ史は世界史の一部でない」という排除の命題から、イギリスの歴史家トレバー・ローパーが一九六三年に述べた「今日のアフリカに歴史はない」という否定の命題まで一貫して西欧近代の知的世界に根付いてきたのである。(5) ヘーゲルにとって、歴史は世界に対する理性の介入によって引き起こされる変化の過程であるがゆえに、理性のないところ、すなわちアフリカには、歴史が存在しないのは当然のことであった。アフリカ人は「人間の人格性という感情に到達」しておらず、「精神はまったくまどろんで」「自己内に沈潜したままで留まっており、なんら進歩」もない存在であるからこそ、「アフリカを歴史の外においやったところで、いまや世界史の現実の舞台がはじめて見えて」くるのである。

こうした認識は、ヘーゲルから一〇〇年以上たった西欧の歴史学界にも引き継がれていた。トレバー・ローパーが「おそらく将来、アフリカにも何らかの歴史が出現するだろう。しかしながら今日、アフリカに歴史はない。強いてあげるならばアフリカにはヨーロッパ人の歴史のみが存在しているのである」と述べたのは彼の特別な保守性を示しているのではない。この時代の西欧知性の一般常識だったのである。そのことは、一九七〇年代にアフリカの通史を初めて刊行したケンブリッジ大学の歴史グループが、「一九五〇年代に『アフリカ史』刊行の可能性を模索したが、調査研究の蓄積も不十分で、〝いまだその時期にあらず〟と忠告された」と告白していることからもわかる。こうして長い間、アフリカ史は歴史学から排除されてきたのである。

しかし一九六〇年代になって、アフリカの多くの植民地が西欧宗主国のくびきを脱して独立を勝ち取るようになると、こうした政治地図の変化を背景にして、アフリカの歴史が歴史学のなかに位置づけられるようになった。その象徴が、アフリカ史の学術専門誌を一九五〇年代末から発行してきたケンブリッジ大学の歴史グループが編纂した、『ケンブリッジ アフリカ史』全八巻であった。これによってアフリカ史は西欧の歴史学界のなかにデビューを果たすことになり、独立をかちとった新興アフリカ諸国から優秀な歴史学徒が続々と西欧の大学に留学して、祖国にアフリカ史を含む近代歴史学を持ち帰ることになった。

しかし初の本格的な通史として登場した『ケンブリッジ アフリカ史』は、独立アフリカの知的世界から重大な疑問と批判が投げかけられた。それはこのシリーズを支えてきた視点が、アフリカ社会の現場から乖離しており、アフリカに同情的、共感的な記述はあるものの、奴隷貿易と植民地支配の加害者としての西欧社会への厳しい反省とアフリカ人の主体性に対する評価を根本的に欠いているというのである。事実、これら八巻の編者は、イギリスにおけるアフリカ史の生みの親であり、深いアフリカ理解にもとづく数多くの業績を著してきたローランド・オリバーなど、すべて白人の歴史家で占められており、アフリカ人の歴史研究者の姿はみえない。そのことは全八巻の構成にも表れている。すなわち全八巻のうちじつに四巻が一九世紀から二〇世紀という植民地時代を扱っているのである。その編集の思考は、トレバー・ローパーが述べた「アフリカに歴史はない。強いてあげるならばアフリカにはヨーロッパ人の歴史のみが存在している」という考え方と相通じているといえるだろう。

このような批判と疑問を解決するために、構想されたのが『ユネスコ　アフリカの歴史』全八巻であった。それは第一期だけで一九六四年から一九九九年まで三六年間におよぶ壮大な学術プロジェクトであった。二〇〇九年からは第二期が開始され今日に至っている。「二〇世紀最大の学術プロジェクト」といわれるゆえんである。

『ユネスコ　アフリカの歴史』の特色は、「ケンブリッジ歴史学」に代表されるこれまでの西欧近代の歴史学の相対化をアフリカ史を通じて実現しようと明確に意識していることだ。第一の特徴は編集の方針として、アフリカ社会とアフリカ人を世界史から排除してきた思考と心性を解体するということであり、アフリカ社会とアフリカ人の主体性と文化的アイデンティティを正当に復権させるということである。こうした方針は、「歴史を脱植民地化する」と表現されている。この方針に従って、奴隷貿易と植民地支配について、現地社会の視点、当事者の視点で、錯綜する諸力の絡み合いを検討することになる。第二の特徴は、歴史研究の方法論として、文字をもたない社会の歴史にアプローチするために、考古学、言語学、人類学などの関連諸分野との学際的共同研究体制でデータを共有し、協働で分析を試みる方式に挑戦している点である。そのために大量の口承伝承、芸術作品、歌謡と舞踏、現地に残されたアフリカの言葉をアラビア文字で記録したローカル文書を収集・整理・解析する仕組みがつくられた。第三の特徴は、具体的な執筆内容の選別にかかわるものだ。各巻各章の中味を決めるために三九人の歴史学と関連分野の研究者による

「国際科学者会議」を組織しそこで構成の詳細な検討を行った。八巻すべて編者はアフリカ人であり、執筆者二三〇名のなかの大多数はアフリカ人が占める。さらに「国際科学者会議」自体の構成も三分の二をアフリカ人とアフリカ系の学者に割り当てた。第四の特徴は、刊行までの時期を三段階に区分してデータ収集をいちから行ったことだ。第一段階はデータ収集の時期で、アフリカ各地にセンターを設置し口承伝承や民謡、現地の言葉のアラビア文字資料などを膨大に集め整理した。第二段階は、一国のナショナル・ヒストリー化することを避けるために(アフリカの場合、それ自体が植民地支配の遺制である)、第一段階で収集した資料について地域間の影響、交流を分析し広い地域史的視点を確立した。第五の特徴は、全八巻の構成に関係したものだ。『ケンブリッジ アフリカ史』の反省にたって、第一巻に「アフリカ史の方法とアフリカの哲学」、第二巻に「アフリカの古代文明」を置き、第三巻から通常の通史にはいる。そしてヨーロッパによる植民地の歴史は七、八巻の二巻に限られている。最後の特徴として、アフリカ人の歴史学徒が読めるように、まず英語、フランス語、アラビア語で刊行されたあと、スワヒリ語、ハウサ語、フラニ語などでの翻訳が進められた(6)。二〇〇九年からは、この壮大なプロジェクトは第二期に突入し、小学校、中学校の生徒が読める平易かつ簡易(安価)な版の作成が進んでいる。こうしてアフリカ史が世界史のなかで、その革命的意義を発しながら、確固とした地位を確保できるようになったのである。

七　グローバル時代のアフリカ史

こうして長い年月を経てアフリカ史はようやく世界の歴史の舞台に立つようになった。ところが、二一世紀にはいると、歴史学に新しい流れが登場し、「アフリカ史」の存在意義そのものに疑問がなげかけられるようになった。そのきっかけをつくったのは、グローバル・ヒストリーと総称されている新しい歴史学の潮流であった。水島司によると、多種多様なグローバル・ヒストリーに共通する特徴は、①扱う時間の長さ、②一国史を超えたテーマの幅広さと陸域・海域世界といった空間の広がり、③非ヨーロッパ世界の歴史への注目によるヨーロッパ世界の相対化、④諸地域間の相互連関、⑤疫病、環境、人口などの新しいテーマの考察、という五点だという〔水島 二〇一〇〕。これはこれまで歴史叙述の基準とされてきたヨーロッパ世界からの歴史観の相対化という点で、いっけんアフリカ史の発想とも通底するようにみえる。しかしグローバル・ヒストリーの論者が注目するのは、フランクの『リオリエント』であったり、アブー＝ルゴドの『ヨーロッパ覇権以前』でとりあげられる八つの世界システムのサブシステムであったりする〔フランク 二〇〇〇、アブー＝ルゴド 二〇一四〕。その八つとは、①西ヨーロッパ、②東地中海、③中央アジア内陸部、④ペルシア湾沿岸、⑤エジプトと紅海沿岸、⑥アラビア海沿岸、⑦ベンガル湾沿岸、⑧東アジアであって、そのなかにサブサハラ・アフリカ地域はない。こうしてみると、ヨーロッパ世界基準を批判し歴史認識の相対化を掲げるグローバル・ヒストリーという発想の中に、アフリカは排除されているうえに、ヨーロッパ世界の歴史認識に対する反撃や解体という志向は見当たらないことがわかる。グローバル・ヒストリーの登場は、非ヨーロッパ世界への関心や空間の広がり、新たなテーマへの注目を掲げることで、逆に、それまでのアフリカ史の創生と革命的意義を中和させ、発展を予防する役割を果たす危険性さえあるようだ。

しかし創生されつつあるアフリカ史にとって、より深刻な衝撃となったのは、グローバル・ヒストリーと重なりながら、それを過激に批判して登場した「新しい世界史」という魅力的な発想である。羽田正によって提唱されたこの概念の基本は、これまでの歴史学の区分自体を根源的に解体したところに新たに「地球社会の世界史」を構想しようという点にある〔羽田 二〇一一〕。「新しい世界史」は、国家を単位としたナショナルな帰属意識、民族を単位としたエスニックな帰属意識、肌の色を目印とした人間の区分意識、さらには大陸や地域といった空間を単位とした共同意識などをすべて退けて、「地球市民という新たな帰属意識」を与えるための道具として位置づけられる。

この壮大で大胆な主張はたいへん魅力的なものだ。だがこの「新しい世界史」の考えにしたがうならば、「アフリカ史」という発想もまた、限られた閉じた領域を単位として自己と他者を二分するという点で、旧来の歴史認識を踏襲しており、地球市民の帰属意識創出を妨げる役割を果たすことになってしまう。「新しい世界史」という発想は、こうした領域を単位とした人間集団間の自他区分を否定するだけではなく、その単位内の諸個人の文化的アイデンティティを強化することを強く拒絶する。それはかつて国史が日本人というアイデンティティをモンスター的に膨張させることに大きく寄与したことの深い反省からくるものだが、『ユネスコ アフリカの歴史』が強力に主張したアフリカ人の文化的アイデンティティの涵養と肯定・発展というアフリカ史の任務とは一八〇度異なっている。それだけではない。アフリカ史のように西欧中心主義の歴史認識に対して、周縁から別の視座を提供するという見方自体についても、「新しい世界史」は否定的に捉えている。その理由は明快である。周縁から中心を相対化する見方は、その意識において中心史観の裏返しに過ぎず、構造的には同一でありその発想から逃れていないということだ。アフリカ史の歴史観、社会観、人間観の革命性を検討したさいにも、価値の反転という試みをとりあげたが、「新しい世界史」は、こうした反転を旧来の構造の再生産としてまったく評価していない。

このように二一世紀にはいって、グローバル化の急激な進行のなかで世界史のあり方を根源的に変貌させようという動きが出てきたのだが、アフリカ史という発想は、その動きのなかで必要性と存在を否定されているのである。それはたして妥当なのだろうか？

八　現代世界におけるアフリカ史の再定位（1）――アフリカ史の今日的必要性

グローバル化された世界の歴史は、世界を国家ごと、地域ごと、あるいは海や陸といった領域ごとに固定した単位で捉えるべきではない、地球市民の共同体の学としてあるべきだという主張は、たしかに単位ごとに強要される内部の均質性と外部に対する異質性のフィクションから解放され、より高次の帰属意識と市民意識を生み出すという点で、まことに重要で心地よいメッセージではある。

しかし人類史の長い営みは、抽象的な共同性や帰属意識とは別次元の、生々しい人間の膨大な具体的な日常の生の蓄積であり、そこには夥しい喜怒哀楽や筆舌に尽くしがたい残忍な加害と凄惨な被害がある。そしてそれらが、今日に生きる人々の日常や現代の社会のあり方に大きく作用しているのである。そのことはアフリカという地域を考えるとよくわかる。「新しい世界史」の発想にしたがえば、そもそもアフリカという地域単位を想定した時点で、自他区分の旧来の歴史観に屈服してしまうという。だが、アフリカは、たんなる地域単位ではない。アフリカ大陸という地理的区分は、じつのところ、歴史におけるアフリカと同義ではない。それはこういうことだ。

そもそもアフリカとは何だろうか。多様な言語と多様な文化が互いに交流・混交する流動的で外延も定かでない塊りを、アフリカという一つの「単位」として線引きする論理は、ヨーロッパが押し付けた「人種観」以外には存在しない。つまり肌の色で人々を分類する思考こそが、アフリカというまとまりを認識することを可能にしたのである。ガーナ人の歴史家、クヮメ・アピアは、アフリカという観念は一つの歴史的に形成された意味だと主張する。その意味とは、奴隷交易のなかで、誰が奴隷とされて売り払われるのか、誰がその奴隷を買うのかという基準がつくられ、「それが大西洋の一方の側にアフリカという観念をつくりだした」ことを指している(Appiah 2006)[7]。

つまりアフリカという観念(意味)は、大西洋の一方の側からの一方的で暴力的な五〇〇年にわたる攻撃と破壊、二〇〇年にわたる支配と抑圧という大きな人為的で組織的で具体的な行動によって構成され、その意味を日常のなかで強要され受容し変容させてきた人々によって再構成され、そして両者が相互に絡み合うことを通して、今日のアフリカができあがったのである。そのことは、二〇〇一年のダーバン会議における議論の結末や二〇一三年のマウマウ訴訟の和解の顚末をみるとよくわかる。数百年にわたる大西洋奴隷貿易の責任とその行為に対する歴史的審判を求めたり、半世紀前まで続いた植民地支配という過去の清算を、今、要求したりするとき、アフリカという「意味」(あるいは単位といってもよいだろう)を抜きにしてそれを行うことは不可能だった。このような観点から、アフリカ史という発想は、今日においても、いや不平等が一層構造化している現代世界においてこそ、強く求められているのである。

グローバル・ヒストリーにせよ、「新しい世界史」にせよ、旧来の歴史の刷新をはかる立場から、一国史(ナショナル・ヒストリー)の評判は悪い。そもそも今日、国民国家という政体の評判はあまり芳しくない。近代市民社会という西ヨーロッパ生まれのローカルな社会形態と生活形が必要とし発明したのが国民国家というポリティだった。そこには共通のモノ(言語、伝統、財産)と共通のココロ(記憶、心性、アイデンティティ)からなる「国民になるための一覧表」が用意され、フィクティブな国民文化を成立させた。そして、一九世紀から二〇世紀にかけて西欧の世界制覇の運動とともに、国民国家は地球表面を分断し尽くしたのである。しかしこの国民国家にも耐用期限が来たという声があがりはじめた。国民国家という境界が、もはや人間の活動にとって桎梏になっているというのである。

したがってたとえば一九九四年にマンデラによって新生南アフリカが誕生したとき、彼のネーション・ビルディングの呼びかけや真実和解委員会の活動は、一部の政治学者から厳しく批判された(阿部 二〇〇七)。それは人々に、周回遅れで偏狭なナショナリズムを植え付けるものだというのであった。こうした新たな国民国家の誕生は、一九七〇年代にモザンビークやアンゴラ、一九八〇年代にジンバブエ、一九九〇年代にナミビアやエリトリア、二〇一一年に南スーダンとつづく、まったく最近のホットな出来事である。そもそも「耐用年数」など過ぎようはずもない。また国民国家というポリティの性質についてみても、アフリカにとってそれが何であるのかを考える必要がある。西欧諸国のネーション・ステートと異なり、アフリカにおける国民国家は、その存在とシステム・構造自体が、植民地支配の遺制である。植民地統治によってアフリカを分割し、相互に分断させて「独立」させた経緯を考えるなら、独立後の政治単位としてこの遺制以外にいかなる政体もあり得ない。そしてネーションが人為的に形成されていったのと同様、植民地支配の過程で「部族」も社会的政治的に「上から」固定され、地域生活も流動性を制限された境界内部で形成されてきた。こうしたアフリカ的(植民地的)状況のなかでは、国民も民族も地域もすべてフィクティブな単位なのであり、ある単位を否定して別の単位を称揚したり、そもそも単位自体を否定して人々をアトム化したりする選択肢は意味をなさない。その意味で、アフリカにおけるナショナルな枠組と、それにもとづく歴史の構成は、そこで暮らす人々の生活の便宜を基準にすればきわめて必要なものなのである。

九　現代世界におけるアフリカ史の再定位(2)——固定反転の意義

たとえば南アフリカというナショナルな単位やアフリカといった地域の単位を設定して歴史をとらえることは、たしかに近代ヨーロッパが歴史を語る際に編み出した「自他区分」(それはおうおうにして序列化差別化から支配の正当化を導く)の装置である。したがって「新しい世界史」の発想が批判したように、それはいかに「周縁から」を強調したところで「中心史観の裏返し」であることは間違いない。しかし、こうした「裏返し」は、差別と抑圧が歴史的に蓄積された現場においては、「弱者の武器」として頻繁に活用されてきた窮余の策であることを忘れてはならない。前述したサンゴールのネグリチュード運動もその一つだし、コバーやブーンの「アフリカ的自己」「部族的自己」もその一例である。それらは、まず支配的な近代西欧の価値・基準を定めたあと、それらを反転させてアフリカ的価値と基準を措定する。たとえば、ネグリチュードでは、理性と合理の西欧に対して、情動と非合理のアフリカを描き出す。たしかにこれはたんに構造を反転させただけで、その構造自体は不変である。しかしこの誰の目にも明らかな乱暴な「逆転」の対処法を敢然と擁護したのがサルトルだった。[8]サルトルはこうした反転を、現に差別され排除された黒人が自己を承認する窮余の営みとして認定し、「ネグリチュードは弁証法的進行の弱拍」と述べたのだった。この反転は、ヨーロッパの横暴な支配に対して、ある時期のアフリカがやむを得ず採用した、否定的で消極的なしかし必然的な選択だったからである。アフリカを歴史の単位として、今、析出する意義は、まさにそこにある。

おわりに――現代世界におけるアフリカ史の役割

まとめよう。グローバル化時代における世界の歴史は、たしかに明確に区分され固定され、偏狭で奇妙なそしてときに暴力的に排他的な帰属意識を涵養する、これまでの「単位史観」から解き放たれるべきである。しかし、現代世界の不平等で差別的な秩序を作り出した構造とシステムを免罪したり無視したりすることは誤りである。その意味で、アフリカという「地域」はヨーロッパ世界から五〇〇年以上にわたって暴力的かつ体系的に歪められてきた。そして重要なことは、アフリカ地域に刻まれたこの歴史的歪みがいまだに清算されないままに、その歪みを内包したままで、現代世界の秩序が形づくられているということだ。アフリカに対するこうした歪みを直視したりそれを是正したりする営みは世界史的にみて一貫して脆弱なものでありつづけている。このような仕組みが世界秩序のなかに埋め込まれているからこそ、アフリカ地域に対する歪められた「認識」や「表象」は再生産され、それにしたがって現実が構成されているのである。

たしかにアフリカという地域はけっして自然でアプリオリな実体ではないし、その地域がときに自他区分を膨張させて、（かつてヨーロッパがアフリカに行ったように）他の単位を貶めたり排斥したりする危険性はつきまとう。にもかかわらず、アフリカ地域は、外部世界からの数百年にわたる排除・蔑視の眼差しと支配と統治のリアル・ポリティクスのなかで意味化され、そして外化された存在として認められる必要がある。なぜなら、こうした過去の理不尽な介入に対して反撃する拠点として必要だからであり、外化された領域(アフリカという単位)内で生を営む人々は、その領域を対象化し客体化するだけでなく、その領域に対して働きかけ、飼いならし、自身の生に内在化していくからである。現代世界におけるアフリカ史の役割と可能性はここに存在しているし、アフリカ史の世界における貢献はここからはじまるのである。

注

(1)　一九八〇―九〇年代のアフリカは、苦悩のオンパレードで、未来への希望はほとんどみえなかった。この時期出版されたアフリカ関係の著作の多くがこうした「アフロペシミズム」を表している。たとえば日本では小倉の『現代アフリカの悩み』や Kurimoto, ed. の *Rewriting Africa: Toward Renaissance or Collapse?* 海外ではガーナ人の経済学者でアメリカで教鞭をとっているアイッティーの *Africa Betrayed* や *Africa in Chaos* などがある(小倉　一九八六、Kurimoto, ed. 2001, Ayittey 1992 & 1998)。

(2)　マウマウ訴訟の和解のニュースについては、The Telegraph および Daily Mail, June 6, 2013, この訴訟を主導したローファームと訴訟の背景については、The Gurdian, October 5, 2012, 批判的分析については津田　二〇〇九を参照。

(3)　マウマウについては数十冊におよぶ膨大な研究書が蓄積されているが、これを貧農の階級的蜂起とみるか、キクユの伝統に依拠した反乱とみるか、近代ナショナリズムの先駆けとみるか、さまざまな視点が競合している。独立後の新政権はマウマウ文書を封印し、マウマウの歴史を葬り去ろうとした。マイナ・ワ・キニャティは現地で多くの証言の語りを採集し政府の封印策に抵抗した結果、ナイロビ大学を追われた。ただ彼のマウマウ観に関する疑問についてはケニアの歴史家からも生まれている(マイナ・ワ・キニャティ　一九九二、Atieno-Odhiambo 1991)。

(4)　コバー自身は、今日、流通している普遍的人権の歴史的偏向と西欧社会の身勝手な利用については厳しく批判しているが、一方で、現実のアフリカ社会における組織的な抑圧と理不尽な暴力の横行のなかで、それが人々にとって有効な道具になっていることも熟知していた。そこで、基本的な観点として西欧基準の普遍性を否定・批判しアフリカの価値観の相対性を擁護しながら、同時に、ローカル化され強権的でない普遍性を構想するという知的アクロバットを行った。それは一種の「ファウスト的取引」だったが、コバーはそれを、人権研究の政治学者J・ドネリーのいう「相対的普遍主義(relative universalism)」とも近似した「脆弱な相対主義 weak relativism」と名付けたのである(Donnelly 2007, pp. 281-306, Cobbah 1987,

p. 330, 松田 二〇一三)。

(5) トレバー・ローパーは、オックスフォード大学の一七世紀ヨーロッパ史の研究者だが、一九六三年、サセックス大学で連続講義を行い、そこでアフリカ史について「at present there is none」と断言した(Trevor-Roper 1966)。彼は近年、独立後アフリカは歴史は獲得したと述べるが、トレバー・ローパーのように歴史が帝国主義と植民地主義の学問として大手をふって存在してきたことを承認してきた立場を鋭く批判したのはノルウェーの歴史家フグレスタであった(Fuglestad 2005)。

(6) 現在、翻訳があるのはアラビア語、中国語、ロシア語、イタリア語、ポルトガル語、スペイン語、日本語版であり、簡訳版で刊行されているのは、英語、フランス語、韓国語、スワヒリ語、ハウサ語、フラニ語である。ただし日本語版は、各巻を上下二冊に分けて刊行していたが一九九〇年に第一巻、九二年に第四巻を刊行し、残りの翻訳もほぼ完了していた時点で出版社が倒産し、以後の刊行は中断している。

(7) アピアはロンドン生まれのガーナ人で哲学、文化理論、歴史など幅広い分野で深い洞察を示す学者であり作家である。彼自身は、異なる知的様式の交流を評価する独特なコスモポリタニズムを提唱するが、アフリカを「アフリカ」として意味化する知的な構造的な力については鋭い批判をしている(Appiah 2006)。

(8) サルトルは、人種主義に反対するために、差別される側(黒人)が行う逆人種主義(黒人の方が白人よりも人種的に優越している)の「反転」を「人種的反人種主義こそが人種差別撤廃に通じる唯一の道」であると擁護した(サルトル 一九六四、一六五—一九七頁)。しかしこのサルトルの主張は、ファノンによって手厳しく批判される。それは、「反転」という決断への批判ではなく、「反転」にともなう被差別の側の苦痛を、差別する側の知性が堂々と代弁することへの違和感であり憤りの表明だった(ファノン 一九七〇、九二頁)。

参照文献

アブー＝ルゴド、J・L. 二〇一四、佐藤次高、斯波義信、高山博、三浦徹訳『ヨーロッパ覇権以前——もうひとつの世界システム(上・下)』岩波書店

阿部利洋 二〇〇七『紛争後社会と向き合う 南アフリカ真実和解委員会』京都大学学術出版会

小倉充夫 一九八六『現代アフリカの悩み』NHKブックス

川田順造 二〇〇一a『無文字社会の歴史——西アフリカ・モシ族の事例を中心に』岩波書店

川田順造 二〇〇一b『口頭伝承論(上・下)』平凡社

サルトル、J・P・　一九六四、鈴木道彦、海老坂武訳「黒いオルフェ」『サルトル全集第一〇巻 シチュアシオン第三』人文書院
サンゴール、L・　一九七九、高田勇、土屋哲訳「ネグリチュードとヒューマニズム」『世界』四〇四号、岩波書店
津田みわ　二〇〇九「ケニアの元「マウマウ」メンバーによる対英補償請求訴訟」『アフリカレポート』四八号、アジア経済研究所
日本アフリカ学会編　二〇一四『アフリカ学事典』昭和堂
羽田正　二〇一一『新しい世界史へ――地球市民のための構想』岩波書店
ファノン、F・　一九七〇、海老坂武、加藤晴久訳『黒い皮膚・白い仮面』みすず書房
フランク、アンドレ＝グンダー　二〇〇〇、山下範久訳『リオリエント――アジア時代のグローバル・エコノミー』藤原書店
ヘーゲル、G・W・F・　一九九四、長谷川宏訳『歴史哲学講義（上）』岩波文庫
マイナ・ワ・キニャティ　一九九二、宮本正興監訳『マウマウ戦争の真実――埋もれたケニア独立前史』第三書館
松田素二　一九九八「文化・歴史・ナラティブ――ネグリチュードの彼方の人類学」『現代思想』六月号、青土社
松田素二　二〇〇六「セルフの人類学に向けて――遍在する個人性の可能性」田中雅一・松田素二編『ミクロ人類学の実践――エイジェンシー／ネットワーク／身体』世界思想社
松田素二　二〇〇七a「過去の傷はいかにして癒されるか――被害を物語る力の可能性」棚瀬孝雄編『市民社会と責任』有斐閣
松田素二　二〇〇七b「グローバル化時代の人文学――アフリカからの挑戦」紀平英作編『グローバル化時代の人文学　対話と寛容の知を求めて』京都大学学術出版会
松田素二　二〇〇九「「アフリカ」から何がみえるか」『興亡の世界史二〇巻　人類はどこへ行くのか』講談社
松田素二　二〇一三「現代世界における人類学的実践の困難と可能性」『文化人類学』七四―二、日本文化人類学会
水島司　二〇一〇『グローバル・ヒストリー入門（世界史リブレット）』山川出版社
宮本正興、松田素二編　一九九七『新書アフリカ史』講談社現代新書
Appiah, Kwame, A. 2002, The State and the Shaping of Identity. *The Tanner Lectures on Human Values*, vol. 23. Salt Lake City, Utah: University of Utah Press
Appiah, Kwame, A. 2006, *Cosmopolitanism: Ethics in a World of Strangers*, New York: W. W. Norton and Company
Atieno-Odhiambo 1991, The Production of History in Kenya: The Mau Mau Debate, *Canadian Journal of African Studies*, vol. 25-2, 300-307

Ayittey, George, B. N. 1992, *Africa Betrayed*, New York: St. Martin's Press
Ayittey, George, B. N. 1998, *Africa in Chaos*, New York: St. Martin's Press
Boon, J. 1982, *Other Tribes Other Scribes*, Cambridge: Cambridge University Press
Cobbah, J. A. 1987, African Values and the Human Rights Debate: An African Perspective, *Human Rights Quarterly* vol. 9-3, 309-331
Cooper, F. 2002, *Africa Since 1940*, Cambridge: Cambridge University Press
Donnelly, Jack 2007, The Relative Universality of Human Rights, *Human Rights Quarterly*, vol. 29-2, 281-306
Fuglestad, F. 2005, *The Ambiguities of History: The Problem of Ethnocentrism in Historical Writing*, Oslo: Oslo Academic Press
Kurimoto, E. ed. 2001, *Rewriting Africa: Toward Renaissance or Collapse?*, JASS series No. 14, JCAS
Trevor-Roper, H. 1966, *The Rise of Christian Europe*, New York: HBJ College & School Division

Ⅲ　歴史と記憶、再考

8　大阪における都市空間の生産と場所の政治化
――「公都」・「民都」の政治地理

水内俊雄

一　大阪都構想をめぐる政治地理とは

近代化以降の大阪の独特な都市空間の生産のありように対し、東アジアを視野にいれた地政学的な解釈が本章では求められている。戦後大阪の相対的な地位低下と、日本全体のその後の内生的発展により、大阪の戦後をナショナルなスケールに基づく地政学で切るのは困難となってきた。山崎(二〇一三)が述べるように、国際政治が世界経済の構造に左右されるところに新しい地政学の切れ味があり、都市と地政学の議論は、国際経済のプレゼンスの小さくなった大阪にとっては、あまり説明力のないものとなっている。むしろ東京のグローバルな地政学でも切れる状況に対して、大阪都構想に代表される大阪のローカルな政治地理、自治体がこの事態にどのようなプレゼンスを発揮すべきなのかが衆目されているというのが事の真相である。学問的にも、新しい政治地理の勃興が、新しい地政学と、場所の政治により牽引されているとすれば、後者への切り口が大阪にはふさわしい。

集権と分権が交錯するといわれる大阪都構想において(砂原 二〇一二)、集権は、大阪府がグローバルにも通用する香港やシンガポールと同等の面積や人口規模を有する都市国家として、パワーを発揮するために必要であろう。そして分権は、既存の区を編成し直して、新区の機能を独自にローカルにきめ細かく強化するには必要となってこよう。この二つのスケールの場所の政治地理が複雑に交錯していた中で、都構想の賛否が問われるという高度な選択を、大阪市民は迫られた。

外向きの地政学が後景に退き、内向きの国内政治地理として、日本が長らくその成長の原動力の一つとしてきた空間の生産をめぐる国土政策、地域政策、都市政策がフル回転してきた。特に歴史的に都市政策に関する大阪市のプレゼンスは大きかっただけに、そのダイナミズムの歴史と功罪をまず明らかにしておく必要がある。近・現代的には、都市計画であり上下水道や交通網などのハードなインフラ整備や、また住民の労働の再生産や消費を支える社会住宅や福利にかかわる施策に代表される公共サービスの整備がその典型となろう。

このインフラ整備と公共サービスの分厚い都市政治の伝統に加え、いわゆるマイノリティや同郷のネットワークなどコミュニティレベルの場所の政治地理が交錯したのが大阪の特質の一つであった。本稿では、政治地理という概念に、地理的要因をもとにした政治戦略であるという実践性と、それがまた地理的に影響を与えるという効果性を付与した定義を与える。都市空間史と名付けてもよいが、このことにより、大阪都構想に至らざるを得なかった大阪の政治地理＝都市空間史を明らかにし、今後の政治地理のあり方を考察したい。

ここで、大阪都構想の住民投票の賛否の分布を区別に示した**図1**をみていただきたい。南部から湾岸諸区で反対率が高く、中央部から北部にかけて旭区を例外として、賛成率が高くなっている。このクリアーな賛否の分布は、日本でも最も明瞭な居住分化が埋め込まれた都市空間構造の反映ともなっている。賛成率の高い区は、国土成長軸に近い新大阪や梅田から御堂筋軸に位置する諸区(北、中央、淀川)、また近年の都心回帰による単身、家族世帯の流入を見た区(西、福島、都島)などである。比較的若年層が多く相対的に年齢構成バランスの取れた東北部の区(東淀川、城東、鶴見、東成)などでは拮抗した数値となっている。一方、反対率の高い区は、いわゆるインナーシティでもともとブルーカラー層や小規模自営の分厚い集積のある湾岸や南部から東南部のインナーリング（西淀川、此花、港、大正、西成、生野）、それより外郭にある郊外諸区で、戦後公営住宅団地主導で市街地化が進行したアウターリングのエリア（住之江、住吉、平野）、そして大阪では数少ない居住地選好度合の高く、古くからの住宅地で区民プライドの高い上町台地セクター（天王寺、阿倍野、東住吉）から構成されている。

図２は、そうした都市空間構造の布置を、横軸に住民の志向、縦軸に社会階層をとり整理したものである。古谷（二〇一五）による都構想住民投票結果に対する評論は、大阪の都市空間構造を踏まえて描かれている点で参考になる

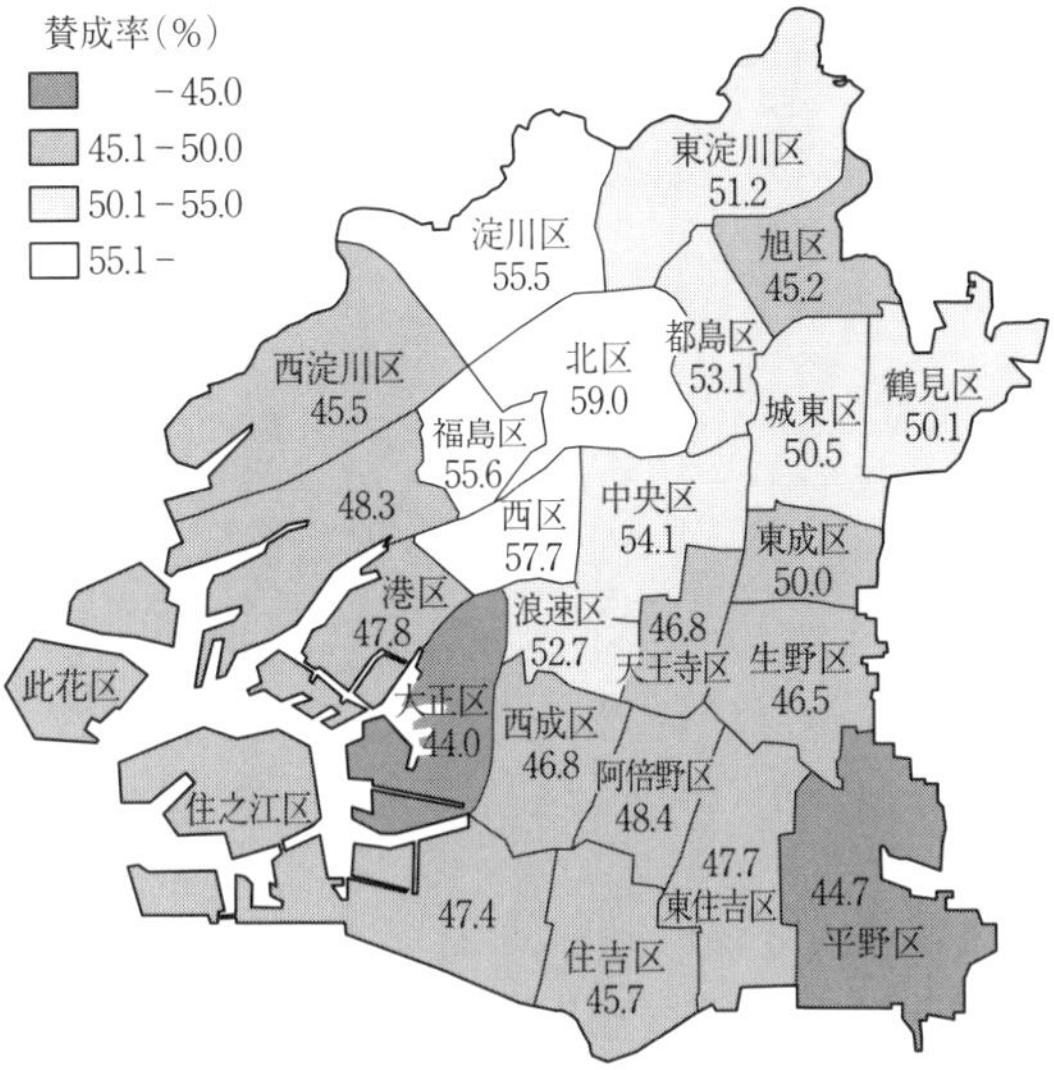

図１　大阪都構想住民投票の区別分布
（熊谷美香氏作成）

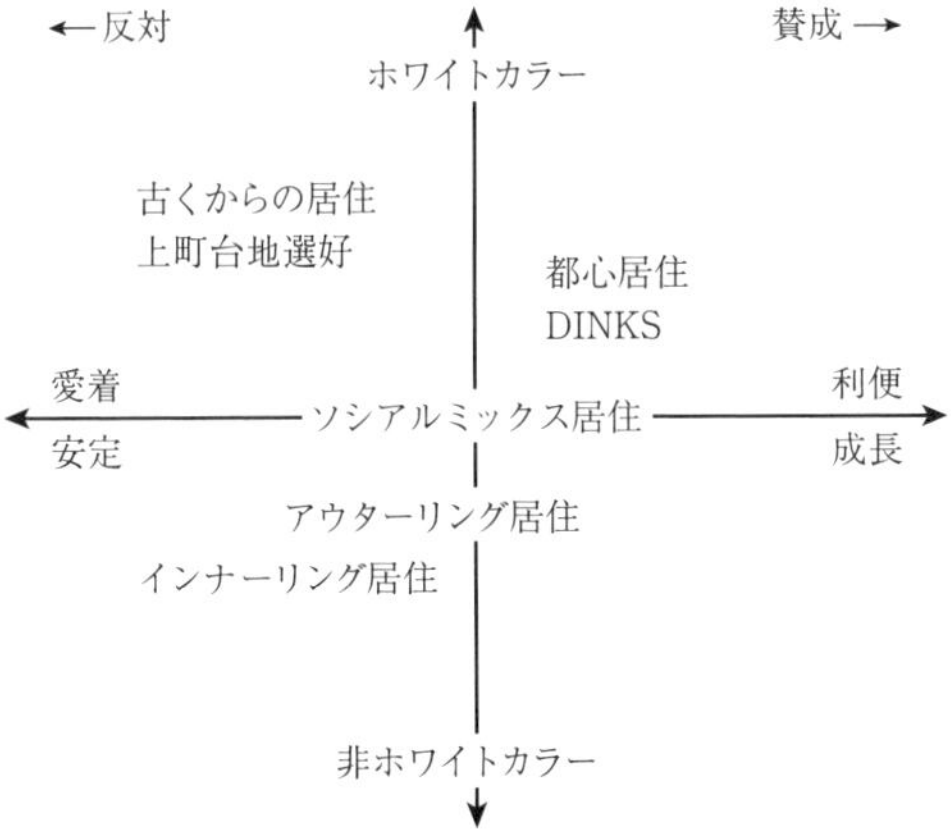

図２　大阪市の現状と将来に対する
市民の志向を整理した模式図

が、南北の単純な日向と日陰の構造に落とし込まれがちであり、もう少しひだのある都市空間史に着目せねばならない。開発／再興に向けてのエネルギーをもたらす自治体のプレゼンスを発揮した都市空間の生産の志向と、ローカルな場所への愛着やアイデンティティ、またセーフティネットを維持してきた今までの場所性、広がりを維持したいという安定志向を、横軸で対置している。

古谷の評論は、どちらかというと社会階層的対置である縦軸ラインが強く出され、左上に付置される大阪上町台地プライドには言及がなく、かわりに阪神間モダニズム、阪急文化が登場する構図になっている。その背景には、京都、神戸と合わせた三都からなる京阪神都市圏の、大変個性的な各都市の、世界的にもユニークな地理的連担がある。津金澤(一九九一)は、明治末期以降の私鉄の開発による都市圏の広がりを「民都」という見方で、東京の「帝都」と対比させた。水内(二〇一二)では、大阪はさらに「移民都」という奥行のある空間を有していることを指摘した。**図2**のこの縦軸ラインについては、さらに東京との比較で、左下象限のインナーシティ部分のプレゼンスが大阪では大きいことも触れられている。この古谷の指摘は正しいし、そのプレゼンスの大きさが、歴史的な「移民都」に系譜を有する空間の広がりとも関連する。

津金澤のいう「民都」の広がりと、水内のいう「移民都」の広がり、さらにいうと、**図2**でも触れている、上町台地の山の手的な居住選好がもたらす市域内の「民都」の広がりも指摘できる。歴史的に大阪においてプレゼンスを有した「移民都」は、アライバル・シティに近い発展途上国の都市化から生まれる市街地の社会とも通底し、たえず流動人口を抱えつつ、社会でのステップアップを培養する器のような躍動感を有していた(コルナトウスキ 二〇一三)。その躍動が落ち着きに変換され成熟した「民都」に向かうのか、あるいは次の移住ステップを歩むか、流動を繰り返すか、というダイナミズムを「移民都」は内包した。こうした「民都」の多様性が、市域内にとどまらず、市域外にもモザイクのように広がっているのが大阪の特色であった。戦前の大東京はそれらをすべて市域内で実現していた中での東京都の成立であり、この地理的社会的な都市圏レベルのモザイクから生じる政治地理の都市空間史をおさえることなしに、大阪都構想は語れない。

二　「公都」のプレゼンスと地理的基盤の系譜

戦前期の繁栄の大阪をネイミングした「商都」、「工都」、そして「民都」に加え、繁栄を後押しするためのインフラ整備や都市の社会問題に立ち向かう大阪市のプレゼンスに着目した「公都」のネイミングも重要となってくる（水内 二〇一二）。東京の「帝都」に対置する「民都」に加えて、「公都」がもう一つの対照となる。この「公都」の現状を小さな政府化により変革しようとしたのが都構想で問われたことであった。

大阪築港に代表される港湾局、市電、市バス、発電、配電を担う電気局、都市計画事業、その中でも代表的な御堂筋建設や地下鉄敷設、住宅供給やスラムクリアランス、さまざまな市民館活動などを含む社会政策の施行など、大阪市の都市経営におけるプレゼンスは、日本国内都市の先頭を走り、極めて明確であった。

たとえば、市営モンロー主義ともいわれる特に交通事業に関する独占的な市域内での経営の完徹は、戦前において、一九〇三年の開業から一貫して大阪市が市内電車の運営を行っていたことに顕著にうかがわれる。東京市では、いくつかの民営の市内電車をまとめて市営化できたのが一九一一年であり、京都市は一九一八年に市営として統合するのを待たねばならなかったことに比し、対照的である。

都市計画法の施行とともに、大阪市のメニューは多様に用意され、特にこの交通インフラに関しては、地下鉄による高速度交通の導入をメインに位置づけ（一九三三年開業）、**図3**のような市域も超えるような形で、東西南北に市域を横断縦貫する形で描かれる。広幅員の御堂筋の建設は、大規模な家屋移転での多くの難渋する交渉を経て、関一市長の意思完徹を通じて行われ、壮麗な都心空間の生産ともなった。視覚的に「公都」の体裁が、都市計画に従った空間の生産を経て、徐々に実現されてゆく過程がこの御堂筋と地下鉄に凝縮された。そして仕上げが、地下鉄着工と並行して一九二八年から始まった梅田駅前の再開発事業であった。省線の電化高架化と駅ビル、阪急梅田ターミナルビル、阪神百貨店と地下駅、周辺の大街区式の再開発など、大阪の玄関口の壮麗化であった。

一九三七年、大阪市産業局制作のプロモーションフィルム『大大阪観光』などは、電気局、港湾局のプレゼンスを視覚的に遺憾なく発揮し、これが「公都」のアーバンツーリズムにも仕立て上げられているところに、「公都」の実

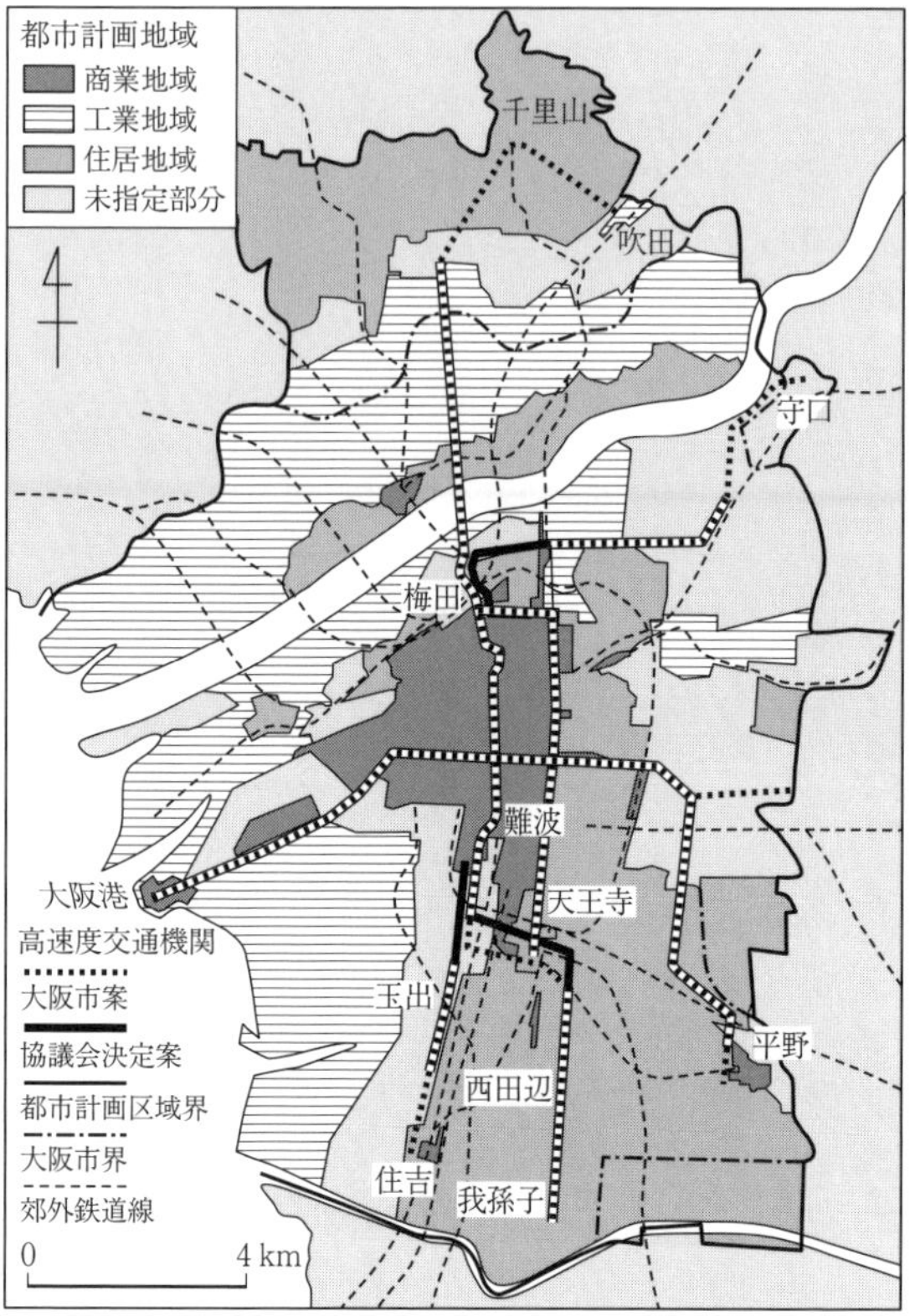

図 3　大正末期の大阪市の都市計画図

出典：西部均(2001)「都市計画濫觴期の地理的想像力をめぐるポリティクス」『人文地理』第 53 巻第 4 号, 381 頁より転載

力をかいまみることができる。地理的には、「水都」の情景と、「商都」の空間的結果として大ビルディング、都心オフィス街がきっちり埋め込まれていたのであった。そこには、政治の権力性をまともに反映する「帝都」の景観とはずいぶん異なる、経済力を見せつける「商都」の景観があった。北京と異なる上海の景観と相通じるものを感じるのは私だけではなかろう。

この躍動する「公都」の地理的広がり、市域の歴史的な系譜については、都市政治の面ではいささか等閑視されてきたが、市制施行時に遡って、市域の歴史地理的基盤の変遷を確認しておきたい。**表1**はその推移を三府の東京、京都、大阪でみたものである。歴史的都市の近代期の変貌の政治地理は、日本の近代化のスムーズな移行に大きな役割を果たした。中でも、江戸の系譜をそのまま引き継ぐ東京の面積の広さは、圧倒的である。一八八九年の市町村制施行時において、京都はその前に鴨川以東を洛中市域に編入し、大阪よりも広い面積となっていた。この三府は市長をおかずに、知事直轄支配であったが、一八九八年には独立市制を布く。この時期の府による都市空間の生産をめぐる政治地理は興味深い。

東京では、銀座煉瓦街、官庁集中計画から、より面的に都市を構成してゆく区改正計画が注目される。知事時代から始まり市に移行するが、基本的には内務省が主導し、東京市のみに適用される形で進められた。事業が具体化し始めたのは、一九〇六年に臨時市区改正局が設けられてからであり、大正時代に入り具体の成果が道路、民営の路面電車の整備と一体となって実現していく。この東京市区改正計画と連動しながら、官営鉄道も都市建設に大きな役割を果たす。各私鉄の終端駅を市部中央に貫通させること、そして環状の鉄道を複線電化で整備し、特に皇居の玄関に向き合う形で東京駅を、一九一四年に建設させたことなど、中央政府の意向も都市建設に遺憾なく発揮される。人口だけでなく歴史的都市の面積も図抜けて大きく、広大な敷地を要する師団や、帝国大学や高等学校、高等専門学校などの高等教育機関も、多くは藩屋敷跡地を、余裕をもって利用できた。

表1　東京，京都，大阪の面積・人口の推移

		東　京	京　都	大　阪
歴史的都市[注1]（人口は 1850 年）	面積	80 km²（1865 年）	21 km²（1647 年）	15 km²（1655 年）
	人口	115 万人	29 万人	33 万人
1889 年市町村制施行時[注2]	面積	81 km²	30 km²	15 km²
	人口	137 万人	28 万人	48 万人
中間期の編入[注2，注3]	面積	—	60 km²（1918 年編入）	56 km²（1897 年編入）
	人口	—	67 万人	75 万人
大編入期[注3]	面積	553 km²（1932 年編入）	289 km²（1931 年編入）	181 km²（1925 年編入）
	人口	587 万人（1935 年国調）	108 万人（1935 年国調）	211 万人（1925 年国調）

注 1：面積は，内藤昌（1978）「江戸——その築城と都市計画」『歴史公論』93 号，15-29 頁，人口は斎藤誠治（1984）「江戸時代の都市人口」『地域開発』9 月号，48-64 頁
注 2：戸籍簿及び寄留簿
注 3：国勢調査人口より

一方、京都では、**表1**に見られるように一八八九年の市町村制施行以前、府時代に編入した鴨川東部エリアが戦略的に利用された。府のイニシアティブによる琵琶湖疏水事業は、発電や利水、電気軌道も兼ねたインフラを提供し、明治末期の市電敷設と一体化した道路整備、第二疏水、関連して上水道整備から構成される京都市の三大事業につながってゆく。この鴨川東部は、洛中にほとんど存在しなかった武家地の跡地が広がっていた。幕末に天下の分け目と京都に集結した各藩が急遽獲得して武家駐屯地とした買収地も払い下げられたものであった。そうした広大な敷地が、平安遷都一一〇〇年祭、内国勧業博覧会の敷地に供され、帝国大学や各種の高等教育機関、先進的模範的工場をうまく誘致、立地させ得た。公家地の一部も後の私立大学の敷地として提供される。そして師団は遅れて、南部郊外に進出したので、市内部の中枢を占有されることはなかった。

大阪においては、もともと狭小で人口密度が高いところに、広くはなかった武家地が城郭部分を中心に陸軍鎮台により一八七一年に早くも占有された。高等教育機関の誘致は、提供できる都市の広狭で相次いで京都や神戸にとられ、文部省を説き伏せ、市立の大阪商科大学を自ら創設して「公都」の実力の一端を発揮したのは、一九二八年であった。いずれにしても市域の拡張は喫緊の課題となり、一八

九七年の大阪市の第一次合併は、表1のように規模的にはかなり大きく、この合併により大阪湾の海岸線を手にすることができた。

少々内陸に位置する河港都市の運河と大阪湾を結ぶ安治川と木津川の分岐点の外国人居留地は、安治川の限界性により神戸にその発展を奪われていた。起死回生には海岸線を市域に持つことが至上課題であり、この第一次合併ではそれを実現させた。そして近代港湾、河港から海港としての大阪築港事業を始めることになる。結果的に全国でも稀にみる市営港として、港湾局の直営で一九〇三年から着手される。また道路拡幅を伴う市電網も、一九〇三年から直営で広がった市域を網羅する形で整備され始めた。

市域の拡大において、第二回目の画期は表1にもある大正後期から昭和初期にみられた。都市計画法の適用で、都市計画区域の設定が必要となり、大東京、大京都、大大阪が実現し、現在の市域にほぼ達する。

ここで注目すべきことは帝都東京の巨大さである。表2は、一九四三年に登場した東京都において、当時の大東京市と東京府の面積、人口比を一九四〇年の国勢調査でみたものである(大阪市と大阪府の比較ものせている)。対府シェアはなんと九四・二%であった。現在の大阪都構想は、大阪市の人口の対府シェアが三〇・一%という状況のもとで語られたことを考えると、全く中心市の比重が異なっていた。加えて東京府域と大阪府域の周辺都市の歴史的厚みも違っていた。

特に東京、大阪における都市空間の生産は、規模の大きさもあいまって、日

表2　大大阪，大東京の比較

	人　口(人)			面　積(km²)	
	1930年	1940年	2010年	1925年	2010年
大阪市	2,453,569	3,252,340	2,665,314	181	221.3
大阪府	3,540,017	4,792,966	8,865,245	1,850	1,905
対府シェア	(69.3%)	(67.9%)	(30.1%)	(9.8%)	(11.6%)
	1930年	1940年	2010年	1935年	2010年
東京市	4,986,913	6,778,804	8,945,695	553	616.7
東京府	5,408,678	7,193,000	12,064,101	2,030	2,109.9
対府シェア	(92.2%)	(94.2%)	(74.2%)	(27.2%)	(29.2%)

注：東京市人口は，現在の23区の範域に換算

本の都市社会に与えるインパクトのある、近代化を支える主役であった。日本の都市政治を牽引するずば抜けた力を持っており、今でも一国のＧＤＰに達する力を持っている。その基礎とする市域は、一九三〇年前後にグレーター〇〇と称しあう都市間競争の中で日本に登場し、二一世紀においてもその市域で都市を経営しているのである。

三　大阪都市圏郊外と市域内の郊外

このような市域内での都市空間の生産に対して、市域を超えての都市・地域連携がいち早く進んだのも大阪周辺であった。東京二三区と大阪市域の比較をしがちであるが、都市圏のもとに大阪市が成立しているという世界的にも稀な三都の都市圏内ネットワークの存在を考慮せねば、比較の妥当性に欠く。

都市空間の生産の観点からは、都市圏交通機関の成長は、京阪神圏の連携を担保する重要な要因となり、インフラの投下および場所性の付与という独特の空間的効果をもたらした。特に、都市間交通としての箕面有馬電気軌道(今の阪急)の一九一〇年の登場は画期的であった。

既に先行して京都と結んだ京阪電鉄、神戸と結んだ阪神電鉄は、電車で迅速にかつ頻繁運転という、官営鉄道にない新しい交通輸送を提案した。また寺社仏閣、自然景観を愛でる近郊行楽を、高野鉄道(南海高野線)、大阪軌道(近鉄奈良線)、大阪鉄道(近鉄南大阪線)などは、誘客のテーマとしてゆく。京阪神圏には国宝や重要文化財が全国の七割も集中している中、大阪平野を取り巻く山麓や、京都から奈良、和歌山に至る多くの勝景地へのアクセスが、このような京阪神都市圏での鉄道経営の動機となった部分もある。このこと自体も世界の交通史的には稀有なことである。しかし、箕面有馬電軌沿線にはそうした素材が乏しかった。そこで、庭付き一戸建ての郊外住宅を田園都市の形成という観点から、沿線でいくつも経営を始め、朝夕の行き返りに利用する駅にも意匠を凝らし、バスもその後に運行させ、沿線に通勤という新しい生活様式を提案した。加えて新たに箕面の動物園や宝塚の遊園地、温泉リゾートなどを持ち込む。ターミナルの梅田駅には百貨店をセットし、当時、都市内での職住近接の生活スタイルを持つ富裕な階層に、郊外居住という新たな生活スタイルを定着させた。

このビジネス戦略は大きな反響を呼び、**図4**にもみられるように、後の阪急沿線の箕面豊中以西の北摂から阪神間に、富裕な階層の住む割された住宅経営地がゲイティドコミュニティのごとく、珠玉のようにちりばめられることになる。特に阪急平野という表現に代表される世界的にもユニークな私鉄沿線文化が成立したのである。そこには都市空間の生産を通じた鉄道会社による場所の意味づけが強烈に働いた。

この地理的居住の総体を、大阪市域からはみ出した「民都」の実体の一つとすれば、この私鉄による郊外空間の生産は、人々の沿線に住むという選好と、さらにそこから生じる場所への愛着を生み出した。通勤を通じて、大阪市を利用する富裕な郊外居住民を生み出した。大阪市にとっては痛手となる、市域からそうした層を郊外に吸引する流れをたえず作りだすことになった。

このような阪急主導の郊外「民都」の形成に対し、阪神電鉄は郊外住宅のみならず、

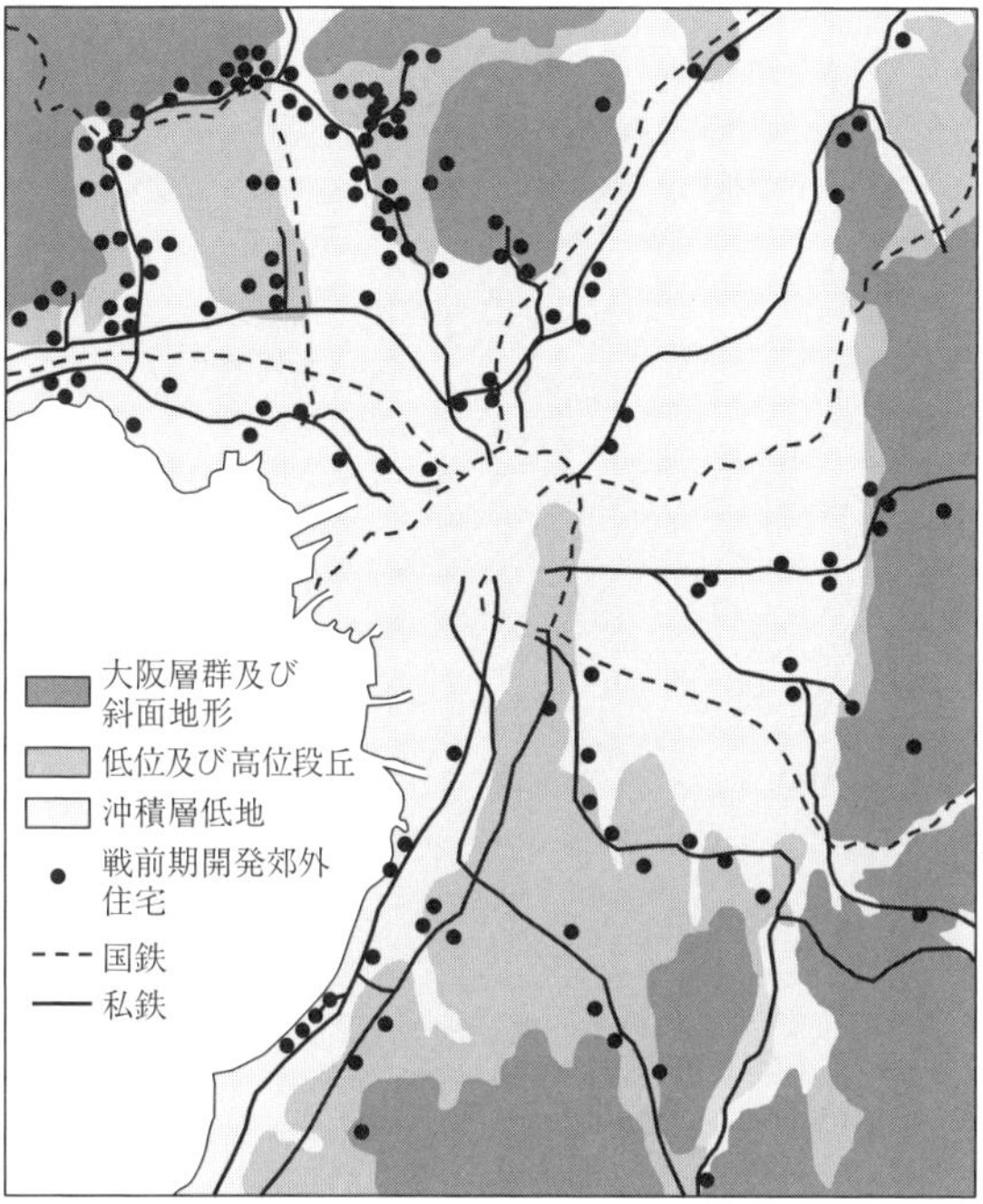

図4　明治末期から昭和戦前期にかけて開発された郊外住宅地の分布

注：鉄道網は，昭和10(1935)年当時(路面電車，地下鉄などは省略)．土地条件図は簡略化して描いている

野球場、テニス場、遊園地、グラウンド、プールなどの総合的なレジャーエリアを集中的に大阪市域外の甲子園に構想した。特にプロ野球球団は、「民都」の関西アイデンティティを下支えする独特の甲子園という場所性を生み出した。阪急文化に加え甲子園文化と、性格は異なるが、都市空間の文化政治地理として語ることのできるユニークな京阪神都市圏が、郊外に生産されたのである。

大阪市域内に限られる「公都」と、市域を超えた「民都」の郊外への広がりの同時代的展開を紹介したが、市域内では、これも日本では最も明瞭な居住分化が進行した。そして「公都」のプレゼンスは、関一市長のもと、都市社会

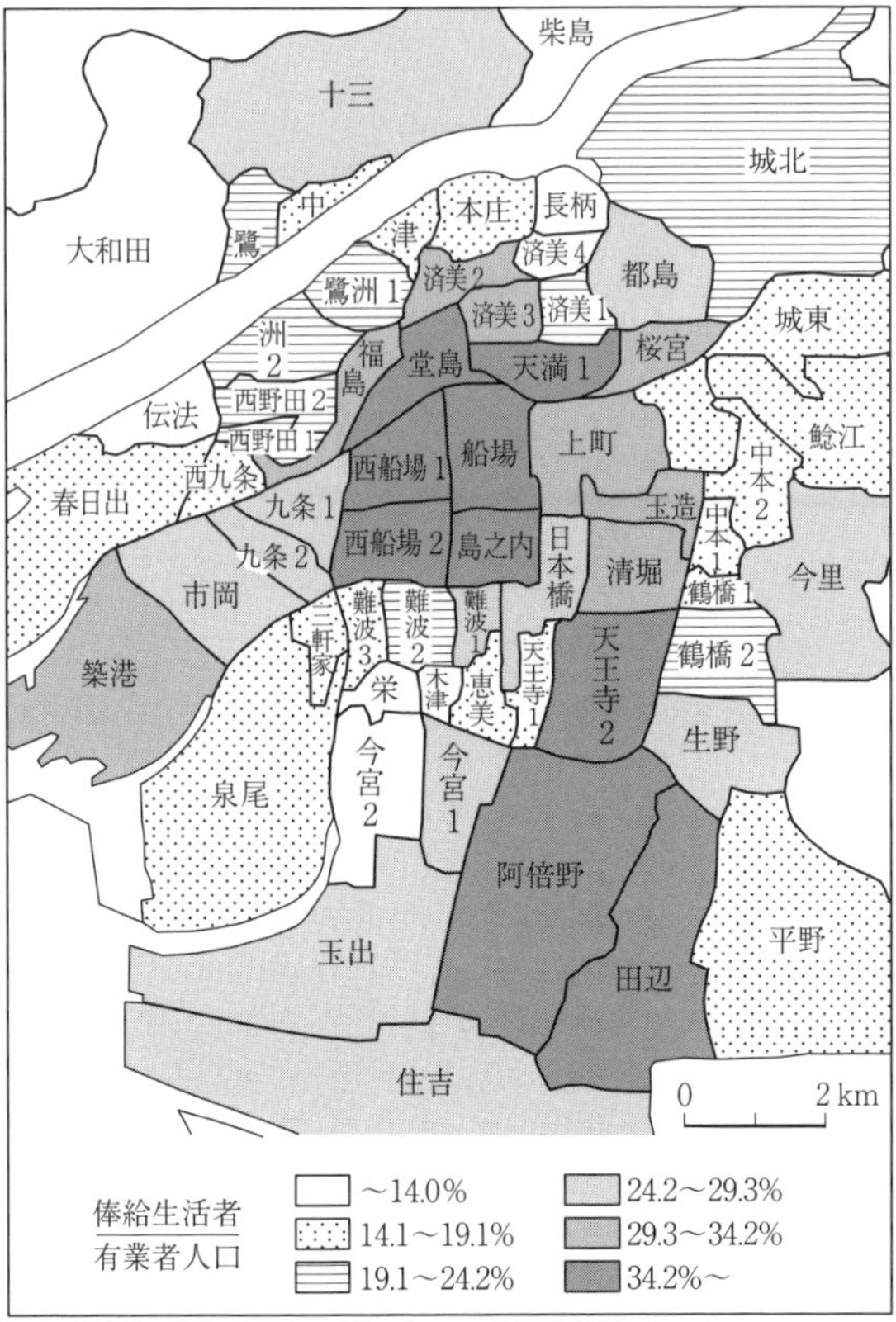

図5　俸給生活者の分布

政策という形で発現されてゆく。この社会政策の発想は、市民として定着してゆく「民都」的性格の居住地の新興性と、アライバル・シティ的な「移民都」的な不安定性を背景にして、構想されたといっても過言ではない。

前者の性格を表わす居住地の分布を地図に反映させたものが、**図5**の昭和初期の俸給生活者の分布である。江戸時代からの歴史的都市である大坂三郷、船場、島之内、天満の中心部に加え、上町台地にのる現中央区東部・天王寺区・阿倍野区、東住吉区(田辺)方面、港区方面に、そうした階層の分布が見られる。雑誌『大大阪』の「新開地風景」の連載(一九三二年)では、工場労働者と俸給生活者の分布が際立つこと、それが近年の大阪の発展の基軸になってみられること、そしてそうした小市民が集住する典型エリアを、「阪堺国道街」、現在のあべの筋が貫く阿倍野区として、次のように描写している。

周囲部の現象は実に不思議なる明暗色を見せている。例えば工場街を中心とする逃避市民の集団、株式取引街を中心とする逃避市民の集団、役人を中心とする逃避市民の集団——の如く、大大阪の地図の最境界線に近き新興街のスナップは、かのゲルマン民族の偉大なる移動の如く自然的な集団をつくっている。労働者街。遊玄人街。役人街。商人街。大工、手伝、左官の如き職人街。手工業者街。サラリーマン街。の如くここ数年の日月は奇現象をつくったのである。で、この阪堺国道街は前述の如く、小市民を中心として各種営業は整備されたのである。

(上井　一九三二)

阪急文化や阪神間での郊外市民との対比は、「且ってのブルジョア階級街を、適当の町に変え、ブルジョア階級を、遥か南海の海岸線及び阪神沿線に追いやった。小市民的安価な生存はこうして生まれ……」という叙述に見られるように、前者ではより富裕な会社経営者や自営業者からなる市民の居住地が郊外に、そして大阪市内域では、小市民的俸給生活者の街が上町台地上に展開したことになる。

大阪市内では、この引用の同文章中で使われるインテリ階級と呼ばれる層を含む俸給生活者の集住は、東京ほど広がりを持たないが、既述のエリアにおいて、東京の西郊に見られるような若い俸給生活者や夫婦者の郊外生活風景が誕生した。この郊外発展を支えたのは、大阪市の指導に基づく、土地区画整理事業の推進であった。南部から東部、そして東北部、北部にかけてのアウターリングでは、土地区画整理に基づく計画的な都市空間の生産が、昭和初期か

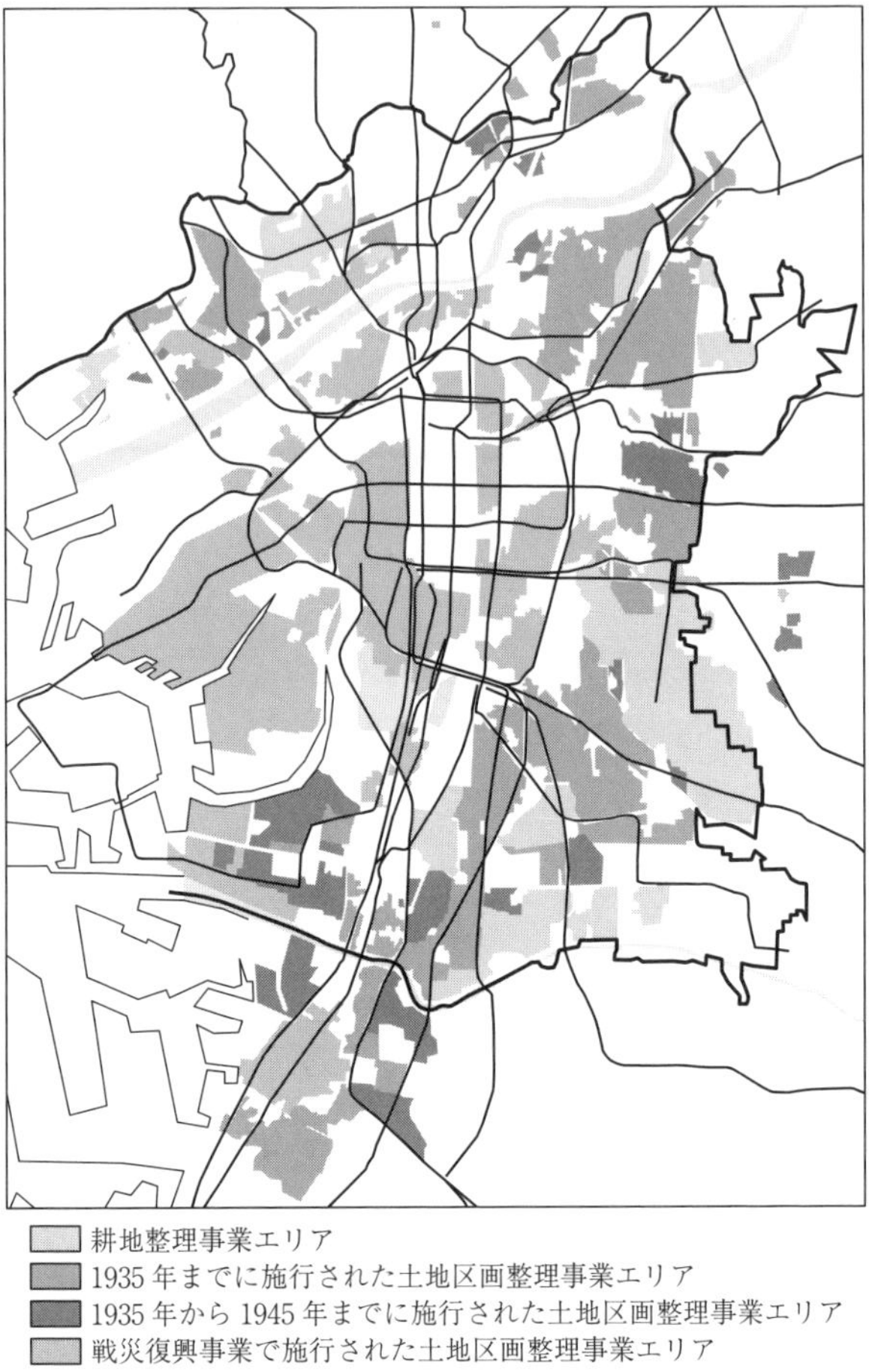

図 6　戦前・戦後直後の土地区画整理地区の分布

ら大々的に行われた。この形式の生産は、**図6**にはっきりうかがわれるように、一九四一年ごろまで徹底的に進められた結果、アウターリングは土地区画整理エリアで埋め尽くされ、市街地化もどんどん進んだのである。

「公都」としての大阪市のプレゼンスは、土地区画整理による都市空間の生産という形で発揮され、そして小市民たちは、首都圏では見ることのできない邸宅長屋を代表とする良質な長屋形式の集合住宅の街並みを享受する。そこに居住することにより市域内での郊外的な場所性を付加していったのである。帝塚山、北畠などの一部庭付き一戸建て邸宅も含みながら、大阪市に住むプライオリティを発揮できる場所を、上町台地上を中心に展開した。シビックプライドにつながる上町市民意識が、都構想の住民投票にも幾分反映したことは、冒頭で述べたとおりである。

四　政策対象としてのさまざまな「民都」

このように、二つの「民都」は、市域外の主に阪急沿線と、上町台地上に地理的な位置を占め、繁栄の「商都」を具現化してゆく。と同時に、繁栄の「工都」の地理的広がりは、大阪市のインナーリングから湾岸に広がり、「煙の都」「東洋のマンチェスター」とも呼ばれた。人々は、移民として大阪に劇的に流入し、同心円的に職工の街、工場労働者の街、それを支える街角商店街や盛り場が、中心部のまわりに張り付いてできてゆく。「東洋のシカゴ」といってもよい移民の街、水内（二〇一二）では「移民都」と定義したエリアが登場する。「民都」を構成するもう一つの重要な要素となり、近畿圏から中四国、九州、特に鹿児島や沖縄の人のみならず、朝鮮半島からも多くの人々の移住の受け皿となった。知識労働者よりも肉体労働者の多い構成が内包する社会経済的な脆弱性は、被差別部落民、日雇労働者、朝鮮半島出身者、南西諸島出身者などが集住する地区により強く出る。それが「移民都」の脆弱性を緩和するための「公都」的介入を生み出す契機となり、移民の街の再生産に対する、独特の大阪ガバナンスが登場することになる。それが関一市長の都市社会政策であり、戦後の大阪市の政策の柱の一つともなってゆく。

ボトムアップ型の場所の政治の勃興は、政治的な不安定を生み、その震源地である移民の街は火薬庫であるという認識（水内 一九八六）を抱かせた出来事は、一九一七年の労働運動の頻発であり、一九一八年の米騒動であった。この二つの出来事は、杉原・玉井（一九八六）によって明らかにされた、大阪の労働市場の特質である近代的工場労働者から構成される「一般労働力市場」と、力役や雑業から構成され労働・生活が「スラム的水準」である「スラム労働力市場」の二重構造として把握する視角に照応し、労働市場も分化し始めたのである。そして都市空間を火薬庫という認識で政治化して、それは街頭騒擾や工場内での対経営者闘争で視覚化されることになる。

米騒動においては、警察による部落民の逮捕者、検挙者の多さと、マスメディアによる部落が起点となった騒擾という記事が前面に出たことで、移民の街の広がりを基盤とするエリアの細民、都市雑業層による騒擾であるというとらえ方が流布した。場所を政治化する観点からすれば、部落を危険視し、運動的に場所が政治化される前に先手を打って融和を図る融和事業の展開が全国的に見られるが、大阪市は独自の社会政策で対処してゆく。吉村（二〇一〇）が述べるように、「盤石な社会事業体制が整備され、その射程が深くかつ広範囲であったことによって、……部落問題をめぐる社会融和は社会事業の枠組みの中で手厚く充填」されたのである。

一方、杉原・玉井（一九八六）の言う「一般労働力市場」において、大阪では特に日露戦後の重工業大経営の工場労働者の居住も後述するように、北西部から湾岸エリアで広がってゆく。横山源之助は、「職工社会」、「職人社会」、「貧民社会」の三社会が都市下層社会を構成するとしていたが、この「職工社会」の登場を、「労働階級根拠地たる野田方面が……如何にも富を生産する労働階級の気分が現れている」（『大阪毎日新聞』一九一五年六月一八日）、「この住民の大多数は紳士階級そのものではなく、朝から夕まで全身の汗と血を絞って、轟々たる機関の音に世間の物欲を遮って働いて居る労働階級のものである。……この西部一帯方面は活動的、積極的、現代的発達である」（『大阪毎日新聞』

一九一四年七月二日)というルポルタージュに読み取れよう。「工都」の情景であり、地域へのアイデンティティというよりは、インターナショナルなプロレタリアートという労働者階級としてのアイデンティティがより強調される場所が生まれてくる。

労働組合としてもっとも影響力のあった友愛会の支部別新入組合員の大正期の累計を描いた図7では、有力重工業事業所の分布と一致し、湾岸から現在の此花区、福島区、北区北部(旧大淀区)に集中した。また関連して無産政党の党員分布について描いた図8では、組合の分布の集積した上記のエリアに加え、現在の港区、大正区や、東部の砲兵工廠関連の労働者の集積をみる東成区方面に多くの分布が見られる。このことは無産政党の衆議院選挙の得票率にも明確に見られ、一九二八年から三七年の衆院選挙四回の平均値が、此花区の二八・五%、大正区の二八・〇%、東成区の二四・九%、港区の二二・三%などと、都心区や俸給生活者のエリアでは一〇%台前半であるのに比し多くの得票を得た(水内 一九八六)。

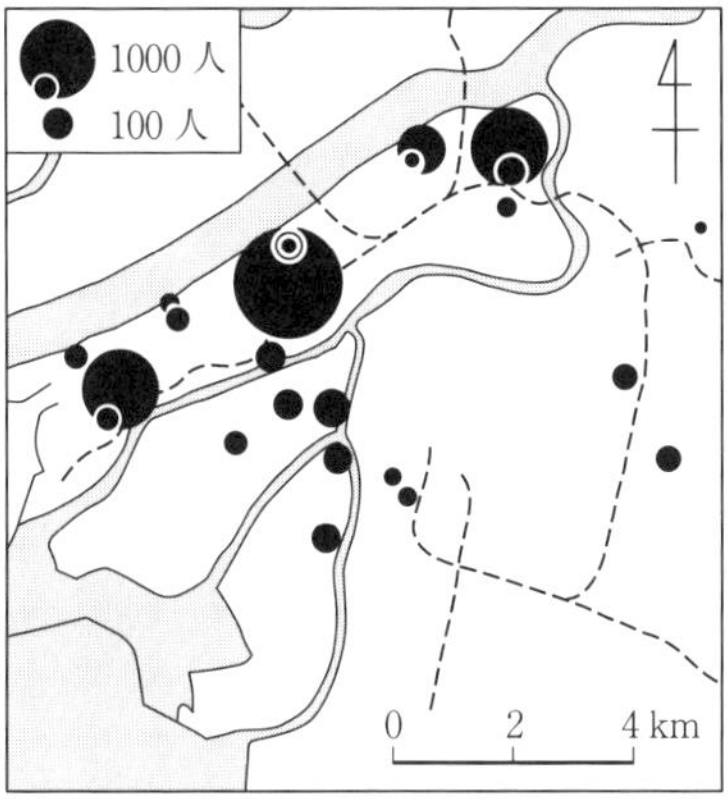

図7 友愛会新入会員累計分布(1912-1920 年)

出典:友愛会の機関紙『労働及産業』『労働』を利用

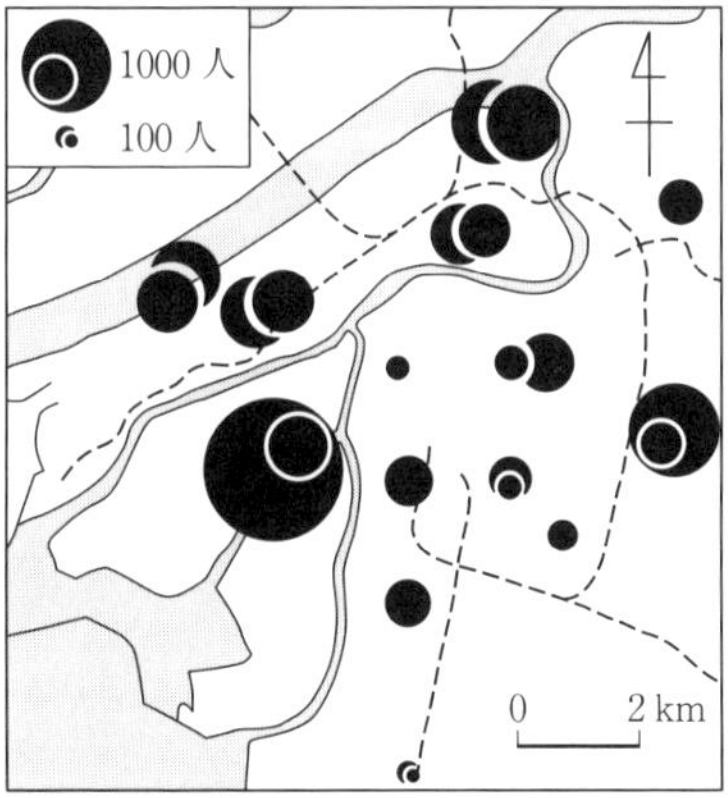

図8 社会民衆党,全国労農大衆党の党員分布(1931 年末)

出典:内務省警保局(1932)『昭和 6 年度に於ける社会運動の状態』より作成

高野（一九二一）も述べているように、地域での生活空間として購買組合、診療所、託児所などの運営の広がることが成熟した職工街の一つの到達点となる。東成無産者診療所は、全国水平社や朝鮮人とのつながりも強く、労働階級の集住する社会空間的な場所としての雰囲気を有していた。また北西部の大経営重工場労働者街の企業組合的な性格とは異なり、港区や大正区で見られた港南合同労働組合運動は、集積した中規模機械工場労働者が進めたものであった。「もっと身近な労働者の生活、職場の要求に密着した運動をこつこつやるという気風」、「港南と言う土地柄に対して自負心をもっていた」、そういう地域であった（吉見 一九八二）。特に大正区において、一九三七年の衆院選挙での無産政党得票率が四四・四％という驚異的な値となったことにも、工場労働者の層の厚みがうかがわれる。

「工都」を構成した工場労働者は、大半は大阪への移民であったが、移民の出郷地へのアイデンティティや、マイノリティであるという状況から凝集されるアイデンティティとは異なっていた。組合系の工場労働者の場合は、プロレタリアートという社会階層への帰属意識が優先された。これが横山（一九一〇）のいう「職工社会」に相当し、「職人社会」や「貧民社会」という彼の規定は、どちらかというとプロレタリアートへの帰属よりも、同郷の地域、あるいはマイノリティとしてのアイデンティティが強く出ていた。これが移民の街を構成する一つの要素となった。「民都」の構成には、さらに移民の街及び「工都」の情景を具現する職工街が、インナーリングからアウターリングにかけて、居住分化を明瞭に伴いながら、大阪の街の空間構造を際立たせたのである。

このような都市空間の生産をコントロールする具体の介入が、都市計画と社会政策となった。市域をはるかに超えた郊外の「民都」の一部は、阪急を代表とする私鉄により、沿線各所に広がり、富裕な人々によるある種自生的な豊かな郊外となった。一九二五年に拡大した市域を持つに至った大阪市は、こうした郊外までは含みこめず、しかし拡大した市域を若干超える形で都市計画区域を構想する。**図3**のように、導入された用途地域の区画の中で、住居地域の広がりは市域内の将来の「民都」の健全な居住を期待するエリアとなった。私鉄のみならず、地下鉄を軸にする高速度交通網で、都心と住居地域を結び付ける動脈整備をはかったのである。

一方、工業地域や未指定地域では、住工、あるいは住商工ミックスのエリアであり、「工都」の職工街であり、移民の街の典型的な広がりともかなり一致することになる。こうしたエリアは、都市計画のみならず、都市社会政策の格好の対象地となる。こうしたエリアへの取り組みを、大阪市は隣保事業として進めてゆくことになるが、どのような視線を浴びせていたのであろうか？

図9は、大阪市の社会調査のなかでも特筆される、隣保事業の分布を示している。いわゆる城下町の外側、すなわちインナーリングに都市社会問題の集積を見ることができる。この分布はセクター状的な俸給生活者の分布とは好対照をなし、主に同心円状的に広がる基本パターンがあった。「何らかの意識を以て」「地区に住む人達に」「その精神的物質的貧困を補給する」（大阪市社会部　一九三七）と定義される隣保事業の展開は、インナーリングへの隣保館の設置や、セツルメント活動の実施によって具体化された。**図9**のように、そのすべてが、郊外の計画的な市街地化の最前線よりも内側のインナーリングに集中して立地している。その隣保事業地域を紹介した文章には、南部のインナーリングに関して、不良住宅、自由労働者、拾い屋、不潔といった表現が目につく。また南部の被差別部落エリアには、融和施設も設置されている。こうした表現は、北部のインナーリングでも、貧困者や雑業といった表現で同様に紹介されていた。

東のインナーリングでは、「朝鮮人」の表現が目につき、その集住が強調される。これは、西南部インナーリングの大正区方面にも見られる。ここでは沖縄出身者の集住も指摘される。一九三〇年の調査で四〇〇〇人以上を数えた西部の水上生活者を対象にした隣保館も設置されていた。北西部のインナーリングの現・此花区や福島区方面では、「労働者」とのみ、数多く登場し、すなわち職工を主として、小売商がミックスした労働者の居住地となっていることがうかがえる。加えて、たとえばソシアルミックスしていた小商工業者の多い粉浜・玉出方面など、それぞれの特

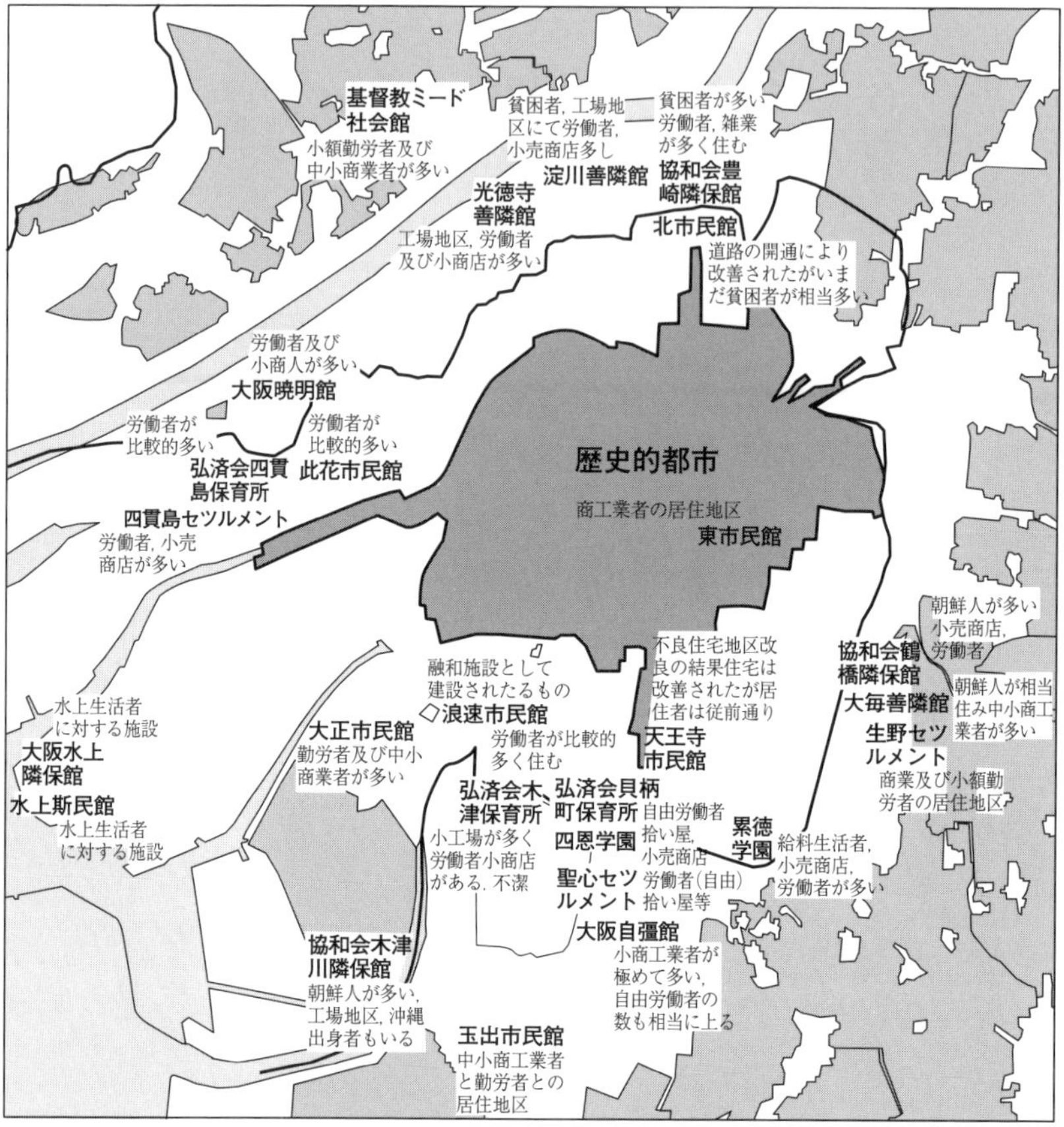

図 9　昭和初期の隣保事業の分布とその描写
注：周辺のハッチのかかったエリアは，戦前期の耕地整理事業か土地区画整理事業が行われたところである

徴を有する特定地域にも着目され、都市細民だけではない、多様な市民の生活世界、社会空間を把握しようとする姿勢が垣間見られた。

移民の街の構成を代表する朝鮮人や沖縄出身者の居住については、**図10**のように、前者は、中本、鶴橋（東成、生野区、以下地名は警察署名）の東部大阪を代表として、西南部の今宮、泉尾（西成、大正区）、そして北部の中津（北区北部の旧大淀区）などへの集中が見て取れる。朝鮮人の場合、一九四二年には大阪市内で三二万人の人口を数え、朝鮮人の中にも、社会階層の分化が顕在化したことが、上記の地理的分布にも反映している。「従来低賃金にあえいでいた朝鮮人労働者の中から、少数ながらも、飯場頭や工業の自営業者となる人々が登場してきた。大阪市の場合は、社会経済

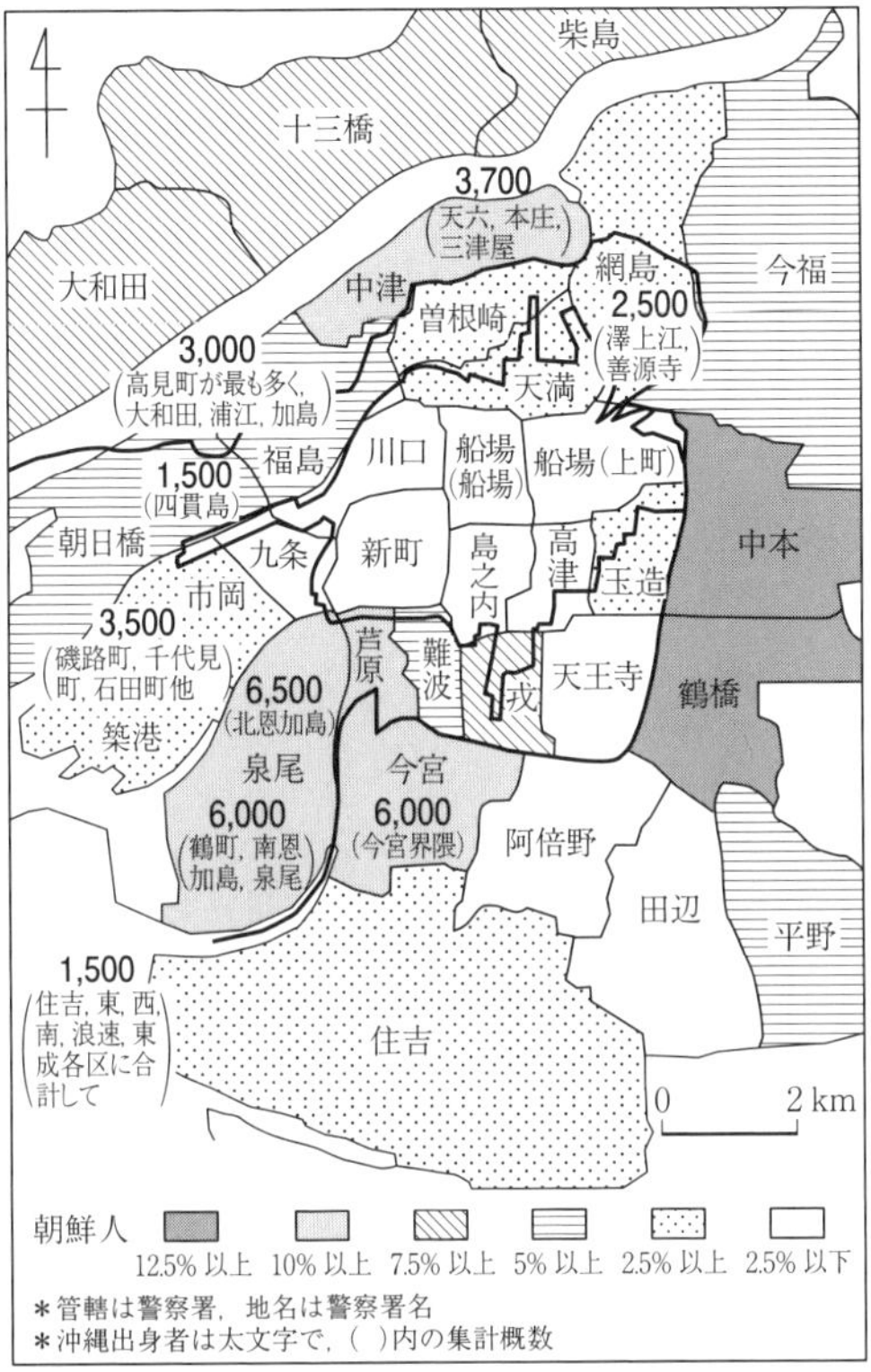

図10 昭和初期の朝鮮半島出身者，沖縄出身者の分布

的地位の上昇は、主に零細規模の工業の自営業者層への参入という形で果たされた」(福本 二〇〇四)。その代表的エリアが東部の鶴橋、中本方面であり、西南の今宮方面であった。一方中規模工場労働者は、中津方面に卓越していた。この分布や生業基盤の違いと戦災の受け方によって戦後の朝鮮人の居住分化に影響を及ぼすことになる。また沖縄出身者については、大正区にあたる泉尾が一大集住地となり、次いで西成、そして湾岸の此花区にあたる朝日橋、旧大淀区の中津方面、都島区にあたる網島方面に集住が見られる構成となっていた。

まさしく移民の街的性格の強いエリアに対応する諸施策が社会政策として導入されたことが如実にうかがわれる。多様な「民都」とのかかわりからいえば、この社会政策を通じて市民アイデンティティを保持してもらうための、移民の街がもたざるを得ない脆弱な生活様式を支える施策の反映であった。その典型的な施策は新設の市営住宅、スラムクリアランスの代替の市営住宅、そして市民館の経営であった。市営住宅で特に日本橋、下寺方面での大規模なスラムクリアランスを通じて建設された事例は、トップダウン型での都市空間の生産、更新の具体の現れであった。

五　戦時から戦後における都市空間の変容とその政治地理

都市空間の生産は、災害や戦時、戦後に、その破壊と再建という大きな力仕事に直面する。大阪では一九〇九年の北の大火や一九一二年の南の大火の復興事業はあったが、関東大震災が震災復興事業として、日本の都市計画、そして東京や横浜の空間形成に大きなインパクトを与えた。大阪においては、関一のイニシアティブも大きかったが、一九三四年の室戸台風や戦時体制に入る前後からの大阪港の復興修築事業や、大規模緑地造成を核にしたグリーンベルトや飛行場建設と関係する防空空地整備事業、住宅営団などの指導、規格に基づく軍需工場労働者向け住宅団地の建設など、戦時の「意図せざる近代化」のもとに、戦時体制下の都市空間の生産が進行する(水内 一九九九)。交通統制により一部私鉄が国営化、また市営化され、交通の一元化が進む中、軍需工場への通勤職工が激増することになり、職住近接の職工街の性格も変化することになった。戦争末期になると、建物の除却による建物疎開が大規模に行われ、そして数度の大空襲により、市街地の滅失が大規模に生じる。

このような戦災から復興が開始されるが、まず地理的結果としてどのような都市構造となったのか、現在の大阪、東京、名古屋の比較を行った**図11**を見ていただきたい。これは常住人口ベースの所得の高低を比較したものである。詳しい説明は水内(二〇一二)を参照していただきたいが、大都市圏レベルでのインナーリング的な低所得状況の広がりが大阪に顕著にみられ、その大部分が大阪市域と周辺衛星都市に広がっている。東京二三区の高所得層の居住が分厚くみられることと、名古屋のミックスした状況に比べ、大阪市域での相対的に低所得層の集住の広がりが大変特徴的になっている。

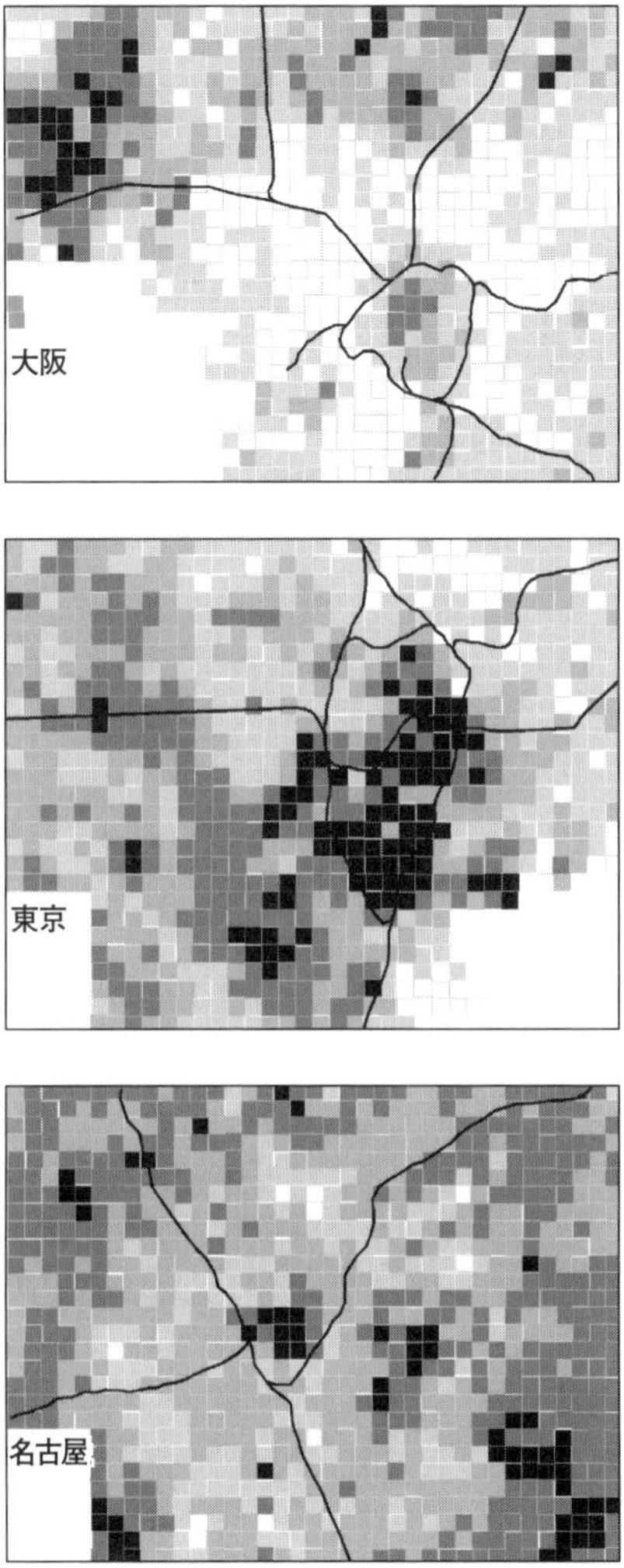

図11　大阪，東京，名古屋の所得分布の比較（高所得は黒色，低所得は白色で描写）
出典：伊藤慶史「リッチマンの住む街，プアマンの住む街【1】」『プレジデント』2009年6月29日号より筆者作成

まさしく「民都」の現状である。所得だけでは推し量れないが、冒頭の住民投票結果の分析においても述べたように、脆弱な都市状況が窺われる。戦後の都市空間の生産の政治地理、場所の政治化によってどのような特徴がこのような都市構造を生み出したのか、「公都」の変容を中心に、戦後の都市空間史を時系列でポイントを絞って述べてみたい。

焼失した市街地の復興は、土地区画整理と街路事業などを基に、戦災復興事業で行われた。一九五〇年のジェーン台風による高潮災害からの復興は、市街地のかさ上げ事業などを含む土地区画整理事業、大阪港修築事業(内港)、西大阪高潮対策事業(防潮堤)を同時に施工することで戦災復興を図るという、世界でも類例のない大事業が動くことになる。戦災や災害を媒介にして、どちらも甚大の被害を受け、また受けやすい地理的条件にある大阪市の宿命的な複合的事業となった。都市空間の生産の再始動は、こうした災害や戦災を背景に、都市経営の思想や理念とはやや離れた土建国家的な空間の生産を通じて、大阪市を動かすライトモチーフとなる。

戦災復興事業が終盤を迎える一九五〇年代後半から、戦災を受けなかった市域の縁辺部では空閑地も残り、こうしたアウターリングから隣接都市域にかけて、戦前を第一波とすると移住の第二波が押し寄せた。戦後の移民の街の最前線は外方に展開する。アライバル・シティとして、市域内では、土地区画整理の行われていないエリアで公営住宅団地の供給が積極的に行われ、それ以外のエリアで文化アパートに代表される木造賃貸住宅が集中的に建設されたことが**図12**から読み取れる。公営住宅供給においては「公都」の面目を発揮し、公営住宅比率の高い都市となる。追いつかない部分にはあまり質の良くない集合住宅の密集地を一様にアウターリングに生み出すことになった。当時としては住宅市場の動きを反映したものであり、政策の失敗ではないのであるが、**図11**のような分布を生み出す要因の一つに現在はなっている。

一九七〇年万博をピークとする都市空間の生産、更新の大規模さは、特に鉄道、道路交通網の整備という観点で、絶大なインパクトを生じさせ、街は急変貌を遂げる。市営モンロー主義は、千里丘陵の国家プロジェクトの前に、阪急系の私鉄との相互乗り入れを二路線で実現することによりその原則を転換し、逆に市営交通の市域外進出を果たす。特に地下鉄と高架道路がセットになった新御堂筋沿いに登場した新大阪駅から北の近未来的な新都市空間は、庶民性

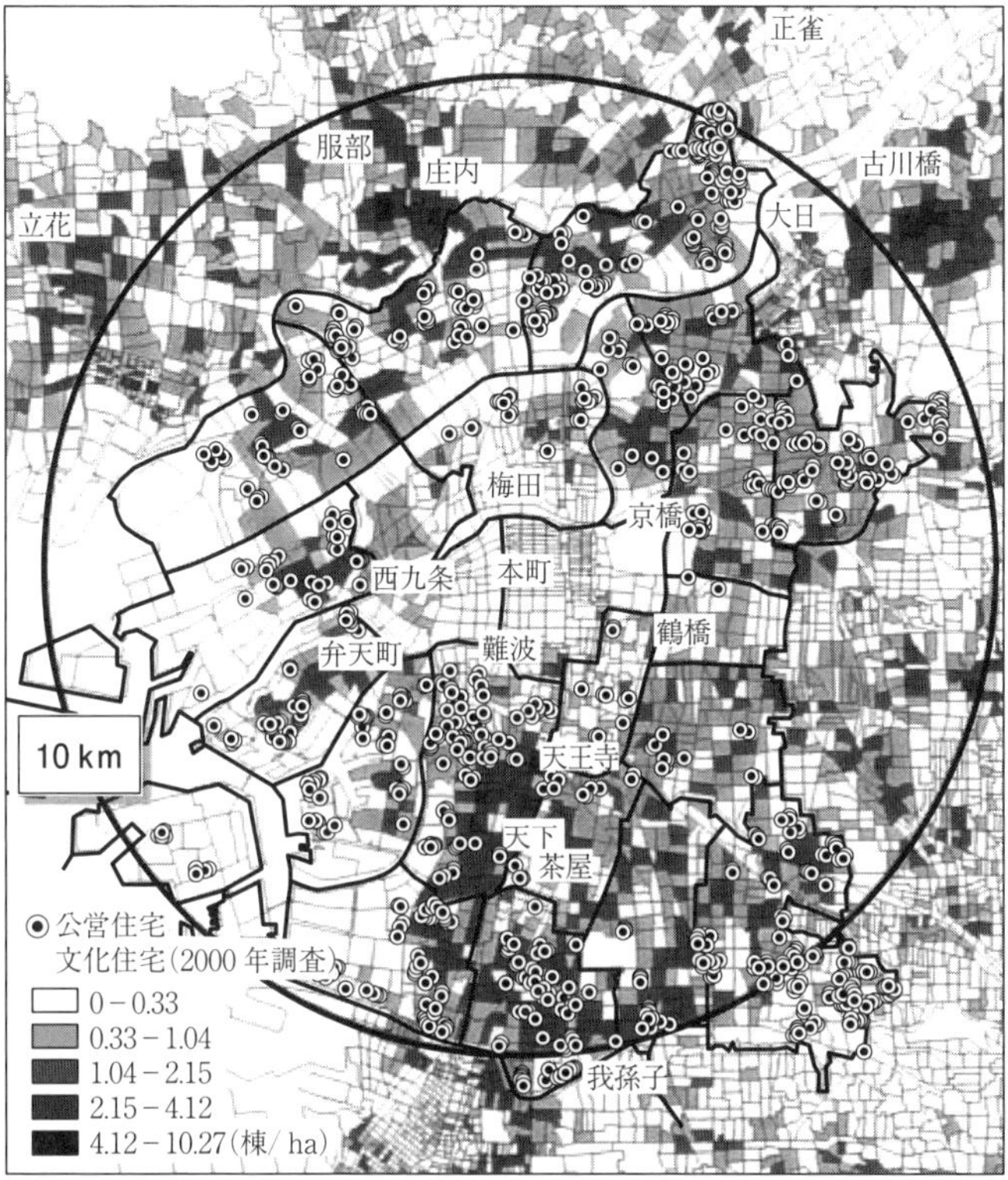

図 12　公営住宅(立地点)と文化住宅(町丁別棟数)の分布
(公営住宅の分布は，松尾卓磨氏作成)

のあくの強い大阪的都市空間とは異次元の洗練されたものとなった。都市構造的には，市営地下鉄は皮肉にも大阪市域よりも，特に北摂から阪神間への成長の流れを強化し，阪急文化の系譜も相乗効果となり民主導での郊外の「民都」形成に拍車をかけた。一九七〇年代の成長の景観が，隣接するとはいえ市域外の市営地下鉄沿線で生まれたことは，多様な「民都」を維持する点からは，痛手となってしまった。

一九六四年にようやく環状運転が実現した国鉄環状線と地下鉄や私鉄の交叉駅で，一九六八年の都市政策大綱に基づいた都市再開発法を適用する形で，副都心開発が構想される。大阪駅，上本町駅，天王寺・阿部野橋駅前，京橋OBP，弁天町など，「公都」はインナーリングの副都心の飛躍的強化に向かった。一九七〇年代のインナーシティ問題との遭遇では，その解決策としてインナーリングの生産機能の空洞化を埋める形での工場跡地の大規模住宅団地再開発を進め，アウターリングでの唯一の伸びしろであった湾岸地域では，第二次産業機能を引っ込め，南港ポートタウンを南港埋め立て地咲洲に建設した。「公都」のプレゼンスは多方面に発揮された。

一九八三年策定の「大阪二一世紀計画」は，最後の開発最前線である湾岸地区に巨大投資を行い，関西国際空港から神戸にいたるベイエリアを開発する湾岸軸形成の一翼を担わせることになった。この湾岸から弁天町，中之島，大阪城，京橋のOBP，花博の鶴見緑地，関西文化学術研究都市を拠点として貫く東西軸。新大阪と阿倍野の副都心化を起爆剤とすることで南北軸の更なる強化を推進してゆく。公的セクターのもう一つの主役，大阪府企業局と開発は分担しつつもライバル関係をもとに，潤沢な財政を背景に，市域，市域外府域の都市空間生産の競争に拍車がかかった。

戦後，「公都」のプレゼンスは引き続き働くことになったが，それが居住の観点からの都市構造の多様性や富裕な市民を失ってゆく結果ともなった。本節で述べておかねばならない点は，戦前の移民の街的な性格の拡がりの戦後の変容に，東京にはない動きが見られたことである。それは一つ目に部落解放運動と一部沖縄出身者の解放運動，二つ目に在日コリアン社会の戦後のあり方、三つ目に日雇い労働者の街、釜ヶ崎のあいりん地域への再編成であった。

焼失したエリアの戦災復興事業は、基本的に土地区画整理事業であった。一九六〇年前後にほぼ完成し、従前のコミュニティの性格を有しつつ、資材の欠乏や質の伴わない部材で復興した街並みは、従前よりも安っぽいものにならざるを得なかった。また拡幅した道路や公園の用地を、もともと小さい敷地から提供したために、減歩率は大変高率になった。飛び換地もあり、土地区画整理の断行は、住民の涙と汗のしみこんだ大変苦汁をもたらす事業となった。また土地を有さない罹災者や流入者は、いわゆる「不法占拠」という形でバラック居住をすることになった。多くのバラック街という場所を政治化する状況が生まれた。

特筆すべきなのは、一九五七年から、浪速区や西成区北部での、戦災復興土地区画整理事業で区画と道路ができ上がった状態で、「不法占拠」せざるを得なかった被差別部落民中心に起こった運動であった。解放運動のリーダーたちはこれを行政闘争にまとめ上げ、最終的に市役所から公営住宅の建設を勝ち取る。この方式に基づき、市内の被差別部落は相次いで立ち上がり住宅要求闘争を行う中、公営住宅建設を勝ち取ってゆく。劣悪な住環境が特に集中的に見られたところは、折から制定された一九六〇年公布の住宅地区改良法に基づき、従前の地をクリアランスし、跡地に改良住宅が続々と建設された。首都圏では存在しない場所の政治化が、同和行政として都市政治の一翼を担うことになったのである。

この方式を一部学んだのが、大正区の沖縄出身者の解放運動である。沖縄県人会などが「民都」のメンバーとして大阪市民としてのアイデンティティをより強調する中で、市民よりも自分たちの出自に重きを置く文化運動、生活支援が一九七〇年代に入ってから起こり始める（水内 二〇〇一）。加えて戦災復興事業の過程で生まれていた沖縄バラック（スラム）の改良の問題は、部落解放運動や労働運動の影響を受けながら、沖縄差別克服という観点の導入で、最終的には（一九七九年）公営の改良住宅を勝ち取ることになる。同和対策事業にならった場所を政治化することによる、公営住宅の獲得という、典型的な政治化の事例とみなすことができる。

一方、在日コリアンの場合には、異なる場所の政治化プロセスが見られた。戦前の居住分布から生野区や西成区への二大集住地へと変容する中、特に済州島出身者中心に生野区での集住が見られるというパターンが定着する。両地域とも戦災を受けず自営の地場産業を有していたので、いわゆる不法占拠に出る必要はなく仕事よこせのような運動も不必要で、場所の政治化は起こりえなかった。加えて、在日コリアンにとって、日本国内で部落解放運動のような行政要求闘争を行うことは、きわめて困難な状況であった。というのも、彼ら・彼女らは総連や民団という疑似国家に間接的に帰属するというスタンスの中、権利擁護の要求を抑制する傾向にあった。特に総連側は日本の海外公民として、内政問題には触れないという立場に基づいて、一九五九年から北朝鮮への帰国事業を展開、その後の参政権獲得運動や、地方公務員の国籍条項撤廃運動にも参加しなかった。それゆえ、地域的には人々はサンダル業などを中心とする経済基盤のもと、金融も含めた民族ネットワークを生かした自助的・互助的な生活の再生産機構を動かしたのである。公的介入を求めることができない中、求めることもせず、場所を政治化せずに、地域を再生産していたといえよう。

他方、在日外国人、引揚者に代表される帰還移民にも関連するが、都市政治的には、駅前ターミナルを中心とするヤミ市や自由市場を起源とする場所は、不法、逸法、黙認、非公認状況をどのように公共化するかという点で政治化された。戦前からの伝統的系譜も引きつつ、「非日常的空間というよりも、災害を契機に、潜在していた都市の基層が発現した、都市のある種の普遍的活動」（初田 二〇一五）を基盤に、旺盛な経済力と抜群の集客力をもってして、後のターミナル再開発の政治に大きな影響を及ぼし、移民の街の戦後の原風景をもたらした。梅田／大阪駅前、上本町駅前、そして広くは阿倍野再開発など、都市空間更新の代表事例となった。一方で、都市政治の俎上に載らなかったエリアも多く存在する。特に建物疎開を受けた空閑地の集中した環状線沿線は、鶴橋、京橋、天王寺、天満などをはじめとして食文化とともにたくましいイメージを有する商店街として今でも多くの集客を誇っている。日本橋も電気問屋街としての戦後の発祥は、独特のサブカルチャー的な培養地としてのあくの強い空間を残している。「公都」的な介入、場所の政治化を免れすり抜けたところに、阪急文化とは対照的な、環状線文化と言ってもよい色濃い「民都」の庶民性を発揮せしめている。

場所の政治という観点からは、日本最大の日雇い労働者の街、釜ヶ崎という場所において、あいりん体制という独特の政策体系が生み出される。日雇い労働をめぐる手配師による搾取の問題、売春防止法によって発生した違法売春、それに暴力団がからむという構図が一九五〇年代後半に顕著に見られるようになった。木賃宿街と近接する遊郭からなる鉄道に囲まれた特異な市街地に対して、マスメディアや映画界はどん底社会釜ヶ崎、東洋のカスバというような名称を与え、負のイメージの釜ヶ崎を表象する。

これに対して地元では西成愛隣会を立ち上げ、事態の改善に乗り出したのが、一九六〇年であった。この年に民生局主導で、戦後はじめての行政施策が、西成愛隣会の結成などを通じて着手され、一九六二年に愛隣と冠する施設が登場してゆく。偶然にも一九六一年八月の騒擾により、多くの一連の施策の始動が後押しされ、そしてその最終局面が、一九七〇年のあいりん総合センターと、翌年のあいりん地域専用の福祉事務所＝市立更生相談所の登場となった。ここにあいりん体制が完成し、あいりん地域が登場する。

負のイメージで固められた釜ヶ崎という場所に対して、地元側の不満や危機感が生じた一九六〇年前後のタイミングが、場所が政治化されるきっかけとなった。さらに一九七〇年代前半以降の学生運動の延長上にもあった労働運動の高揚で、運動の「聖地」としてのもう一つの場所性が生み出される。そこには完全に民間経営による二万人規模の簡易宿所街が、民間による「社会住宅」として事実上機能したのである。この資源は、バブル崩壊で、ホームレス者が激増する一九九〇年代後半以降、ＮＰＯや地元ビジネス組織の登場により、生きてくることになる。

六　場所の政治化の新たな局面

前節では「公都」の戦後の政治地理と、「民都」の庶民臭溢れるあくの強い場所の政治化の事例を対照させた。「公都」の方は、空間的ケインズ主義の典型と、土建都市国家的性格をフルに発揮するというところで、日本の都市政治をもう一つ牽引したといえる。神戸市や大阪府、千葉県のようなフォーディズム時代の大規模な開発の先鞭をつけたともいえよう。この「公都」のプレゼンスは、バブル崩壊後の巨大な公的投資がすべて莫大な負債を抱えるということで、整理に入っていることは周知のことである。その一方で、二〇〇二年の都市再生特別措置法に代表される、民間資本の都市空間の生産や更新に対する規制緩和や税制優遇措置は、一気に超高層建築物を、指定地区を中心に生み出すことになった。「民都」は、大阪環状線の内部の都心地区で、人口回帰を生み出し、ある種都心部のルネサンスが景観的に進行している。都心居住を享受できる限り、東京との都市間競争にも耐えうるという自信も生み出されるかもしれない。この感性が、都構想住民投票への賛意につながった可能性はある。

一方、人口回帰は、疲弊気味のインナーリングの「民都」には見られていない。既に見てきたように、戦後の場所の政治化の成果は大きく、公的資金の発動をうながした。公的資金誘導による地域の更新は、事業のバックアップとなる法律や予算措置が切れた場合には、その持続性が叶わない。同和地区の更新は見事に進んだが、背景となる法律が消滅したこともあり、一般公営住宅団地もさることながら、それよりも深刻かもしれない、社会的に脆弱な状況を抱えている。沖縄出身者の改良住宅獲得においても、成果が得られた後に運動の継承は行われなかった。場所の政治化をしなかった、行えなかった在日コリアン集住地は、持続的で自生的なコミュニティ形成を維持しつづけている。

あいりん地域は、政策の設計自体が一九七〇年代の働き盛りの日雇い労働者を基準に作られたものであり、その世代の高齢化と労働市場の変化により機能のミスマッチが起きたのである。幸い居住部門は民間の簡易宿所であったために、高齢者向け単身アパートへと経営を転換したり、廉価なビジネスホテル、バックパッカーホテルへと状況に応じた変身を遂げた部分も存在する。

場所を政治化することは、本来はトップダウンではないボトムアップの地域の改善や更新、地域のエンパワーにつながるものである。しかし潤沢な財源をもとにハードな建造環境の供給からなる公的介入を呼び込むことは、緊縮財政下では皮肉にも社会経済状況の変化にうまく対応できない硬直性を生むことが往々にして見られることになった。これを日本的というかは別にしても、大阪市に特に強く出ているのかもしれない。「公都」「民都」の双方は、自助的、自生的に場所の力を発揮する方式の醸成を進めてゆかねばならなくなっている。コルナトウスキら(二〇一五)が述べるように「国家や自治体によって提供されてきた「共同消費」に代わって、地域自らがそのギャップをカバーせざるを得なくなったのである」。

阪神・淡路大震災後、ＮＰＯ等の登場と成長は、政府、財団、企業等からのさまざまな「スタートアップ」資金の増強とあいまって、場所をコミュニティレベルで政治化するとともに、そうした資金、社会的ファンドや自己資金をもとに、地域力の向上の主役の一角を担い始めた。その典型は、西成特区構想下のあいりん地域での動きに一つ代表されよう。

もともと自生的にコミュニティが維持されてきた移民の街を表象する一つである生野区の在日コリアンの街は、コリアタウンの文化経済、生野文化祭、ワンコリアフェスティバルなどに見られる多文化共生の文化政治が、街を牽引するようになってきた。多文化に寛容な成熟した「民都」は、同時に複数の世代にわたるニューカマーを何波も受け入れてきた場所でもあり、移民の街としての機能を現在も強く有している。場所の文化政治という意味では、沖縄出身者の集住する街、大正区において、一九七五年から細々と始まったエイサー祭りが、区の地域アイデンティティに使ってゆこうとする文化政治に転換されたが、同様に扱うことができる。マイノリティが集住することによる土地差別がこれらの地域の地価の低位固着を生み出している。このことを逆手にとって、地域のアイデンティティを文化的価値としてブランドとして認め合うことから生じる都市の更新の力を、大阪のインナーリングは、東京とは異なり利用する宿命のもとにある。

インナーリングからアウターリングを占める「民都」は、脆弱性を広範に抱えつつ、失業率や生活保護率で全国トップクラスの状況を生み、公的資金への依存を強めつつある。しかし生活保護費の受給者を通じての地域への資金の還流も、こうした地域力を強める要素として、貧困ビジネスではない社会ビジネスに転換してゆく動きも出てきた。水内（二〇一五）では、疲弊気味なインナーリングで生じている新しい都市再生の試みを類型化した。生活保護を社会的ファンドに転化して住宅更新を図る事例、大規模な土地を所有する土地建物会社による住商工の遊休物件のアートやデザインの力を利用した更新事例、エスニックなアイデンティティを同様の力を利用して、地域のアトラクションとしていく事例、邸宅長屋や路地を有する非戦災の木造建築街区の落ち着きを利用した事例など、インナーリングでは続々と生まれている。こうした再生は、脆弱な社会階層の人々の居住を脅かすことの多いジェントリフィケーションというより、継続的な地域居住を支えているという点で、社会的効果も持つという側面を、首都圏よりも大阪の事例は色濃く有している。

場所の力をどう主題化し、ファンドや人材をどのように引き寄せてくるか、政治化してゆくか、都構想の是非にかかわらずもう一つの「民都」の育成が、低成長下の都市の再生の、非東京モデルの唱道として、地道に要請されよう。

参照文献

上井榊　一九三二、「大大阪新開地風景C　新阪堺国道沿線街　小役人と学生の街」『大大阪』八―一〇

大阪市社会部 一九三七、『本市に於ける隣保事業』
コルナトウスキ・ヒェラルド 二〇一三、「シンガポールにおける使い捨ての労働――「アライバル・シティ」概念からみた負傷した移民労働者の社会的課題」人文地理学会大会研究発表要旨、九二―九三頁
コルナトウスキ・ヒェラルドほか 二〇一五、「地域が競い合う時代における都市・大阪」水内俊雄ほか編『都市大阪の磁場――変貌するまちの今を読み解く』大阪公立大学共同出版会、OMUPブックレット五四号
杉原薫・玉井金五編 一九八六、『大正・大阪・スラム――もうひとつの日本近代史』新評論
砂原庸介 二〇一二、『大阪――大都市は国家を超えるか』中公新書
高野岩三郎 一九二一、『東京市京橋区月島に於ける実地調査報告』第一輯（内務省衛生局編）（『生活古典叢書』六、光生館）
津金澤聰廣 一九九一、『宝塚戦略――小林一三の生活文化論』講談社現代新書
初田香成 二〇一五、「都市の伝統的な基層としての闇市」本岡拓哉編『都市を占拠する――闇市・バラック街から見た都市空間の「戦後」』同志社大学人文科学研究所
福本拓 二〇〇四、「一九二〇年代から一九五〇年代初頭の大阪市における在日朝鮮人集住地の変遷」『人文地理』五六―二、四二―五七頁
古谷経衡 二〇一五、「「大阪都構想住民投票」で浮き彫りになった大阪の「南北格差問題」」 http://bylines.news.yahoo.co.jp/furuyatsunehira/20150518-00045813/
水内俊雄 一九八六、「インナーシティの過去と労働者問題」『経済地理学年報』三二―四、二九三―三一二頁
水内俊雄 一九九九、「総力戦・計画化・国土空間の編成」『現代思想』二七巻一三号、一七四―一九五頁
水内俊雄 二〇〇一、「大阪市大正区における沖縄出身者集住地区の「スラム」クリアランス」『空間・社会・地理思想』六、二二―五〇頁
水内俊雄 二〇一二、「「公都」大阪の制度疲労と、新たな「民都」の創造」『現代思想』二〇一二年五月号
水内俊雄 二〇一五、「新しい磁場生成のまちづくり現場を鳥瞰する」水内俊雄ほか編『都市大阪の磁場――変貌するまちの今を読み解く』大阪公立大学共同出版会、OMUPブックレット五四号
山崎孝史 二〇一三、『政治・空間・場所――「政治の地理学」にむけて』ナカニシヤ出版
横山源之助 一九一〇、「東京の工場地及び工場生活のパノラマ」（労働運動資料委員会編『日本労働運動資料』三、一九六八年、東京大学出版会、一一頁）

吉見光宏　一九八二、「大阪港南の労働運動とその時代」『運動史研究』一〇
吉村智博　二〇一〇、「第五章、第六章」『大阪の部落史・第十巻〈通史編〉』部落解放・人権研究所

9 「戦跡」の発明と「記憶」の創造
――メディアと空間編成の政治学

福間良明

広島平和記念都市建設専門委員会で委員長を務めた飯沼一省は、その意見書(「広島平和記念都市建設計画についての意見書」広島市公文書館所蔵、一九五一年頃)において、以下のように述べている。

原爆によつて破壊された物品陳列所(原爆ドーム)の残骸は、その現状決して美しいものではない。平和都市の記念物としては極めて不似合のものであつて、私見としてはこれは早晩取除かれ跡地は奇麗に清掃せらるべきものであると思う。原爆による被害の実況については写真記録等によることゝし、これを新に建築せらるべき陳列所(のちの原爆資料館)に保存すればそれで足りるのであつて、この醜い物を新に建設せられる平和都市の中心に残しておくことは適当とはいひ難い(1)。

原爆ドームは一九九六年に世界文化遺産に登録され、「人類史上最初の原子爆弾による被爆の惨禍を伝える歴史の証人」「核兵器廃絶と人類の平和を求める誓いのシンボル」(広島市市民局平和推進室編 一九九七)として位置づけられることが多いが、戦後初期においては、除去すべきことが公的に語られていた。では、原爆ドームはいかなる社会背景のもとで、「歴史の証人」「誓いのシンボル」という地位を獲得するようになったのか。

原爆ドームに限らず、長崎、沖縄、知覧など、戦後日本にはさまざまな戦跡が存在する。だが、戦後初期から記念すべきものとして見出されていたものは、ごくわずかでしかない。戦後の復興を考えるのであれば、戦争の痕跡を除去し、新たな都市計画を実行に移すことが考えられたとしても不思議ではない。かりに戦後の早いうちから「戦跡」とみなされていたとしても、全国各地から来訪者が訪れるような場になるには、相当の歳月を要した。では、戦後日本において、「戦跡」(戦禍のあった場)はいかにして記念の対象として見出されるようになったのか。それは、何を「継承」し、逆に何を「忘却」させたのか。

戦跡をめぐる研究としては、地域社会の慰霊実践に焦点を当てた文化人類学や宗教学のものがあげられる[2]。これらにおいては、多くの場合、地域住民や関係者の記憶や追悼行為を内在的に読み解くことに主眼が置かれている。だが、戦跡が地域の枠を超えて、各地から人々が多く訪れるようになるのは、地域の慰霊実践のみに規定されるわけではない。むしろ、ときには戦友会や全国メディアなど、「中央」によって戦跡として見出されたことを契機に、地域の「戦争の記憶」が創られることもあったのではないだろうか。

本稿は、これらの問いを念頭に置きながら、戦後の主要戦跡の構築プロセスを見渡し、戦跡が記憶の対象として構築されるプロセスや力学を浮き彫りにしたい[3]。

一　遺物と象徴

直視の拒絶

先述のように、広島平和記念都市建設専門委員会（一九四九年八月六日に広島平和記念都市建設法が施行されたことを受けて発足）では、原爆ドームへの嫌悪感が語られていたが、同様の議論は、当時の広島で少なからず見られた。広島在住の作家・畑耕一は、一九四六年の論説「全然新しい広島を」（『中国新聞』一九四六年二月二七日）のなかで、「原子爆弾に対する記録は史料として書冊に残す以外は一物も新広島の地上にとどめたくない。焼跡をそのまま保存するなどは安価なる感傷主義であり、第一土地経済の点からも残し得ない話だ」と綴っている。原爆ドームに直接的に言及するものではないが、遺構を残すことへのつよい拒絶の意志がうかがえる。

同様の議論は、広島メディアにおいても、広く見られた。中国新聞社が発行する当時の夕刊紙（『夕刊ひろしま』『夕刊中国新聞』）にも、原爆ドームについて「悲惨以外のなにものでもないような残ガイ」「広島市のド真ん中に薄気味わるい幽霊屋敷然としてたっている旧産業奨励館のドーム」という記述があり、それを「早急に取りのぞく」ことの必要性が言われていた[4]。

これらの議論の背景にあったのは、ひとつにはコストの問題があった。広島市長・濱井信三は、『中国新聞』（一九五一年八月六日）に掲載された座談会「〝平和祭〟を語る」のなかで、「私は保存しようがないのではないかと思う。……いま問題となっているドームにしても金をかけさせてまで残すべきではないと思っています」と語っていた。市の復興に多額の費用を要するなか、倒壊しようとしている遺構をそのままに保存するという、経費の見込みが立たない難事業に、広島市行政が二の足を踏んだのは当然であった。

だが、それより大きかったのは、「惨事を思い出したくない」という人々の心性であった。広島市は一九四九年に「産業奨励館保存の是非」に関する世論調査を、被爆体験者を対象に実施している。四二八名の回答のうち、保存希望が六二％ではあった一方、「取払いたい」は三五％に及び、その理由としては「惨事を思出したくないが圧倒的で（六〇・九％）、その他が残ガイは平和都市に不適、実用的施設に用いよという声もあった」という[5]。少なからぬ被爆体験者にとって、原爆ドームは過去のおぞましい記憶をフラッシュ・バックさせるものであったのである。

遺構とモニュメントの弁別

とはいえ、被爆の記憶を記念する場が構想されなかったわけではない。広島市復興局は、すでに一九四六年一月に、爆心地であり市中心部という立地条件を有する中島地区一帯を公園にする計画を立案していた。一九四八年五月には中島公園を記念公園とすることが決定され、一九四九年四月に設計公募が開始された。そこで第一等に選ばれたのが、丹下健三グループの案であった。

では、原爆ドームへの不快感が語られながらも、なぜ被爆地一帯は「記念すべき場」として考えられたのか。そこには、遺構とモニュメントの弁別があった。

遺構とは、戦災やそれに伴う人の死があった建造物等の「現物」を通して、戦争の痕跡を具体的に可視化させるものを指す。原爆ドームはその代表的なものである。それに対し、モニュメントは、こうした「現物」とは異なり、戦後新たに創られた記念碑等で過去の記憶を抽象的でシンボリックに指し示すものである。広島であれば、平和記念公園がそれにあたる。戦跡が語られる際、この両者の相違が意識されることは少ない。だが、広島では、しばしば両者の区別が意識されていた。

広島大学学長・森戸辰男は、座談会「〝平和祭〟を語る」(『中国新聞』一九五一年八月六日)の中で、原爆ドームの撤去論を述べながら、「とにかく過去を省みないでいい平和の殿堂をつくる方により意義があります。そういうもの〔原爆ドーム〕をいつまでも残しておいてはいい気分じゃない」と語っていた。惨禍を如実に物語る遺構は「いつまでも残しておいてはいい気分じゃない」一方で、「平和の殿堂」つまりモニュメントは、あくまで象徴的なものであるだけに「過去を省み」ずにすむ。森戸はこうした理由から、遺構ではなく、モニュメントに存在意義を見出していた。

周知のように、丹下健三の広島平和記念公園構想(一九四九年)では、原爆資料館のピロティからアーチ状の慰霊碑越しに原爆ドームを眺められるよう、これらが一直線上に配されていた。つまり、丹下プランにおいては、平和記念公園(モニュメント)と原爆ドーム(遺構)は調和的なものであった。だが、森戸は両者の間に不調和を見出していた。それは、建設専門委員会の飯沼の議論とも重なるものであった。

撤去された遺構

それでも結果的に広島では、原爆ドームの撤去にまでは至らなかったわけだが、長崎ではそれが実行に移された。浦上天主堂は、原爆ドームに相当する巨大な遺構であったが、これは一九五八年に撤去され、同地に新たな天主堂が再建された。一九五八年二月に浦上教会が再建の具体策を発表すると、市会議員・岩口夏夫らを中心に、長崎市議会は遺構の保存を求める決議を可決し、教会側に保存を要請した(長崎市議会編 一九九七)。しかし、教会はそれには応じず、「禁教迫害時代からの由緒ある」地での再建の意志を変えなかった(浦上小教区編 一九八三)。

長崎市長・田川務も天主堂の遺壁保存に消極的だった。田川は臨時市議会において、「この資料をもつてしては原爆の悲惨を証明すべき資料には絶対にならない、のみならず、平和を守るために必要不可欠の品物ではないとこういう観点に立つて、将来といえども多額の市費を投じてこれを残すという考えはもつておりません」と答弁していた⑹。遺構の保存にどれほどのコストを要するのか想像がつかない状況は、広島と同様であった。田川も、広島市長・濱井信三と同じ判断をしていたのである。

もっとも、浦上天主堂の遺壁撤去は、当時の長崎において、特段の関心が払われたわけではない。当時の『長崎日日新聞』を見ても、天主堂保存問題をめぐる臨時市議会での質疑・答弁や、天主堂の撤去作業の開始については、翌日に報じられたが、いずれも一面ではなく、社会面の四分の一程度を割いて扱われただけであった。かつ、その前後の日付で遺壁撤去問題を大きく扱った報道は、とくに見られなかった。また、市議会では先述のように撤去反対の動きが見られたわけだが、県議会では一九五八年においてこの問題が扱われることはなかった（長崎県議会史編纂委員会編　一九八〇）。

その意味で、当時の長崎では、この問題は大きな社会的争点とはならず、人々の関心もさほど高くはなかった。撤去作業の際にも、現場に立ち会う市民はほとんどいなかった。撤去作業の三日間、現場でその模様を眺めていた井上光晴によれば、三日目に一人の青年が来た以外は、現場にいたのは「ぼくと工事人夫の方たちだけ」であったという（井上　一九七九、一一二―一一三頁）。

さらに言えば、遺壁撤去を望む心情のほうが一般的であったという指摘もある。長崎在住の詩人・山田かんは、「被爆象徴としての旧浦上天主堂」（山田　一九八〇）のなかで、「当時の浦上天主堂の持った意味の常識的な共通意識」の例として、「市内の進歩的な人たちが集っていたある会の機関紙」から以下の文章を引いている。

赤レンガの鋭いひびにとどめられた浦上の悲しみは――旅人達の美しい目で見られるようになった。とり去ったがよい。ほうむったがよい。最初で最後の悲しみにするために。遠い思い出にすぎないものにするためにも。(7)

市会議員・岩口夏夫らのように遺壁保存をつよく訴える声もあったが、撤去を望む心情やこの問題に対する社会的な無関心も、同様かそれ以上に大きかった。

真正さが際立つモニュメント

遺構が取り払われた長崎では、それに代わるかのように、モニュメントが前景化した。一九五五年八月、爆心地にほど近い旧刑務所跡の丘陵に平和祈念像が建立された。長崎出身の彫刻家・北村西望によって製作されたこの像は、高さ九・七メートルにおよび、「ピース・フロム・ナガサキのシンボル」と位置づけられた。地元紙も「祈念像〝平和への開眼〟夏雲の下、盛大に除幕式」「長崎市民の平和の祈念こめて、平和祈念像ここに開眼」と一面トップで大きく報じた(8)。

平和祈念像の建立は、長崎におけるシンボリックな場を微妙に変化させることになった。当時はまだ浦上天主堂の遺壁は残されていたが、それとは別に被爆体験を象徴する場として位置づけられていたのは、松山町の爆心地公園であった。八月九日に行なわれる市主催の追悼式も、基本的に爆心地公園で行なわれていた。

しかし、平和祈念像が建立されると、例年の追悼式はその前面に広がる平和公園で執り行なわれるようになった。三年後に浦上天主堂が撤去されると、長崎の記憶を象徴する代表的なモニュメントとしての地位は、より強固なものとなった。

同様のことは、広島にもあてはまる。広島では、丹下健三のプランをもとに、平和記念公園の整備が進められ、一九五二年八月には原爆慰霊碑が、一九五五年八月には原爆資料館(広島平和記念資料館)が完成した。それ以前は慈仙寺鼻(本川と元安川に挟まれた中洲地域の北端部)に設けられた原爆供養塔が、被爆死者を追悼するシンボリックな場であった。これは引き取り手のない無名・無縁の原爆死者の遺骨を納めたものであったが、その無名性ゆえに、宗派を越えた追悼式典が行なわれた。一九五一年八月六日には、中国新聞社が上空の米軍機からこの供養塔に花束を投下するイベントまで、行なっている。

しかし、一九五二年八月六日に、そこからやや南の平和記念公園で原爆慰霊碑の除幕式が行なわれて以降、八月六日の追悼式典は決まって慰霊碑前広場で行なわれるようになった。当然ながら、『中国新聞』をはじめとした広島メディアでも、平和記念公園での式典を大きく報じる一方、原爆供養塔への言及は急速に小さくなっていった。

さらに言えば、平和記念公園の整備によって、原爆ドーム撤去の輿論が盛り上がることも期待されていた。第三回の広島平和記念都市建設専門委員会(一九五一年一月二〇日)では、平和記念公園建設にふれながら、「〔原爆ドームを〕何時までも置いといても、まわりが綺麗になればこわすようになりませんか」という意見が出されている。[9] 平和記念公園が美しく整備されることで、廃墟にすぎない原爆ドームの醜さが際立ち、それによって、原爆ドーム撤去を求める輿論が盛り上がることが想定されている。

そこには、モニュメントという象徴的・抽象的な造形が真正さを獲得していくさまが浮かび上がる。長崎の爆心地公園であれ、無名の遺骨を納めた原爆供養塔であれ、「爆心」なり「遺骨」といった、ある種の固有性やアウラを帯びている。浦上天主堂や原爆ドームのような遺構も、被爆の痕跡そのものであるがゆえに、他には容易に代替できない固有性やアウラを読み込むことは可能だろう。これに対し、慰霊碑や祈念像といったモニュメントは、往時の体験や記憶をあくまで、象徴的・抽象的に表現した造形であるに過ぎず、遺骨や遺構に付随する固有性を有するものではない。だが、これらのモニュメントは、遺構や遺骨を凌駕するほどに、広島・長崎の体験を象徴するものとして位置づけられるようになった。

場の選定をめぐる抗争

しかしながら、広島と長崎の間に差異が見られないわけではなかった。広島では、丹下健三のプランが元になっていたこともあり、平和記念公園や慰霊碑の場所の選定が大きな論争の種になることはなかった。しかし、長崎では、平和祈念像を設置する場所をめぐって、さまざまな駆け引きがたたかわされた。

この像の建立の趣旨は「原爆殉難者慰霊のため」であったので、「原爆の中心地」周辺に設置することが考えられていたが(杉本 一九五五、二〇頁)、一部の議員が市議会(一九五二年一月二三日)に「平和祈念像を風頭山男岳に建設する」ことを要望する意見書を提出した[10]。風頭山は長崎市街を一望できる立地にあり、爆心地・浦上からは六キロほど市街地寄りの位置にあった。昭和天皇夫妻が二度ほど宿泊したホテル矢太楼も、のちにそこに建設された(一九五四年九月開館)。矢太楼を創業する村木覺一は、この地への祈念像誘致を進めようとした市会議員のひとりであった(山崎一九八〇)。

祈念像建設地選定を付託された長崎市議会建設委員会は、各界代表者一三五名に意見を求め(回答者は七七名)、「原爆中心地」四五名、「風頭山男岳」二一名、「その他」一一名という結果ではあったが、翌月の委員会でも決するに至らなかった[11]。

最終的には、「理屈に合わぬ」ということから(杉本 一九五五、二〇頁)、爆心地近くの旧刑務所跡高台に落ち着いたが、建設地をめぐって意見が割れた背景には、爆心地をめぐる地理的な要因も絡んでいた。

広島の場合、市内中心部の中島地区が爆心地であったが、それは三方が山に囲まれた平野部のほぼ中央であった。したがって、被害は同心円状に市域全般に及んだ。それに対し、長崎の場合、市街地は標高一〇〇メートル程度(最高三六六メートル)の丘陵によって、中島川流域と浦上川流域とに分かれており、熱線や爆風による被害は、ほとんど浦上川地域に集中していた。行政や商業の中心である中島川地域は丘陵で遮られていたため、その余波は軽減された(長崎市原爆被爆対策部編 一九九六、三六頁)。それゆえに、「原爆は長崎に落ちたのではなく浦上に落ちた」という市民の声もしばしば聞かれたという(調編 一九七二、一一頁)。

だとすれば、市中心部の商業・観光関係者が、「新生長崎のシンボル」となるべきモニュメントを爆心地一帯から奪い取ろうとしても不思議ではない。長崎では、被爆体験が必ずしも市民共通のものではなかっただけに、シンボルを設置する場そのものをめぐって、駆け引きが生じていたのである。

景観整備と排除の力学

こうしたプロセスを経て、モニュメントの整備が進んだわけだが、それはしばしば戦禍を被った当事者に不快感を掻き立てた。長崎原爆で被爆した詩人・福田須磨子は、平和祈念像の除幕式に対する違和感を、以下のような詩に綴っている（福田　一九五八、七頁）。

何も彼も　いやになりました
原子野に屹立する巨大な平和像
それはいい　それはいいけど
そのお金で　何とかならなかったかしら
〝石の像は食えぬし腹の足しにならぬ〟
さもしいといって下さいますな、
原爆後十年をぎりぎりに生きる
被災者の偽らぬ心境です。

平和祈念像は、「外国人にもぐっとこたえる偉容に」すべく、「像の大きさは、奈良、鎌倉の大仏に伍すほど大きいのにする方針」がとられた（北村　一九八三、一五〇頁）。それもあって、高さ三二尺（九・七メートル）の巨像が造られたわけだが、必然的に経費は巨額にのぼり、三四六一万円に膨れ上がった。

当時、福田は被爆後遺症のため、食欲が失せ、高熱が続いたばかりではなく、赤い斑点が全身に広がり、顔は「お化け」のようになっていたという（石田　一九七三、七一頁、九三頁）。大学病院で診察を受けると、即時入院を勧められたが、困窮に喘ぐその日暮らしの生活では、入院どころか通院さえままならなかった（石田　一九七三、九三頁）。「古ぼけた畳の上をはいずり回り、芋虫のようにごろごろ寝転がってばかり」で、「意地も張りも失く」し、「夜眠る時、このまま永遠に眠っていますようにと、それだけを願う」心境にあっただけに、平和祈念像の除幕式や市主催の慰霊祭は、「朝早くから拡声器でガアガアがなり立」てる「お祭りさわぎ」にしか見えなかった（福田　一九八七、三一四頁）。

「死んだ人間の供養もいい事だ。しかしこうして医療費もなく、病気に苦しむ人間はどうだろう。医療保護の申請をして二カ月もたっているのに、放ったらかされたままだ。死んでから手厚く供養されるより、生きているうちに何とか対策は出来ないのであろうか」――そうした思いから、「上半身がくずれそう」な病身をおして書きあげたのが、先の「ひとりごと」と題された詩であった（福田　一九八七、三一五頁）。

モニュメントの整備と末端の被災者との齟齬は、何も長崎に限るものではなかった。広島では、住宅を得られない貧困層が、河川敷や建造物が多く倒壊した爆心地付近にバラックを建てて生活していた。すでに平和記念公園建設が進められつつあった一九五一年六月の時点でも、中島地区には約二三〇戸が残されていた。市当局は、「現在残っている人たちはほとんど無断建築で、平和公園の建築事業を進めるためには立退いてもらわねばならない」という姿勢を崩さなかったが、中島地区居住者たちは市に陳情し、「同地区の立退き命令をいましばらく猶予してもらいたい」「残存者の大部分は日雇、サラリーマン、未亡人などの貧困者で、移転資力がなく資力のできるまで立退きを延期してもらいたい」と訴えていた[12]。「平和記念都市建設」の美名のもとに推進される景観整備は、底辺の被爆者たちの「醜いバラック」を排除するものでもあった。平和記念公園建設による被爆地の美化は、被爆当事者に対するこうした暴力を伴っていた。

ちなみに、原爆慰霊碑の除幕式では、原爆慰霊碑と原爆ドームとの間に横断幕が張られた。慰霊碑から原爆ドームが見渡せる設計ではあったが、除幕式当時は、「慰霊碑の後ろからドームまでぎっしりバラックが建ってい」る状態であった(中国新聞社編 一九九五、一二二頁)。横断幕は、式典を行なう慰霊碑前広場からバラックを覆い隠すべく張られたものであった。

翌年の八月六日の式典でも、慰霊碑の背後に横断幕が掲げられた。式典終了後、女学生らによる「ほほえみよかえれ」(佐古美智子作詞)のダンスが披露されたが、その華やかさとは裏腹に、貧困に喘ぐバラックの住人の存在は、そこから遮蔽されていた。平和記念公園というモニュメントは、「広島のシンボル」として生み出されたが、そこには、原爆の遺構・遺物に加えて、最末端の被爆者たちが住まう「醜いバラック」をも排除する力学がつきまとっていたのである。

景観整備に伴う排除の構造は、沖縄でもしばしば見られた。米軍統治下にあった沖縄では、一九六〇年代に入って渡航制限が一定程度緩和されたこともあり、本土からの観光者が急増していた。それに伴い、摩文仁には各府県の慰霊塔が林立しつつあった。こうしたなか、『観光沖縄』(一九六五年六月号)には「観光沖縄というけれど」と題した小論が掲載された。そこでは「野放しの精神病患者」について、以下のように論じられていた。

この頃那覇の街を歩いていると髭や髪をぼうぼうはやした小説にみる巌窟王のようなぼろをまとい、あかだらけの原始人を思わせる精神異常の女性をよく見かける。道路や建物を奇麗にしても、そこを通る者が不愉快な、いやな者があると、やはり喜しい感じではあるまい。外来客ならば、沖縄はなんと精神病者が多いところだろうと話すにちがいないとも思われるが、これらの気の毒な人々を収容して、療養する所はないものだろうか。

これはあくまで、那覇観光について論じたものではある。だが、摩文仁であれ、那覇であれ、観光地の美化を志向する延長で「不愉快な、いやな者」を排除する力学が作動しようとするさまがうかがえる。ここで書かれている精神疾患が何に起因するものなのかは、むろん把握できるものではない。だが、「鉄の暴風」と形容された地上戦の惨禍や日本軍による暴虐によるものも、少なからずあったのではないだろうか。観光地としての美化を促進することが、彼らを排除することにつながる論理を生み出しているようにも、見えなくはない。

二　メディアの力学

メディア・イベント

戦跡が社会的に「記念されるべき場」として成立するプロセスを考えるうえでは、メディアとの相互作用を見落としてはならない。戦跡は、かつて戦禍がその場であったがゆえに記念されるのではなく、社会とメディアの関わりの中で、戦跡という場が発見されていく。摩文仁戦跡は、その好例であろう。

摩文仁は沖縄戦最末期の激戦地であり、戦後の早い時期から健児の塔（沖縄県師範学校生戦没者、一九四六年）や黎明の塔（沖縄守備軍司令官・参謀長、一九五二年）、島守の塔（沖縄県知事・職員、一九五一年）などが建立されていた。しかし、沖縄南部・糸満地域全体でも、一九五五年の時点で一五基ほどの慰霊塔が建てられていたにすぎず、一〇〇基に迫るようになるのは、一九六〇年代以降のことである[13]。そのうえで大きかったのが、沖縄遺族連合会青年部が主催した平和慰霊大行進と、それをめぐるメディアの報道であった。

沖縄遺族連合会青年部は、一九六二年六月二二日、那覇から摩文仁までの二三キロを踏破する平和祈願慰霊大行進を実施した。行進には沖縄の遺族のみならず、本土の日本遺族会関係者を含め、約三〇〇名が参加した。そこでは、「私達の肉親が空腹、傷つき、血にまみれ、五月雨のなかで泥にまみれ、砲弾のなかをひたすら日本軍の勝利を信じ、肩を抱き合って南下したであろう当時を偲び乍ら追体験し、英霊の冥福を祈り、平和を訴え」ることが意図されていた（仲宗根 一九八五、一二頁）。

六月二二日という日付が選ばれたのは、この年からその日が「慰霊の日」として法定休日にされたためである。沖縄守備軍司令官・牛島満や参謀長・長勇が自決した日が、沖縄戦の終結日として見出され、記念日として位置づけられるようになったのは、復帰運動が高揚した一九六〇年代に入ってからであった（のちに牛島らの自決日が六月二三日であることがわかり、一九六五年以降、「慰霊の日」は同日に変更された）。そして、この平和行進は、初めての「慰霊の日」と時を同じくして始められた。参加者は年々増加の一途をたどり、一九六七年には参加者は二〇〇〇名を超えるに至った（沖縄県遺族連合会青壮年部編 一九九一）。

これは、沖縄メディアにおいても、毎年大きく扱われた。『琉球新報』（一九六二年六月二二日、夕刊）は「み霊よ眠れ、安らかに　慰霊の日、多彩な催し」「正午、全住民黙とう　遺児五百人が平和行進」といった見出しのもと、平和行進や関連イベントを大きく報じていた。『沖縄タイムス』（一九六三年六月二三日）も、「激戦の地にたく平和の香」との見出しで、平和行進の模様とともに、摩文仁丘で催された遺族連合会主催の慰霊祭について写真を交えて大々的に扱った。

このことは必然的に、平和行進が行なわれる六月二三日と、その終着地である摩文仁丘を焦点化させることになった。沖縄メディアが平和行進を大々的に報じ、それが本土をも巻き込んだ社会的なイベントと化していくなか、摩文仁丘と「六・二三」は、沖縄戦と復帰運動を思い起こさせるシンボルとして創られていったのである。これに合わせるかのように、それまで実施日や場所が定まっていなかった全琉戦没者追悼式（琉球政府主催）も、一九六四年以降、摩文仁丘にて毎年「慰霊の日」に行なわれるようになった。

逆輸入される「地域の記憶」

これは同時に「本土」の視線を内面化させることにもつながった。平和行進には、沖縄遺族連合会の上部団体である日本遺族会関係者も、本土から多く集ったが、このこともまた、沖縄メディアで大きく扱われた。『琉球新報』(一九六三年六月二三日)は、平和行進の写真とともに「摩文仁で涙の焼香　日本遺族青年代表も参列」という見出しを掲げていた。『沖縄タイムス』(一九六四年六月二二日)も、「戦跡へ静かに行進　本土代表も千五百人が参加」との見出しのもと、本土からの参加者の多さを特筆していた。

さらに言えば、このころから本土各府県の慰霊塔が摩文仁や付近一帯(米須、国吉など)に急速に林立するようになった。それ以前は、一九五四年に北霊碑(北海道)が米須に建てられた程度であったが、一九六一年に紀乃国の塔(和歌山県)、翌年に千秋の塔(秋田県)が建立されると、各府県が競うように、華美で大掛かりな慰霊塔を建立するようになった。今日、沖縄県営平和祈念公園(摩文仁)内には五〇の慰霊塔があるが、うち三五基は本土府県の慰霊塔である。沖縄遺族連合会も、適地の斡旋や建立工事の手配、除幕式・慰霊祭の挙行について、各府県の支援に当たった。

折しも、沖縄では復帰運動が高揚しており、沖縄遺族連合会もそれをつよく後押ししていた。平和行進や慰霊塔除幕式に合わせて、本土の遺族関係者が多く来島したが、そこで彼らは「遺骨の収集はもとより、実に立派な慰霊塔を各地に多数建立して頂き、常に慰霊の御芳志を御尽くしの様を拝見し、本当にほっとした様な有難い感謝の気持」とともに、「今尚冷酷な占領下に自ら生き抜くことすら容易でなかったでありましょう」「沖縄が、一日も早く祖国復帰の喜びを共に頒ち合える日を期待し尽力したいことを心に誓った」という思いを掻き立てられた(日本遺族会編　一九六〇、一頁)。

平和行進は、本土の遺族関係者をも多く取り込みながら隆盛し、そのことが「祖国復帰」の輿論を盛り上げる。そして、沖縄メディアがこれを報じることで、このイベントはますます高揚した。こうしたなかで、平和行進の終着地である摩文仁は「聖域」として認知され、本土の府県碑も多く建立される。その意味で、平和行進は沖縄の遺族と本土の遺族を「媒介(mediate)」し、「一体感」を生み出した。それを沖縄各紙が報道し、情報伝達(mediate)することで、その高揚感はさらに膨らんでいった。

知覧の場合は、それがさらに顕著であった。知覧はもともと日本有数の茶の産地であっただけに、終戦を迎えると、旧陸軍飛行場はすぐに茶畑へと戻された。そもそも、特攻出撃は知覧住民の戦争体験ではない。あくまで出撃に参加したのは、全国各地から集められた陸軍パイロットであった。一九五五年九月に旧飛行場跡に特攻平和観音堂が建立されたが、それは「地域の戦争の記憶」のシンボルとはみなされず、むしろ隣接する知覧町護国神社こそが、文字通り「地域戦没者の社」であった(福間 二〇一五)。

しかし、一九六〇年代半ばになると、少飛会等の戦友会関係者が特攻平和観音堂を多く訪れるようになった。戦中派世代が社会的に発言力を有する壮年期に差し掛かっていたことに加えて、若い世代との「戦争体験の断絶」もしばしば言われる時期であった。そのことが、戦友会の活動を活発化させていたわけだが、その延長で、特攻平和観音堂の慰霊祭に参加する旧陸軍パイロットの戦友会関係者は、年々増加していった。

時を同じくして、特攻基地・知覧を扱ったドキュメンタリーや映画、戦記が世に出された。とくに、高木俊朗『知覧』(一九六五年)はベストセラーとなり、それまで無名に近かった知覧が全国的に知られる契機となった。

このころから、知覧町広報紙『町報ちらん』では、特攻観音の慰霊祭が大きく扱われるようになった。護国神社と特攻観音の慰霊祭はともに七月二八日に行なわれていたため、町報ではこれらを半ば一体のものとして毎年報じられたが、一九六〇年代末にもなると、特攻観音慰霊祭の写真が大きく掲げられるようになった。一九七一年には、酷暑の時期を避けたいという戦友会関係者の要望もあり、慰霊祭は五月に変更された。町報では引き続き、特攻観音慰霊祭は大きく扱ったが、護国神社慰霊祭についての記事は、紙面から姿を消していった。以降、特攻銅像とこしえに(一九七四年)や特攻遺品館(一九七五年、知覧特攻平和会館の前身)が設けられ、知覧は「特攻の町」と化していった。

含意の拡散

そこに浮かび上がるのは、メディア（戦記、映画）や戦友会が期待する知覧イメージを、知覧町自らが内面化し、彼らの期待に合わせるかのように自己を演じるさまであろう。先述のように、特攻体験は、決して知覧住民の戦争体験ではなかった。にもかかわらず、知覧は、戦友会やメディアによって期待される「特攻の町」という自己像を選びとった。それとともに、護国神社が後景に霞んでいくようになるわけだが、それは知覧町民が経験した戦時の体験を忘却していくことでもあった。知覧住民は、フィリピン戦線や中国戦線に多く出征し、また、陸軍航空基地ができたことで生活基盤である茶畑を奪われた住民も少なくなかったが、これらの記憶は後景化していった。

固有の戦争体験が見えにくくされる状況は、沖縄でも同様であった。沖縄には一九七六年までに本土各都道府県の慰霊塔がすべて建立された。だが、全合祀者数一二七万七一六三件のうち、沖縄での戦没者は七万二五二五件で、全体の五・七％にすぎない。合祀者のほとんど（七七・四％）は南方戦線戦没者によって占められ、なかには宮城の塔や新潟の塔のように、中国戦線の死者をも合祀しているものもある。本土各都道府県にとって、沖縄は沖縄戦の地であったというより、フィリピン戦線やガダルカナル戦線をはじめとした南方戦線、さらには太平洋戦争・日中戦争全般を代理・代替する場であったのである（福間 二〇一五）。

その点では、広島も例外ではない。原爆ドームは一九六〇年代前半にもなると、自然倒壊の危険が高まったこともあり、保存を求める声が大きくなっていった。もともと、広島市は予算の問題などもあり、保存に消極的だった。だが、一九六四年一二月、原水爆禁止広島県協議会や広島県被爆者団体協議会など、一一団体がドーム永久保存の要望書を市長に手渡し、また、湯川秀樹、丹下健三ら八名の学者・政治家も連名で「原爆ドーム保存要望書」を提出したこともあり、一九六六年七月、広島市議会でドーム保存が満場一致で可決された。その費用の四〇〇〇万円は募金運動を通して集められることとなった。当初は募金の動きは芳しくなく、締切予定の一九六七年二月になっても目標の五分の一も集まらなかった。しかし、濱井信三市長が東京・数寄屋橋の街頭で募金を訴えることが『朝日新聞』をはじめとした全国メディアで大きく扱われると、その動きを広島メディアが取り上げた。言わば、全国メディアと広島メディアが相互に参照し合うなかで、ドーム保存の輿論が広島でも、さらには全国的に盛り上がり、最終的に予定金額を大きく上回る六六〇〇万円を集めるに至った。

その意味で、沖縄や知覧と同じく、ドーム保存運動の高揚は「中央」の視線を意識したものでもあったが、そのゆえか、ドーム保存の議論を眺めてみると、人類史的な意義が強調される一方、広島に固有の体験や記憶は後景に退く傾向があった。広島市の広報誌『広島市政と市民』(一九六六年一一月一五日)では、一面トップに「原爆ドーム　人類総ザンゲの象徴」という記事が掲載されているが、そのなかには「怨みの遺物、敵意の形見として保存するのではなく、人類総ザンゲの象徴として、平和祈願のために保存するものです」という記述がある。同号二面には、濱井信三「原爆ドーム保存の訴え」が収められているが、濱井はそのなかで、「広島原爆の遺跡は、ただ広島の惨害の記念物であるばかりでなく、人類が破滅と繁栄の岐路に立つ原子力時代の「警告」であり、人類がその過ちを二度とくり返してはならない「戒律」であります」と記している。

そこに浮かび上がるのは、原爆ドームが広島のみに固有のシンボルではなく、その範域を超えて、「人類」全般を覆い得るシンボルとして位置づけられていることである。原爆ドームは、戦後初期とは異なり、「〝平和都市広島〟の象徴」(『広島市政と市民』一九六六年一一月一五日)として位置づけられるようになった。だがその一方で、広島に閉じた固有性は消失し、「人類がその過ちを二度とくり返してはならない「戒律」」とみなされるようになったのである。

三 戦跡に映る「戦後」

政治的な争点の棚上げ

原爆ドーム保存運動が高揚した背景には、原水禁運動に対する違和感もあった。原水禁運動は、一九五四年のビキニ事件を契機に盛り上がりを見せ、日本の平和運動の主軸を担ったが、一九六〇年代に入ると、安保条約改定問題やソ連・中国の核実験への対応をめぐって、党派対立が激化し、原水禁大会は社会党系と共産党系が相互に罵倒し合う場と化していた。こうしたなか、ドーム保存運動は、政治的な争点を曖昧にし、それを不問に付すことを可能にしていた。ある賛同者は、募金事務局に宛てた手紙の中で、次のように記している。

> 現在、「あやまちを繰り返さぬ」ための運動がイデオロギー対立からいくつにも分裂していることはまったく遺憾です。これらの運動はドームを中心にしてひとつになるべきだと思います。小生はこういう気持ちで募金運動に欣然と参加した者です。（広島市編 一九六八、六〇頁）

ここには、原水禁運動の党派対立に対する嫌悪感が綴られているのと同時に、ドーム保存運動が、政治主義的な相違を棚上げし、「ひとつになる」ことを可能にするものとして捉えられている。法学者の内山尚三も広島市編・発行『ドームは呼びかける――原爆ドーム保存記念誌』（広島市編 一九六八）に寄せた文章のなかで、「平和に対する熱意がおとろえるとき、またイデオロギーや感情に走り平和のために力を結集することを忘れたとき、このドームは、無言のうちに、多くの人々を励まし、また進むべき道を示してくれる」と述べている。原爆ドーム保存運動は、「イデオロギーや感情」を棚上げにして集うことができるものであった。

それを裏付けるように、募金運動は政治的な党派を超えたものとなった。一九六六年一一月に募金運動が開始されると、原水爆禁止日本国民会議、日本労働組合総評議会、日本社会党が全国会議において支持を表明し、募金活動の展開を始めたのに加えて、自民党県連や共産党も募金を行なった。原水爆禁止日本国民会議や日本労働組合総評議会は社会党に近く、ソ連の核を容認する日本共産党とは対立関係にあったが、ドーム保存運動はそうした対立を超越し、さらに言えば保守政党をも巻き込むものとなった。

ドーム保存運動は、広島の固有性から遊離し、「人類の平和」といった抽象的なテーゼを掲げていたが、そのことは、原水禁運動の党派対立をも超越することを可能にしたのである。

遺構とモニュメントの調和

かくして、広島では原爆ドームという遺構が「発見」され、平和記念公園とともにシンボリックなものとなった。それはすなわち、遺構とモニュメントが親和性を帯びるようになったことを意味する。このことは必然的に、丹下健三の平和記念公園プランの再評価を生み出した。市長・濱井信三は「原爆ドーム保存の訴え」(『広島市政と市民』一九六六年一一月一五日)において、「原爆ドームは平和記念公園と密接な関係があり、平和記念公園の中心点には原爆慰霊碑が安置されており、原爆資料館、平和の灯、平和悲願の鐘堂とともに、その慰霊碑をつつむ公園の重要なポイントのひとつとなっております」と述べている。これは言うなれば、原爆資料館と慰霊碑、原爆ドームを一直線上に眺められるように配置した丹下健三の平和記念公園プランを説明したものである。

だが、既述のように、一九五〇年代初頭の広島平和記念都市建設専門委員会では、原爆ドームの撤去論、あるいは自然倒壊を待つという姿勢が根強く、廃墟でしかないドームと平和記念公園の美観は不釣り合いなものとして認識されていた。濱井信三自身、当時は「金をかけさせてまで残すべきではない」という立場であった。したがって、そこでは、原爆ドームと慰霊碑、資料館を貫く軸線には、特段の価値が見出されていなかった。

しかし、一九六〇年代半ばにもなると、ドーム保存の輿論が高揚するなか、それと平和記念公園の親和性が強調されるようになった。原爆ドームと慰霊碑、資料館を貫く軸線を基調に据えた丹下健三の平和記念公園構想(一九四九年)は、設計から二〇年近くを経て、その意義が「発見」されるようになったのである。

遺構の「怨念火」

これに対して、沖縄では、むしろモニュメントへの不快感があらわになりつつあった。一九六八年一二月には、豊見城村の海軍戦没者慰霊塔で、国旗掲揚台のポールが折られ、階段手摺の花ブロックが破壊された[14]。一九七五年六月には、ほとんどの各県の慰霊塔が赤ペンキで落書きされるという事件が起きた。そこでは「皇太子上陸阻止！　日本軍の残虐行為を許さない」「大和は沖縄から出て行け」などと書き付けられていた[15]。明瞭な日本批判の意図がうかがえるが、その背後にあったのは、沖縄返還や沖縄海洋博への反感であった。

一九七二年五月一五日、米軍統治下にあった沖縄は、戦後二七年目にして日本に復帰することとなった。しかし、これは沖縄に大きな幻滅をもたらすものであった。一九六九年一一月の佐藤─ニクソン声明で、三年後の沖縄返還は確定していたが、そこで明らかになったのは、広大な米軍基地を残したままで、さらに核兵器の持ち込みさえ容認されるかのような返還のありようであった。こうしたことへの憤怒が、慰霊塔の損壊につながっていた。

一九七五年七月一七日のひめゆり火炎瓶事件(ひめゆりの塔事件)も、そのことを如実に物語っていた。皇太子夫妻は沖縄海洋博開会式に出席するために沖縄を訪れ、ひめゆりの塔を見学した。そのときに、突如、若い二人組が壕(多数のひめゆり学徒隊の死者を出した旧第三外科壕)から飛び出し、火炎瓶と爆竹を投げつけた。その行動の背後にあったのは、沖縄返還をめぐる本土への憤りや、インフレを引き起こして沖縄社会を混乱させた海洋博への反感であった（知念 一九九五）。

火炎瓶は献花台付近で炎上したため、皇太子夫妻に怪我はなかったが、その社会的衝撃は大きかった。『沖縄タイムス』（一九七五年七月一八日）は、「ひどすぎる」「感激にみちている最中、ほんとに残念、なんてむごいことをするのだろうか」という参列者の憤りを報じ、『琉球新報』（一九七五年七月一八日）も、中高年の女性が実行者の知念功らを乗せた護送車にしがみつきながら、「この男を死刑にして」と絶叫していたことを記している。

しかし、行動そのものは別にしても、その根底にある心情や意志については、共感するむきは少なくなかった。沖縄県警は、事件後三日のあいだに沖縄の有識者・有力者（大学教授、国会・県会・市会議員、県庁幹部、マスコミ編集・論説委員、農協・漁協関係者、中央官庁出先機関など約三〇〇名）に郵送や電話取材で意見聴取を行なった。そこでは「当たらなくてよかった」という回答とともに、「長い間モヤモヤしていたものがあの一発でせいせいした」「一発なげたのはよかった」という意見が大多数を占めていたという（佐々 二〇〇九、九八頁）。火炎瓶を投げつける行為への違和感はあったとはいえ、その根底にある本土批判は共有されているさまが浮かび上がる。この事件は、突出して過激な沖縄青年が引き起こしたものというより、当時の沖縄の反本土感情を映し出すものであった。

ひめゆり火炎瓶事件は、遺構とモニュメントの乖離をも照らし出していた。戦後の沖縄では、各府県の慰霊塔をはじめ、さまざまなモニュメントが建てられたが、それらは沖縄戦体験のおぞましさを直接的に可視化するものではなかった。モニュメントには、戦禍のおぞましさを象徴的に形象化する意図はあったかもしれないが、戦禍それ自体を目に見える形で提示するものではない。

それに対し、知念らが壕に身を潜めながら目の当たりにしたのは、壕内に散らばる骨や薬莢であり、壕の狭さや暗さ、食糧・水が切れることへの怯えであった。知念は当時、二五歳であり、当然ながら沖縄戦の経験はなかった。だが、知念は事前に、「「ひめゆり部隊」に関する沖縄戦体験などの書物を再度読みあさ」り、壕に身を潜めるなかで、当事者の壕のなかでの生死について、さまざまに思いをめぐらせた(知念 一九九五、二頁)。

また、壕には皇太子夫妻が訪れる一週間前から潜入していたが、知念はそこで目にしたものについて、「洞窟の上の岩陰には戦没者の遺骨であろうか、頭蓋骨とはっきりわかる骨が散乱している」「日本軍か米軍のものか識別のつかない直径一〇センチ程度の薬きょうが転がっている。夕暮れまでは錆びた薬きょうから飛び出してくる第三外科の最後の場面を何度も思い出しながら過ごす」と記している(知念 一九九五、三四頁、三七頁)。すでに戦後三〇年が経過していた当時、頭蓋骨や薬莢が散乱する状況は、市中はもとより、戦跡観光地においてさえ、見られるものではなかった。だが、壕を少し分け入るならば、それらを容易に目にすることができた。そこに身を潜めることは、必然的に「第三外科の最後の場面を何度も思い出」させるものであった。

裏を返せば、ひめゆりの塔は、見る者によっては、モニュメントにしか見えなかったのかもしれない。ひめゆりの塔のわきには、第三外科壕跡という遺構があったとはいえ、訪問者がその内部の様相を目にすることは不可能だった。献花台より壕の入り口を眺め、その内部を想像するのが、せいぜいのところであった。その点で、同じ遺構ではあっても、被害の甚大さを視覚的に感知させる原爆ドームとは、異質であった。だとすれば、少なからぬ観光者は、ひめゆりの塔に遺構ではなく、モニュメントを見ていたのかもしれない。

戦後の沖縄では、さまざまなモニュメントが建てられてきた。そのなかで、摩文仁がシンボリックな場となり、「六・二三」が記念日として発見されるに至ったことは前述のとおりである。だが、これらのモニュメントが何を覆い隠し、何を後景化してきたのか。さらには、遺構をモニュメントへと転じせしめたことがなかったのかどうか。ひめゆり火炎瓶事件は、戦争の痕跡が残る壕の奥から、これらの問題を問いただすものであった。

「読み」の多様性

その意味で、遺構とモニュメントの関係性は、決して同時代において一枚岩であったわけではない。広島では、原水禁運動の党派対立を棚上げにすべく、遺構がモニュメントと調和し得るものとして、「発見」されるようになった。しかし、沖縄では、遺構とモニュメントとの間に断絶が見出されていた。さらに言えば、それは自らに都合よく沖縄を流用するかのような本土のモニュメントと、沖縄戦下での人々の生を「追体験」させ、往時の沖縄住民の憤りや苦悶を浮き彫りにする遺構とのねじれでもあった。遺構やモニュメントが「創造」されるプロセスだけではなく、両者の関係性そのものにも、沖縄なり広島なりをめぐる戦後日本のひずみが透けて見える。

だが、同時に見落としてはならないのは、戦跡をめぐる「読み」の多様性である。本土遺族の沖縄戦跡巡拝記録を見渡してみると、たしかに、「英霊顕彰」の言辞は少なくない。しかし、同時に死者の遺念に寄り添う延長で責任追及の論理を導くものも、しばしば見られた。一九六〇年に沖縄戦跡巡拝に参加したある遺族は、その折の感想として、以下のように綴っている。

> 戦跡巡拝にあたり大東亜戦争のため同胞を英霊たらしめたる其の罪は日本帝国主義即ち軍国主義の指導者の世界という点を見逃がしていたのではないでしょうか。深く研究して見たい。今後前者をうらまず後者をいましめねばならないと思います。（日本遺族会編　一九六〇、六九頁）

「同胞」「英霊」への感情移入は、彼らが戦った戦争を肯定するのではなく、逆に戦争を生み出した「帝国主義」「軍国主義」を批判し、その指導者の責任を追及することに接続している。

また、本土遺族たちは、ひめゆりの塔や健児の塔など、沖縄の戦没者を祀る慰霊塔や壕をめぐりながら、「沖縄への加害」を問うことも珍しくなかった。北海道から来島したある遺族は、一九六〇年の文章のなかで、こうした思いを以下のように綴っている。

健児・ひめゆり各塔の三、四十坪の洞窟に百を単位とする青少年が生命の恐怖におびえながら、飢餓と疲労にうちひしがれた姿を想像する時、投降即ち死として徹底抗戦を命じ、宣伝した過去の軍部のやり方を再びくり返させてはならないと痛感し、宣伝にまどわされない自由な発想を養うことが、今日の我々の義務である事を感じさせられました。(日本遺族会編 一九六〇、二二頁)

そこでは、か弱い沖縄の「少年」「少女」が思い起こされているわけだが、彼らの死の場所であった壕(およびその際に設けられた碑)を眼にしながら、「過去の軍部のやり方」への批判が導かれている。

これらの記述は、いずれも日本遺族会が主催した第五回沖縄戦跡巡拝の感想文集に収められたものであった。折しも、当時の日本遺族会は、靖国神社国家護持にむけて活動を活発化させつつあった。日本遺族会は、すでに一九五六年三月に「靖国神社国家護持に関する小委員会」を設け、靖国神社国家護持にむけた取り組みを進めていた。一九六九年一月には、日本遺族会長で自民党長老議員でもあった賀屋興宣が、靖国神社宮司・筑波藤麿との連名で、「英霊を祀る靖国神社の国家護持に関しては創建以来の伝統に基づき、速やかに靖国神社法案を党議決定し、今国会に提出されることを強く要望します」と記した要望書を自民党に提出していた(日本遺族会編 一九七六、一〇七頁)。

だが、その日本遺族会による戦跡巡拝においてさえ、軍部や国家への批判が少なからず想起されていた。遺族にとって沖縄戦跡は、肉親や沖縄住民の死をきらびやかに彩るだけではなく、ときに彼らに「無駄死」を強いた国家や軍部への批判を導くものでもあったのである。

同様のことは、たとえば知覧においても見られないわけではない。前述のように、高木俊朗『知覧』がベストセラーになったこともあり、知覧町は「特攻」を観光の基盤に位置付けるようになった。それは、過疎化が深刻であったことへの対応でもあったわけだが、その延長で、特攻隊員の顕彰が、町報や関係者の手記（知覧高女なでしこ会『知覧特攻基地』一九七四年など）に多く見られるようになった。しかし、当の高木俊朗は特攻隊員を顕彰することに、つよい違和感を抱いていた。かつて映画報道班員として知覧の特攻隊員にふれあっていた高木は、『知覧』のなかで、苦悩する特攻隊員への同情や共感を多く綴っていたが、その延長で、戦術的な効果がないことが明白でありながらも若者たちに死を強いる軍上層部の組織病理や無責任を苛烈に批判した。高木は、取材のために、戦後、幾度か知覧を訪れているが、そこで特攻隊員の死に涙するなかで想起していたのは、責任追及の論理であった。

戦跡をめぐる「記憶」と「忘却」

橋川文三は、論文「靖国思想の成立と変容」（一九七四年）のなかで、靖国神社国家護持問題を念頭に置きながら、以下のように記している。

> 靖国を国家で護持するのは国民総体の心理だという論法は、しばしば死に直面したときの個々の戦死者の心情、心理に対する思いやりを欠き、生者の御都合によって死者の魂の姿を勝手に描きあげ、規制してしまうという政治の傲慢さが見られるということです。歴史の中で死者のあらわしたあらゆる苦悶、懐疑は切りすてられ、封じこめられてしまいます。

そこでは、死者の遺念に寄り添うことの延長に、靖国国家護持への違和感が綴られている。死者を顕彰することが、死者の苦悶や懐疑を削ぎ落としてしまう。橋川はこうした政治性を、国家護持運動をはじめとする「顕彰」のなかに見ていた。

同様の論理は、戦後の戦跡をめぐる語りのなかにしばしば見られるものであった。戦跡は、地域や中央（本土）、そしてメディアの欲望がさまざまに絡み合いながら、「発明」され、「創造」されてきた。そこでは、遺構とモニュメントがさまざまに拮抗したり、逆に親和性が創られるなかで、美化や景観整備が進められてきた。その空間の中で、死者はしばしば「顕彰」される一方、最末端で戦後も戦禍に喘ぐ人々を排除するかのような政治性も少なからず見られた。言うなれば、戦跡はその時々の時代状況に合わせる形で「記憶」と「忘却」を紡いできた。

しかし、戦跡の語りの戦後史を眺めてみると、今日のわれわれが見落としがちな過去への向き合い方をうかがうこともできる。かつての原爆ドーム撤去論は、想起することも耐え難いほどの体験の重さに根ざしていた。原爆ドームが世界文化遺産とされている今日、こうした情念はどれほど「継承」されているのか。また、戦後七〇年を経てもなお、「死者の顕彰」と「責任追及」は相容れない状況が続いているが、はたして人々は、こうした対立図式でしか死者に向き合えなかったのか。戦跡の戦後史は、戦後七〇年の記憶の欲望とともに、今日の歴史理解の膠着を抜け出る方途をも、ほのかに指し示しているのではないだろうか。

注

（1）飯沼一省「広島平和記念都市建設計画についての意見書」広島市公文書館所蔵。広島平和記念都市建設専門委員会が提出した「広島平和記念都市建設計画についての意見書」（一九五一年八月六日）に先立つ草稿と思われる。

（2）代表的なものとして、北村 二〇〇九、上杉 二〇〇九、西村 二〇〇六、粟津 二〇一〇など。その他、歴史学の分野では、長 二〇一三のなかで、摩文仁戦跡が扱われている。

（3）福間 二〇一五では、広島や沖縄、知覧の戦跡史を扱っている。本稿では同書で扱えなかった長崎の戦跡史にも言及しつつ、戦後日本において戦跡が発見されるプロセスを見渡し、そのうえで、「戦跡の社会的構築」を読み解く視角を提示しようとするものである。

(4)　「あなたはいつまでそのままで？」『夕刊ひろしま』一九四八年一〇月一〇日。「時言　原爆ドームの処置」『夕刊中国新聞』一九五〇年一〇月二四日。
(5)　「保存せよ　産業奨励館」『中国新聞』一九五〇年二月一一日。
(6)　「昭和三十三年第二回市議会会議録　臨時会」(一九五八年二月一七日)、一二三頁(長崎市議会事務局議事課所蔵)。
(7)　山田　一九八〇。引用は山田　二〇〇一、二五二頁。山田かんは、この詩を、『長崎ロマン・ロランの会会報』(川崎信子発行)第二七号(一九五八年七月)より引用している。「長崎ロマン・ロランの会」は、山田かんの説明によれば「ロマン・ロランの平和思想と戦闘的ヒューマニズムへの共鳴と学習のために集った」ものであった(山田　一九八四、一二八頁)。
(8)　『長崎日日新聞』一九五五年八月九日、一面。
(9)　「第三回広島平和記念都市建設専門委員会要点記録」一九五一年一月二〇日、一五頁(広島市公文書館所蔵)。
(10)　「風頭山に平和像――期成同盟が市会に請願」『長崎日日新聞』一九五二年一月二二日。
(11)　『長崎市議会月報』一九五二年九月二五日、一〇月二五日。
(12)　「立退き〝一寸待って〟広島中島地区民が陳情」『中国新聞』一九五一年六月二四日。
(13)　沖縄県編　一九八三の「市町村別慰霊塔設置状況」(一一五―一二六頁)をもとに集計。
(14)　「荒らされる南部の霊域」『琉球新報』一九六八年一二月五日。
(15)　「赤ペンキで落書　摩文仁の丘」『毎日新聞』一九七五年六月一九日。

参照文献

粟津賢太　二〇一〇、「媒介される行為としての記憶――沖縄における遺骨収集の現代的展開」『宗教と社会』一六号。
石田忠　一九七三、「反原爆の立場――福田須磨子さんの戦後史」石田忠編『反原爆』未来社。
井上光晴　一九七九、(インタビュー)「〝原爆〟の根源にあるものを撃つ」『季刊長崎の証言』一九七九年春号。
上杉和央　二〇〇九、「記憶のコンタクト・ゾーン――沖縄戦の「慰霊空間の中心」整備をめぐる地域の動向」『洛北史学』一一号。
浦上小教区編　一九八三、『神の家族四〇〇年』浦上カトリック教会。
沖縄県編　一九八三、『沖縄の霊域』沖縄県。

沖縄県遺族連合会青壮年部編 一九九一、『写真で見る30年の歩み』沖縄県遺族連合会青壮年部。
長志珠絵 二〇一三、『占領期・占領空間と戦争の記憶』有志舎。
北村西望 一九八三、『百歳のかたつむり』日本経済新聞社。
北村毅 二〇〇九、『死者たちの戦後誌』御茶の水書房。
佐々淳行 二〇〇九、『菊の御紋章と火炎ビン』文藝春秋。
調来助編 一九七二、『長崎 爆心地復元の記録』日本放送出版協会。
杉本万吉 一九五五、「平和祈念像建設事業の回想」長崎市・平和祈念像建設協賛会編『平和祈念像の精神』長崎市・平和祈念像建設協賛会。
高木俊朗 一九七三、『特攻基地知覧』角川文庫(初出は『知覧』朝日新聞社、一九六五年)。
知念功 一九九五、『ひめゆりの怨念火』インパクト出版会。
中国新聞社編 一九九五、『年表ヒロシマ』中国新聞社。
長崎県議会史編纂委員会編 一九八〇、『長崎県議会史』第七巻、長崎県議会。
長崎市議会編 一九九七、『長崎市議会』記述編第三巻、長崎市議会。
長崎市原爆被爆対策部編 一九九六、『長崎原爆被爆五十年史』長崎市原爆被爆対策部。
仲宗根義尚 一九八五、「青壮年部のあゆみと課題」沖縄県遺族連合会青壮年部『若竹 総集編』。
西村明 二〇〇六、『戦後日本と戦争死者慰霊――シズメとフルイのダイナミズム』有志舎。
日本遺族会編 一九六〇、『第五回沖縄戦跡巡拝 感想文集』日本遺族会。
日本遺族会編 一九七六、『英霊とともに三十年』日本遺族会。
橋川文三 一九七四、「靖国思想の成立と変容」『中央公論』一九七四年一〇月号。
畑耕一 一九四六、「全然新しい広島を」『中国新聞』一九四六年二月二七日。
広島市編 一九六八、『ドームは呼びかける』広島市。
広島市市民局平和推進室編 一九九七、『原爆ドーム世界遺産登録記念誌』広島市市民局平和推進室。
福田須磨子 一九五八、『詩集 原子野』現代社。
福田須磨子 一九八七、『われなお生きてあり』ちくま文庫。
福間良明 二〇一五、『「戦跡」の戦後史――せめぎあう遺構とモニュメント』岩波現代全書。

山崎崇弘 一九八〇、『クモをつかんだ男』「クモをつかんだ男」刊行会。
山田かん 一九八〇、「被爆象徴としての旧浦上天主堂」『季刊長崎の証言』第八号、一九八〇年五月。
山田かん 一九八四、『長崎・詩と詩人たち』汐文社。
山田かん 二〇〇一、『長崎原爆・論集』本多企画。

10 音楽史の可能性

輪島裕介

序——音楽史はいかにして可能か

本稿の目的は、外来語としての「音楽」という類概念が日本に移植される過程における軋轢や折衝と、それに伴う観念と実践の変容について、概略的な見取り図を示すことである。それに先立って、「音楽史」という企図自体の存立可能性について検討する必要がある。

音楽史という企図は、音楽をもっぱら芸術として捉え、一連の特権的な作者たちによって生み出された作品群としてその歴史を構想する、という、西洋近代に特有の志向と不可分に結びついてきた。「クラシック classical」音楽という言い方は、その真正性が歴史によって保証されていることを端的に示している(吉成 二〇一四)。現在でも、アカデミズムの用語で「歴史的音楽学」とは、基本的に西洋芸術音楽史であり、その中心は作曲家と作品の研究である。この呼称自体に、非西洋音楽や大衆音楽は歴史的研究になじまない、という西洋中心的な含意を読み取るかどうかはさておき、たしかに音楽を歴史として語るための条件それ自体が、特定の音楽のあり方、つまり西洋近代芸術としてのそれを前提としてしまっていることは否定できない。

音楽にかぎらず、ある対象の歴史を書くことは、その対象の時間的連続性に基づく真正性を主張する行為と不可分に結びついていることはいうまでもない。ある現象あるいは行為について、遠い過去からの連続性を強調し、詳細な過去の事実を検証し、表現の細部を分析する。そして、そうした知識を十分に有したものだけが「正しい理解」に到達できる、と主張する。そうした一連の手続きをとることで、潜在的にはあらゆる現象が「正統な（高尚な）《ハイブラウ》文化」に組み込まれうる（レヴィーン 二〇〇五）。

しかし音楽（および舞踊）の場合、文芸や造形美術といった他の表現ジャンルに比して、歴史記述の対象を設定すること自体が困難であるという固有の条件がある。還元すれば空気の振動である音を、楽譜や蠟管や円盤や磁気テープといった記録物に固定し、記録された物質を「作者によって生み出された作品そのもの」とみなす、というきわめて作為的な操作を経てはじめて、歴史的考察の対象となる固定的な「モノ」として扱うことが可能になる（大崎 二〇〇二）。そこから、媒体に固定されたものを重視する新たな文脈が生じ、しばしば実際に音を出す行為よりも優位に価値づけられる、という転換（倒錯とは言わないまでも）が生じる。一九世紀半ばの西洋で「クラシック」音楽が高級文化として形成されるにあたって、楽譜が演奏のためのメモから作曲行為それ自体とみなされるようになり、楽譜を書く存在としての作曲家が演奏者より上位の創作主体として自立し、詳細に書き込まれた楽譜の存在を前提にした長大かつ複雑な表現が現れ、そうした楽曲群がレパートリーの歴史性を重視する公開演奏会という制度やそれに対する批評を通して特権化されてゆく、という一連の過程が生じた。つまり、歴史的記述の対象を構築する方法及びそれを解釈し意味づける方法が、実践の文脈とそれを位置づける文化的価値体系自体の根本的な変容をうながしたのである。

問題は西洋芸術音楽にとどまらない。現代のある種のポピュラー音楽、たとえばジャズやロックにおいても、歴史を書くことは、特定の人と作品の正典化と不可分に結びついており、それは正典化批判が一種の知的流行のようになっている西洋芸術音楽の場合（カーマン他 二〇一三）よりもあからさまな場合さえしばしばある。そこでは、録音媒体に固定された「アルバム」が「作品」の単位となる。ポピュラー音楽レコードは二〇世紀初頭から一九六〇年代前半まで、生演奏を記録した片面三分の娯楽商品と考えられてきたが、一九六〇年代後半以降、スタジオでの編集を通じて精緻に作り上げられるＬＰ一枚分(ときにはそれ以上)の長大な芸術作品としての「アルバム」が、産業的にもイデオロギー的にもヘゲモニーを握るようになる。楽譜と生演奏に基づく表現形式と、録音と再生に基づく表現形式が区別されず、しばしば「クラシック／ポピュラー」という価値序列を含んだ区別に横滑りしてしまうのは、たとえば演劇と映画をメディア的な性質によって区別せず、価値の高低によって区別するような事態であり、それ自体奇妙なことであるが、その問題についての議論は別稿を期したい。

ビートルズやボブ・ディランやローリング・ストーンズやレッド・ツェッペリンの「アルバム作品」について、制作過程や参加したミュージシャンや用いられた機材を丹念に調べ上げ、リリース時のプロモーションや聴衆の反応を精査し、各国版やリマスター版の微細な差異に注目し、未発表音源や写真の発見に狂喜する、といったレコード・マニアのあり方は、一九世紀の音楽作品について作曲時の使用楽器や初演時の様子やエディションの違いを精査する、「歴史的音楽学」の作法と軌を一にする。「歴史」を記述しようとするそうした入念な作業が、結局のところ「傑作」とそれを生み出した「天才」を顕彰することに帰着する点も共通している。その一方で、「天才と傑作」の話法に適合的でない活動、たとえばアマチュアの音楽実践とそれを念頭に置いた職業的な創作及び教育活動、社交ダンスなど特定の目的と結びついた音楽、スター演奏家のスペクタクル的なパフォーマンス、流行に即した娯楽的な小品などが、歴史の正統から排除される点も、一九世紀の西洋芸術音楽と二〇世紀後半以降の英米系ポピュラー音楽の場合で共通している。より重要なこととして、その享受において、自ら歌い演奏し踊るのではなく、ステージ上あるいはオーディオ機器から発せられる音響を黙って傾聴するという作法が、唯一の正しいあり方として規範化されたことも共通している。

しかしながら、音楽史を突出した偉大な作者としての音楽家とその精神的所産としての作品の連続体として捉える方法がきわめて狭い射程しかもちえないことはいうまでもない。古今東西を見渡すならば、ある楽曲が単一の作者に還元しえない事例はいくらでもある。操作的に「民俗音楽」と呼ばれるものは定義上そうしたものだ。アフリカ系の憑依儀礼や高度な即興に基づくインドやペルシャの宮廷音楽などの場合、一連の演奏行為を「作品」として分節することは不可能かつ無意味だ。そもそも、西洋語およびその翻訳語で「音楽」とみなしうる活動(歌や楽器演奏)が、知られる限り人類すべての集団にみられるにせよ、それは「音楽」という概念(に近似した概念)が普遍的に存在する、ということを意味しない。一連の儀礼や祝祭や娯楽において、音に関わる側面だけを取り出し、それを一つの類概念に包括する語彙をもつ言語集団は必ずしも多くない(トゥリノ 二〇一五、一八頁)。しかしながらその一方で、概ねここ一五〇年ほどの間、西洋由来の「音楽」概念と制度、つまり、音楽行為を「作品」として固定化し、その起源を単一の「作者」に求めるような考え及びそれと不可分に結びつく諸制度(上演方法、メディア、技術、法、産業など)は、地球上のかなりの範囲に移植されており、それらは様々な実践とその継承のあり方や、その背景にあり、またそれを通じて形成される概念的な理解に、単に付け加わるというよりは、根本的な変容をもたらしてきた(ネトル 一九八九)。多くの非西洋地域の文化において、それまで儀礼や祝祭の文脈に埋め込まれていた音響的実践が、客席と分離されたステージで上演されるようになったり、楽譜、レコード、ビデオを用いた記録によって伝承の文脈が変化したりする事例は広く見られる。そのようにいわば「モノ」として客体化・固定化された表現形式を基に、ある音楽文化の歴史を描くことは、当該実践の文化的威信を高めようとする志向ともしばしば結びつく。

西洋近代に由来する音楽史の話法の規範性は、西洋音楽の具体的な音楽的(音響的)な影響とは別の次元で地球上に浸透している。逆説的だが、音楽史という企図を非―西洋近代芸術音楽も射程に入れて捉える場合、単純に「別の固有の音楽文化とその歴史」を措定することはできず、西洋近代由来の「音楽」に関する理念及び制度との軋轢及び折衝の過程として描かれる必要がある。

以上のような問題意識に基づき、本稿では、近代日本において「音楽」という観念が移入され、それとの関連において諸実践が生み出され意味づけられてゆく過程について概観する。とりわけ外来と在来、高尚と低俗といった観念的な対と、具体的な音楽実践の相関に注目する。そのことを通じて、西洋近代由来の「音楽」観を所与の前提とせず、なおかつ在来の個別種目と流派の故事来歴の総和ではない、近代日本における音楽史記述の問題について検討したい。

一　音楽と歌舞音曲

現代の日本社会に住む大多数の人々にとって身近な音楽とは、基本的に西洋由来のフォーマットに基づくものといえる。また、近現代の日本の音楽を扱う歴史的研究は、ほとんどの場合西洋音楽の輸入の歴史、つまり洋楽受容史である(1)。そもそも、「音楽」という語彙自体が、基本的に開国後に西洋から輸入された概念の翻訳語として定着していったと考えてよい。開国以前にもこの漢字二文字の並びは存在したが、それは、歌舞伎囃子で雅楽を模倣したものであり、あるいは漢学者の書物のなかで散見される、ごく限られた文脈で使用されるものだった。音楽学者の細川周平は、近代以前において「音楽」という語で指示される対象は、外来(基本的に中国由来)のもの、という含意を長く持ってきたと指摘している(Hosokawa 2013, p. 11)。

近代日本において、「音楽」の語の普及のきっかけとなったのは、明治一二(一八七九)年の「音楽取調掛」(後の東京音楽学校、東京芸術大学音楽学部)の設立だった。それは、日本が目指すべき欧米諸国に備わっている「音楽」なるものを調査し、「国楽」を樹立するための機関だった。その成果は義務教育科目としての唱歌教育に帰結する。多くの論者が述べるように(千葉 二〇〇七、奥中 二〇〇八、山東 二〇〇八)、それは芸術的な鑑賞や娯楽に関わるものではなく、基本的に「国民」という均質な主体を創りだすための統治技術だった。つまり「音楽」とは新たに公教育という国民的な身体規律の場に導入された西洋式の歌を意味する新語として普及していったのだ。

では、それまであった歌や楽器の演奏やそれらを含む様々な芸能実践は、日常的にはなんと呼ばれていたのか。そして、なぜその用語がそのまま用いられず「音楽」という別の言葉で呼ばれることになったのか。その語は「音曲」ないし「歌舞音曲」だ。ある年齢以上の方であれば昭和天皇の危篤から崩御に至る一連の過程で「歌舞音曲の自粛」が一種の流行語になったことを記憶されているだろう。崩御の当日は、文部事務次官名で「公の行事、儀式、その他の行事等であって、歌舞音曲を伴うものはこれを差し控えること」という通知が出され、放送では娯楽的な番組やCMさえも中止されたが、ラジオでは西洋芸術音楽が放送された（中川 二〇〇四、二二〇―二二七頁）。つまり、一九八〇年代末に至っても、西洋芸術音楽と「歌舞音曲」とは別のカテゴリーである、という判断があったことになる。国家の非常時に自粛が求められる、いわば不謹慎な遊びとしての「歌舞音曲」という含意は、江戸時代以前にまで遡る。武家の倫理観においてそれは、寄席や芝居小屋や遊里といった「悪所」で行われる「淫らな」活動であり、下級武士出身者が多かった明治初年の政府内でも、近代国家樹立のために欧米列強から輸入しようとしている公的な制度としての「音楽」とは相容れないものだった。音楽取調掛は「東西二洋の音楽を折衷する」ことを方針として掲げながらも（伊沢 一九七一、四―六頁）、実際の学校唱歌ではもっぱらヨーロッパの民謡や賛美歌の替え歌をはじめ西洋音楽（及びその語法に基づくもの）が採用された[2]。

とはいえ、「校歌校門を出ず」という言い方がある通り、学校で児童相手に教えられる西洋式の音感に基づいた唱歌が、在来の歌舞音曲を直ちに駆逐したわけではもちろんない。少なくとも明治期を通じて、市井においては在来の芸能の文脈が引き継がれ、あるいは「外来」の音楽（音曲）でも、少なくとも日清戦争前までは西洋音楽よりも中国由来の明清楽が一般に親しまれていた。これらにいまだ十分な研究の光が当てられていないのは、まずはそれらがほとんど公式な文書にも録音にも残っていないからではあるが、その後定着してゆく「音楽」という観念のなかにそれらを位置づけることが困難であったこととも関わっているだろう。

明治末には東京音楽学校内に「邦楽取調掛」が設置され、在来の歌舞音曲を指して「邦楽」という言葉が用いられるようになる（細川 一九九八、二四—二五頁）。ただしその目的は、基本的に江戸時代までに確立された様々な種目と流派を、「伝統」として固定し保存することであり、具体的には、年表の作成、演奏会、五線譜による採譜、という、まさに西洋音楽由来の手段による客体化を通じた歴史化を目指すものであった。その限りにおいて、「邦楽」とは、基本的に西洋的音楽観に沿って在来の歌舞音曲を取捨選択し鋳直そうとする過程で定着していった用語であると考えることもできる。問題は、そこで「洋／邦」の対が「近代／前近代」に重ね合わされたことである。家元制度のような明確な伝承システムを持たないもの、明治以降も庶民的人気を保持していたもの、あるいは新たに勃興した非西洋的芸能などは、固定的な「伝統音楽」として客体化された「邦楽」の枠組から外れた。日露戦後に爆発的な人気を獲得し、おそらくは昭和三〇年代頃まで、庶民にとって最も身近で親しみやすい声と楽器の表現だった浪花節は、その代表的な例といえる。「洋楽＝近代／邦楽＝前近代」という認識枠組を逸脱する実践はやがて、衰退するか、家元制度のような伝承の組織化やレパートリーの体系化・固定化に基づく舞台芸術化を進めることによって、つまりは「邦楽」化することによって、延命を図ることになる。

二　教養主義的洋楽愛好

一方、明治末から大正にかけて、学歴エリートである高校生や大学生の教養主義的な学生文化のなかで西洋芸術音楽愛好が萌芽的にあらわれ、昭和初期には学生文化のなかで大きな位置を占めるようになる。重要なのは、彼ら（あえて男性代名詞を用いる）は、西洋芸術音楽の生演奏に接する機会がほとんどない状態で、レコードと書物を通じてその趣味を涵養したことだ。外国語の文献にアクセスでき、場合によっては外遊経験をもつ、経済的・文化的エリートが、文学作品や哲学書や海外雑誌や輸入楽譜などで知り得た情報をもとに、希少かつ高価な輸入盤を入手し、多くの場合、学内で解説付きのレコード鑑賞会を開いた。身内の鑑賞会はやがて、高級オーディオで貴重な輸入盤を聴かせる音楽喫茶という業態の成立につながってゆく。こうした教養主義的環境から、音楽学校出身の教育家や実践家とは異なる、文学者肌の音楽愛好家が現れる。大田黒元雄、田辺尚雄、一世代遅れて堀内敬三といった人々は、評論家として長く影響力を保持してゆく。

　第一世代に属するあらえびす（野村胡堂）は、『銭形平次』の作者として、また熱心なレコード収集家として知られるが、彼がまだ新聞社に勤務していた大正一二（一九二三）年末におそらく日本ではじめて新聞にレコード紹介記事を寄稿したきっかけは、ベートーヴェンの第九交響曲の全曲録音レコード（彼は「本物の第九」と形容する）を、これもおそらく日本ではじめて手にしたことだった。後年のエッセイで彼は、「日本では楽譜と文献以外に知ることも味わうことも出来なかった」憧憬の対象である「本物の第九」を実際に耳にした感動について述懐し、当時の自身の文章を引用するが、最終楽章の「歓喜の主題」が現れる決定的な箇所では「自分の感激の回想に溺れて筆が進まなくなったものか、ロマン・ローランの言葉を引いて」いる、と認める。彼の「感激」が、明らかに先行する文学的な知識によって条件づけられていることがわかる（野村 二〇一四、八八—一〇一頁）。音楽評論家ではないが、小林秀雄の有名な「モオツアルトのかなしさは疾走する」といったフレーズも、学歴エリート層の文学的な西洋音楽受容の一端を示しているだろう。

　一九世紀の西洋において芸術音楽という新しい観念が生まれる際に、公開演奏会はきわめて重要な役割を果たした。それは新興ブルジョア層による貴族文化の流用と再解釈によって文化的威信を獲得し社会的上昇を果たす、という企図と結びついて形成され、成立以降は文化的卓越性の指標となった（渡辺 二〇一二、宮本 二〇〇六、ウェーバー 二〇一五）。しかし日本の場合、教育社会学者の加藤善子が指摘するように、西洋芸術音楽は「学校に在籍している間の一時的で個人的な趣味」（加藤 二〇〇五、一六二頁）にすぎず、多くの場合、学校を卒業すると同時にその愛好からも離れていった。社会的上昇のための手段にも持続的な社会階層の指標にもならず、つまりはエリート学生層の一時的なサブカルチャー的趣味にとどまった。教養あるエリート層が、天才音楽家の精神的所産である音楽作品を崇拝する、という基本的な構図は保持しながらも、あるいは文学的な想像力に補われてしばしば過剰に強調されながらも、それが実際に経験されるメディア環境やその社会的機能においては西欧とは全く異なっていたのである。

西洋音楽の高級芸術としての文化的地位を保証する決定的に重要な文脈である公開演奏会を欠いた、いわば「代用品」による受容に対して、畳水練と揶揄することはたやすい。しかし重要なのは、こうした複製音楽に対する教養主義的な受容のあり方が、日本におけるその後の音楽（洋楽）受容の一種の雛形になってゆくことである。学歴エリート層によるレコードを通じた教養主義的で思弁的な音楽愛好や、知的なレトリックを駆使する高学歴の（多くは演奏や作曲の専門教育を受けていない）批評家・解説者の強大な影響力は、少なくとも二〇世紀を通じて、ジャズやロックやヒップホップやワールドミュージックやクラブミュージックなど、ジャンルにかかわらずほとんどの舶来音楽に関して維持されてゆく（大嶌 二〇一五）。日本のレコード会社から発売される外来音楽レコードには現在でも必ずライナーノーツが付されているが、これは昭和初期に輸入原盤の日本プレスが始まったときから続く慣行で、国内プレス開始以前にすでに成立していた、評論家による解説に導かれての外来音楽受容という形式を産業的に制度化したものといえる。解説付きのレコード鑑賞会も、かなり長く、また多くのジャンルで存続してきた。「本場」の輸入レコードを「本物」とみなし、日本人音楽家の作曲や演奏を低くみる傾向も、多くのジャンルで共通している。こうした、音盤の教養主義的受容の連続性に鑑みると、日本において、欧米の社会階層と趣味のヒエラルキーに立脚したクラシック／ポピュラーという区分（吉成 二〇一四）をそのまま適用することはできず、むしろ、舶来／在来の線に沿って階層化がなされてきたと考えることができる（輪島 二〇〇八、一六八―一七〇頁）。日本において、高学歴青年層が音盤と印刷情報を通じて観念的に「天才音楽家」を賞賛するあり方において、バッハ、ベートーヴェン、ブラームスの「3B」と、ビートルズ、ストーンズ、フーの「三大バンド」やクラプトン、ペイジ、ベックの「三大ギタリスト」（この括り自体日本限定だが）の間にどれほどの違いがあっただろうか。

教養主義的な洋楽愛好とも部分的に結びついて、大正期には、西洋的な音楽語法に基づいた、新しいタイプの大衆的な歌謡が作られはじめる。その主要な場は西洋志向の舞台芸術、つまり、「悪所」としての寄席や芝居小屋ではなく、西洋式の劇場で上演される、「見世物」ではない「芸術」としての演劇を志向する活動においてであった。大正三（一九一四）年に新劇の芸術座の女優・松井須磨子がトルストイ『復活』の劇中で歌った「カチューシャの唄」は、実質的に近代日本初の職業的作曲家となる中山晋平のデビュー作であり、レコードを通じて新作歌謡が流行する、という新しい回路を萌芽的にではあれ示している点でも重要である（永嶺 二〇一〇）。また、芸術座における劇中歌の強調とその曲調について、「低俗なセンチメンタリズム」と批判する見方が既にあらわれていることも興味深い（兵藤 二〇〇五、二三一―二三八頁）。西洋的な長短調と在来の五音音階を折衷した、いわゆる「四七抜き」といわれる音階を基調に、ユリ（こぶし）を効果的に用いた曲調は、その後の大衆歌謡の雛形となる。芸術座解散後、中山は童謡運動や新民謡運動といった、文芸に基盤を置く文化運動にかかわり（坪井 二〇〇六、中野 二〇一二）、昭和に入ってからはレコード会社の専属作曲家として活躍する。

一方、関東大震災前には浅草オペラが流行する（増井 一九九八）。高踏的なオペラを目指し失敗した帝国劇場歌劇部（嶺 一九九六）の出身者が中心となったが、スターになったのはアメリカでショーダンサーの経験を持つ高木徳子だった（吉武 一九八五、曽田 一九八九、斎藤 一九九七）。オペラといいつつ実態はオペレッタやヴォードヴィルに近いもので、江戸時代以来の庶民的な盛り場（「悪所」）である浅草で、西洋風の歌と踊りが大衆娯楽として人気を博したことは注目に値する。明治期の女義太夫人気（水野 一九九八）にも通じる、学生を中心とする熱狂的なファンと独自のファン行動を生み出した（笹山 二〇一四）ことも興味深い。そこでは主に外国曲が日本語の訳詞で歌われたが、「コロッケの歌」のような日本製楽曲（外国曲に無関係な日本語詞を載せたものだったかもしれない）も作られた。

関西では、阪急グループの総帥、小林一三が帝劇歌劇部の公演に触発され、宝塚少女歌劇を設立する（渡辺 一九九九、青弓社編集部編 二〇〇九）。小林の新たな国民劇の創出という大目標と、私鉄沿線の郊外文化生活を体現する良家の子女イメージが、洋風の歌と踊りに媒介されて接続された。

三　都市モダン文化と流行歌批判

大正末から昭和初期にかけて、関東大震災からの復興過程で、大衆消費社会的な状況が大都市部にあらわれてくる。音にかかわるメディアでいえば、ラジオの放送開始（一九二五年）、レコードの本格的な産業化（一九二七年に外資系参入、翌年から生産本格化）、トーキー映画の誕生が挙げられる。前節でみた、舞台と結びついて形成された、日本化された洋風趣味が、大規模なメディアを通じてさらに浸透してゆく。また、音楽を享受する場としてのダンスホールと前述の音楽喫茶も都市大衆の趣味の形成において大きな役割を持った。クラシックのみならずジャズ喫茶もあらわれ（細川 二〇〇七）、教養主義的音楽愛好における両者の連続性がうかがえる。

ラジオは西洋芸術音楽の強力なパトロンとなり、強力な宣伝媒体となった。公共放送は教養と啓蒙のメディアであり、当時人気のあった在来の演目は「低俗」であるとして忌避されることが多かった。それに対して、望ましい（あるいはきわどい文句がないため無難な）コンテンツとして、一般的な聴取者の嗜好とはほとんどかかわりなく西洋芸術音楽の放送が重視された（武田 二〇〇八）。放送局が運営するオーケストラが国内で最高の地位を持つという、欧米ではあまり例のないあり方は、啓蒙機関としての放送の性格とも結びついている。

一方、関東大震災後の復興政策によって輸入レコードと蓄音機に高額な関税がかけられたことをきっかけに、既に洋楽レコードの大市場でもあった日本に、コロムビア、ビクター、ポリドールという世界的メジャーレコード会社が参入する。輸入原盤の国内プレスのみならず、当時アメリカで確立しつつあった、レコードを前提としたポピュラーソングの形式（規格化された有節歌曲の構成、規則的なビートに基づきながらもマイク録音の特色を活かした大編成バンドによる編曲）を用いた日本製楽曲が新作されるようになる。レコード会社が企画・制作するこうした国産歌謡に対して、カタログの分類名として「流行歌」という呼称が定着する。この種の国内制作レコードの最初の成功は、アメリカのポピュラーソング（日本ではジャズ・ソングと呼ばれた）に日本語歌詞を付した「青空」と「アラビアの唄」だった。これは、アメリカ留学帰りの日本放送協会洋楽主任、堀内敬三が訳詞し、ラジオで放送したところ好評を博し、レコード化された。浅草オペラ出身の二村定一が歌い、富裕な大学生の道楽バンドと映画館やダンスホールの叩き上げ楽士の混成バンドが伴奏した。堀内は、西洋芸術音楽一辺倒だった洋楽放送に舶来の軽音楽を部分的に導入した。

アメリカのポピュラーソングの受容の最初期においては協調関係にあった放送とレコード会社だが、ほどなくその軋轢を示す事件が起きる。昭和四（一九二九）年の「東京行進曲」の大流行とそれをめぐる論争である[3]。同曲は、当時圧倒的な人気を誇った講談社の「国民雑誌」である『キング』に連載された菊池寛の同名小説の映画化に際して、その主題歌として日活の宣伝部長がビクターに依頼して作られた。中山晋平が作曲、フランス帰りの新進象徴派詩人にして早大仏文科教授の西條八十が作詞を担当し、東京音楽学校出身の佐藤千夜子が歌った。巷で人気の出た歌がレコード化され映画化されることは既に珍しくなかったが、映画の宣伝のためにレコード発売を前提に新曲が作られたのはこれが最初である。その意味では、大規模なメディア産業による「タイアップ」の嚆矢ともいえる。映画は当初トーキーでの制作を目指していたが[4]、それは実現しなかった。

こうしたメディア横断的な回路で制作された「東京行進曲」の人気を承けて、ラジオでの放送が予定されたが、放送前日になって監督官庁である東京逓信局によって中止された。その理由は、「粋な浅草しのび逢い」「シネマ見ましょかお茶飲みましょか　いっそ小田急で逃げましょか」という歌詞が放送にふさわしくない、ということだった。個人が選択する映画との対比において、否応なく家庭に入り込んでくる放送の「若い子女」への影響力が懸念されている（東京日日新聞一九二九年六月一五日、倉田 二〇〇六）。

「東京行進曲」はさらなる論争を惹き起こす。きっかけは七月二八日に音楽評論家の伊庭孝が行った「現代の民衆音楽」と題したラジオ講演である。その副題は「最良の流行歌はヨーロッパ趣味のもの」であった。ラジオ放送に続いて八月四日付読売新聞で「民謡への公開状と抗議」として伊庭の批判（ラジオ放送と同内容と推測される）と作詞者・西條八十の反論が掲載される。

伊庭は、商業資本によって仕掛けられた流行、個人の利益のために芸術的良心に反して流行の生産に加担する専門家、流行に易々とのせられ堕落してゆく無知蒙昧な民衆を批判する。「民衆の娯楽の為めの一段と調子を落とした」音楽の存在を容認しながらも、日本のそれは「ブラームスやシューマンのロマンチシズム」を湛えたヨーロッパのそれとは比べものにならない下劣なものとする。伊庭は、大正期に帝劇歌劇部から浅草オペラに至る日本のオペラ運動の先覚者として西洋芸術音楽の大衆的な普及を積極的に行ってきた人物だが、昭和に入って新たに登場した「流行歌」に対しては敵意を顕にし、検閲・規制さえも主張する。ここから、大正教養主義的エリートの西洋音楽愛好と、勃興しつつある大衆的な洋風趣味の世代間対立を読み取ることもできる。

これを皮切りに、読売新聞紙上で「時代と流行歌曲の問題」として、川路柳虹（口語自由詩人、八月一〇日、一三日）、堀内敬三（音楽評論家、八月一四日、一五日）、兼常清佐（音楽評論家、八月一六日）、中野重治（プロレタリア文学者、八月二〇日）による文章が掲載される。詳細な議論は省略するが、この「東京行進曲論争」であらわれた論点は以下のように要約できる。大規模なメディアを介した流通による「子女」への影響への懸念とパターナリズム的態度による管理と検閲の要請、西洋音楽を理想化した上での「日本的な音調」のセンチメンタリズムへの批判、そして反商業主義。このように「流行歌」を批判し、それに代わる「真の」大衆的音楽（あるいは音楽の大衆的普及）を未来において希求する、という構図は、レコード会社や映画会社とは一線を画した健全で家庭的な大衆歌謡を制作しようとした放送局、[5] 戦時中に音楽による啓蒙教化を目指した国策団体、戦後隆盛し労働歌やソ連をはじめとする「世界の民謡」を広めた左翼系音楽運動など、立場を問わず、その後少なくとも三〇年以上続いてゆく。[6]

世界的な観点に立てば、一九二〇年代から三〇年代にかけて、特に南北アメリカ大陸では、ラジオ、レコード、トーキーの普及を背景に、ヨーロッパ的音楽語法と在来（もしくは移民）の音楽要素を折衷した新たな都市音楽が誕生し、それを「国民的」なものとして位置づけ直すことでヨーロッパの高級文化のヘゲモニーに挑戦する動きが多く見られた。「東京行進曲」が象徴する、日本におけるレコード会社製の流行歌の成立も、それらの動きと関連づけて考えることが可能であり必要であるが、しかし、タンゴ（Savigliano 1995）やサンバ（McCann 2004）やソン（Garcia 2006）やスウィング（Stowe 1996）の場合と異なり、それを「国民文化」の語りのなかに肯定的に価値づけ、ジャンル形成を促す言説を持ち得なかった。「東京行進曲論争」に見られる、西洋芸術音楽に対する日本音楽の「遅れ」を強調する見方は、むしろそうした認識の枠組自体が、新たなメディア環境と大衆文化の勃興に呼応した音楽のありようを適切に評価できなかった、という点で「遅れ」ていたということもできる。

四　流行歌批判の反転

こうした認識の枠組に変化が訪れるのは一九六〇年代に入ってからである。寺山修司や一九六〇年代前半に『思想の科学』編集長を務めた森秀人といった、旧来の教養主義的な文化人とははっきりと距離を置く対抗文化的な書き手のあいだで、通俗的な大衆歌謡を、民衆の情念の真正な表現として評価する動きがあらわれてくる。『思想の科学』一九六三年一〇月の「差別」特集号に掲載された多田道太郎・寺山修司・森秀人による座談会「流行歌にみる大衆思想――アカシヤの雨にうたれて」はそうした言説の原型ともいえるものだ。(7) そこでは、「疎外」や「性の欲望」といった、当時の先端的な概念を用い、公民権運動や反植民地運動などの語彙も参照しながら、それまでの流行歌批判のクリシェであった「暗さ」や「退廃的雰囲気」や「センチメンタリズム」を積極的に評価し、酒や涙や港といった紋切型に込められた、「疎外された民衆の魂」の反映として流行歌を位置づけている。ここでの論調は、同じ思想の科学研究会が一九五〇年に刊行した日本の大衆文化に関する先駆的な共同研究『夢とおもかげ』(思想の科学研究会 一九五〇)での流行歌についてのきわめて苛烈な(かつ凡庸な)批判とは対照的である。寺山修司はこの座談会の発言内容を発展させたエッセイ「歌謡曲人間入門」を著している(寺山 一九七五)。そこで彼は、「なにか事あるごとに、歌謡曲の一節を口ずさみ、そのモラルをふみ台にして生きてゆく小市民、自分のクライシス・モメントを、つねにハナ歌まじりで突き破ってゆく街のあんちゃんやおねえちゃん」を「歌謡曲人間」と呼ぶ(同、三〇四―三〇五頁)。寺山にとって「歌謡曲」(8)は「一人でうたう歌」であり、「孤立無援の大衆が、自分だけで処理せねばならない問題に立ち向かったときにひとりでに口をついて出てくるもの」である(同、三一〇頁)。「一人」や「孤立無援」を強調する見方は、第一義的には、学校唱歌、放送協会の国民歌謡、戦後左翼のうたごえ運動を問わず、身体規律を通じた啓蒙と教化を目指す大衆音楽観において、合唱性が常に重視されてきたことに対する批判であるが、その一方で、大衆歌謡を「聴く」ものではなく、あくまでも個々の享受者がみずから歌うものとして捉えていることは重要である。

見田宗介『近代日本の心情の歴史』(見田 二〇一二、初刊一九六七)はそうした背景のもとで書かれた。気鋭の社会学者が一八六八年から一九六三年までの流行歌の歌詞分析を通じて、近代日本の民衆の社会心理を解き明かそうとする試みは、流行歌批判が苛烈をきわめたその一〇年前では考えられなかっただろう。見田は同書の「まえがき」を、一六歳の年の夏にビスケット工場で働いていた経験から始める（同、二頁）。そこで工員たちが歌う、恋愛と若さの素晴らしさを謳歌する「安手のきまり文句」の歌の、歌詞とは裏腹の「重く、わびしく、暗」い歌いぶりに触れ、「私ははじめて、流行歌というものの秘密をかいまみる思いをした」と告白する（同、三頁）。そこから、流行歌の歌詞の現実離れした「幻想的な象徴の中に、仮託され投げ入れられた幾百万の民衆の心情の総体の中にこそ、一つの社会現象としての流行歌の実体はある」（同）と主張する。

とはいえ、実際に見田が行うのは、一九六三年に刊行された歌謡集、時雨音羽編『日本歌謡集』に掲載された四五一曲の流行歌の歌詞を素材に、「怒り」「かなしみ」「よろこび」「慕情」「義侠」「未練」「おどけ」「孤独」「郷愁とあこがれ」「無常感と漂泊感」のそれぞれの歴史について、その「論理」と「心情」に分けて記述することである。少なくとも現代の読者にとっては、「幾百万の民衆の心情の総体」を見出すというよりは、見田のテクスト解釈の手練を味わう著作になっていることは否めない。しかし、寺山と同様に、流行歌が享受者によって歌われるものであることを強調していることは注目に値する。

流行歌が、大衆芸術の他の諸様式――舞台芸能や大衆小説や映画やテレビ番組と決定的に異なるところは、それが時代の民衆に、受動的に享受されるばかりではなく、民衆がみずからそれを口ずさみ（あるいは放歌し斉唱し）、能動的に参与することをとおしてはじめて流行歌たりうるということである。したがって流行歌のばあい、大衆芸術の他の諸様式と比較して、時代の民衆の支配的な情緒ないし「気分」との照応関係は、いっそう濃密なものと思われる。（同、九―一〇頁）

前述の教養主義的洋楽愛好が、基本的に印刷物とレコードによる思弁的な鑑賞に基づいていたことと考え合わせると、「歌われるものとしての流行歌」の重視は、この時期に起こりつつあった音楽観の転換においてきわめて重要なものといえる。ただし、歌うことによる能動的な参与という観点が、同書の記述の中で十分に生かされているとはいえず、その主張を歌詞のテクスト分析という方法自体が裏切っているとみることもできる。

寺山や見田が提示した、流行歌のもつ定型性のなかに、疎外された民衆の情念を読み込むという視点は、実際の大衆音楽産業において、芸能プロダクションや放送局やそれまで洋楽を扱ってきた音楽出版社などレコード会社以外の制作主体があらわれ若者向けの洋風の曲調が主流になってゆく過程と結びついて、「演歌」という新たな音楽ジャンルを生み出してゆく。つまり、産業的な構造変化の結果、GSやフォークの台頭によって相対的に古く聴こえるようになった曲調に、流行歌の紋切型や「暗さ」に真正な日本的心情を読み込む、という、上述の対抗文化的知識人が提示した解釈を接合することで、「演歌」という歌謡ジャンルが形成される（輪島 二〇一〇a）。

一九七〇年前後における対抗文化的メンタリティとも結びついた演歌の誕生は、ほどなく、この時期以降隆盛をみる「日本人論」と呼ばれる文化ナショナリズム言説に接近してゆく。『朝日ジャーナル』一九七〇年五月二四日号では小特集「くたばれ〝洋楽〟」が組まれ、以下のような巻頭言が記された。

〝洋楽〟は日本の近代化のモデルとして、不毛な教養主義的知性として認められてきた。音楽教育もまた、このあやまった思考の上に成り立っている。現代はまさにこれらの近代主義が崩壊しつつある時代である。我々は文化の創造性回復のために、大いなる変革をせまられているのである。

その七年後、同誌一九七七年八月五日号には小特集「演歌――現代に抗う日本の心」が掲載される。指揮者の岩城宏之のインタビューに「僕が振ると演歌的ベートーベンになっちゃう」という見出しが付され、「日本固有の民族感情というか「血」の領域」「演歌の真髄は西洋人にだって通じますよ」「美空ひばりはフィッシャー・ディスカウと並ぶ完璧な歌い手だと思いますよ」といった発言がなされる。もちろんこれらは極端な例ではあるが、対抗文化的な教養主義批判が西洋に対する本質的差異の主張に横滑りしていることがうかがえる。(9)

こうした「日本人論」的な枠組の中で、小泉文夫や小島美子といった民族音楽学者の仕事が、(しばしば誤謬も伴って)参照された。(10) 各「民族」の音楽文化の相対性を強調する民族音楽学の視点が、「西洋とは本質的に異なる日本」を音楽的に証明するものとみなされ、非西洋(とりわけ「アジア」)の音楽文化が、日本における「悪しき」西洋崇拝を解毒するための参照項として流用された。

西洋芸術音楽を規範とする音楽観は六〇年代末以降、相対的に社会的な影響力を失ってゆく。その一方で、若者文化領域においては、ジャズやロックを規範とした「洋楽至上主義」(岡田 二〇〇七)が前景化する。いささかトリッキーな例だが、映画『太陽を盗んだ男』(一九七九)で、原爆を自作した主人公が要求するのが「ローリング・ストーンズの来日」であったことは、当時の若者文化における英語圏ロック音楽の象徴的な重要性を示している。

さらに興味深いのは、こうした洋楽趣味をさらに凡俗なものとみなし、あえて、通念的には卑俗とみなされている対象を称揚するスタンスもあらわれることである。自身はロックミュージシャンである近田春夫は、当時、アメリカ風の若者文化を紹介して圧倒的な影響力をもった雑誌『POPEYE』に連載「気分は歌謡曲」を執筆し、最も通俗的な大衆音楽ジャンルとしての「歌謡曲」を、過激で先鋭的な音楽として称揚した(近田 一九九八、連載は一九七八―一九八四)。「歌謡曲」の虚構性や人工性を審美的に肯定することで、「洋楽」(米英のポップ／ロック)崇拝者やそのフォーマットを無批判になぞる国産の「ニューミュージック」の演者とファンを揶揄した。最も通俗的で商業主義的とみなされる文化的表現に対してあえて価値転倒的な解釈を施すことで、通念的に上位にあるとみなされる表現に対する卓越性を獲得しようとするそのような語り口は、『山口百恵は菩薩である』（平岡 二〇一五、初刊一九七九）ほか平岡正明の大衆歌謡論にも見いだせる。対抗文化的なジャズ評論家から出発した彼は、映画もテレビドラマもコンサートも関連雑誌記事も参照することなく、LPを聴きこむことによってのみ、観念的（妄想的）な山口百恵論を著した。その点で、「没入」と「鑑賞」を規範とするジャズ喫茶的な（ひいては大正期以来の教養主義的音楽愛好家に典型的な）書物ということもできる。近田や平岡の評論スタイルは、「アイドル」を専門とするミニコミ誌『よい子の歌謡曲』（一九七九―一九九一刊行、宝泉編 二〇〇二）や、「おたく」の命名者とされる中森明夫のアイドル批評などに強い影響を与えてゆく。その一部は八〇年代の「ニューアカ」とも接合し、そこでは、難解な思想用語を駆使して、サティやケージといった先鋭的なシリアス音楽家と通俗的なアイドルたちを同列に語ること自体が「ポストモダン的」とみなされた。「新人類」田口賢司による「Kyon2が赤い。『雪片曲線論』のように赤い」という珍フレーズはそうした文脈の中であらわれた（野々村、中森、田口 一九八五）。

平成以降、あるいは一九九〇年代以降に関して、歴史として語りうる段階にはいまだない。しかし、いくつかの傾向を指摘しておきたい。いわゆる「クラシック」音楽は、バブル期の「ブーム」やその後の「癒し」の流行などと結びついて、音楽文化の規範というよりは、音楽商品の一形態としてカジュアルに受容されるようになってゆく（輪島 二〇〇五）。また、近代日本における（西洋芸術音楽を規範とするシリアス音楽という意味での）洋楽史研究が進行し、伊福部昭や信時潔のような作曲家が新たに注目を集めるようになる。一方、大衆音楽においても、「洋楽」に遜色ないほど十分に西洋化された日本の若者音楽という含意をもつ（少なくともその成立当初はもっていた）「Jポップ」が主流化することで（烏賀陽 二〇〇五）、英語圏ポップ／ロックの規範性は相対的に薄れてゆく。七〇年代から八〇年代においては、その成立可能性自体が議論の対象だった「日本のロック／フォーク」や、前述のようにもっぱら価値転倒的な言説を通じて語られていた通俗的な「歌謡曲」や「アイドル」も、音盤の収集と鑑賞と解説に基づく教養主義的な受容の対象ともなってゆく（高 二〇一一）。それらは、「昭和歌謡」という新たな歴史的区分の浮上とも関わっているだろう。全体として、クラシックとポピュラーを問わず、「洋楽」のフォーマットを自明なものとみなしたうえで、その実践においても、音盤に基づく歴史化の作業においても「国産化」が進行しているといえるかもしれない。

結

本稿では、近代日本における音楽文化について、観念（言説）と実践の相関に注目し素描してきた。単線的な発展史としての「洋楽受容史」ではなく、日本の相対的に特有の近代経験において、西洋近代的な音楽が、それをとりまく思想や制度を伴って移入され土着化される際の軋轢や葛藤を描き出そうとしたが、反面、その規範性の強固さを改めて確認することにもなった。

近代日本において、鑑賞の対象としての音楽という観念（西島 二〇一〇）と不可分に結びついてきたレコード（物理的な媒体にパッケージされた複製音楽商品）という形態は、いまや衰退もしくは根本的な変容を余儀なくされている。かつてない規模で古今東西の録音情報が即時的に、かつきわめて安価に入手できる状況で、従来の教養主義的音楽愛好を彩ってきた希少性のアウラは維持されうるだろうか。世界の音楽市場の中で、日本ではいまだにパッケージされた音楽ソフト売上の割合が極端に高いことからもうかがえるように[11]、音楽と音盤を同一視する見方が強固なことは、おそらく他地域と比較しても顕著な特徴だが、この先もそうでなければならない理由はどこにもない。寺山や見田が「みずから歌うもの」として大衆歌謡を捉え返したように、鑑賞の対象としての音楽にとどまらず、音楽的行為への参与のありようを再考する必要があるだろう。音盤に固定的に客体化された「音楽」によって周辺化されてきた、みずから歌い鳴らし踊る行為に注目することで、「音楽」と「歌舞音曲」の分裂を統合することが求められている。

注

（1）二一世紀に入ったあたりから洋楽受容史は日本の音楽研究のなかで一種の流行になりつつある（長木 二〇一〇、戸ノ下、長木 二〇〇八、渡辺 二〇〇二）。大衆音楽では、ジャズ（モラスキー 二〇〇五）、ロック（南田 二〇〇一）、ヒップホップ（コンドリー 二〇〇九、木本 二〇〇九）などに充実した研究がある。

（2）音楽取調掛の活動報告である「成績申報書」が一九七一年に校注され再刊された際、『洋楽事始』というタイトルが与えられていることも、「音楽」が「洋楽」に大きく傾いていたことを示す。

（3）以下の「東京行進曲」に関わる記述は（輪島 二〇一〇b）に基づく。

（4）日本で初めての本格的トーキー映画といわれる『マダムと女房』は昭和六（一九三一）年制作で、そこでもジャズに設定上重要な役割が与えられている。

（5）「歌謡曲」という呼称は、レコード会社の分類名である「流行歌」の語を用いないために放送局が採用した言い換え語として定着した。

（6）こうした枠組の中で、放送は、レコードや映画の批判者の側に立つことが多かった。

（7）同鼎談は加太こうじ、佃実夫編『流行歌の秘密』（一九七〇）に再録されている。

（8）先述のように、「歌謡曲」は「流行歌」を忌避する放送における言い換え語であり、これを肯定的に評価するのであれば「流行歌」の語が相応しいはずだが、寺山は一貫して「歌謡曲」の語を用いている。このことは、彼が、レコードよりも放送を通じてこれらの歌謡を経験してきたことを示しているかもしれない。

（9）なお、一九七七年は、カラオケのブームが喧伝された年でもあり、この特集の背景にカラオケを通じた「歌うこと」に関する大きな文化的変容があるとも考えられる。

（10）たとえば彼らは流行歌で用いられるいわゆる「四七抜き」長短音階についてはきわめて批判的であったが、通俗的な理解では、彼らの五音音階に基づく日本の音階についての議論が、流行歌（演歌）の音楽的固有性と真正性を保証するものとされることがしばしばあった。

（11）二〇一三年の日本の音楽商品総売上はアメリカに次いで世界二位だが、その内訳は大きく異なる。日本の場合、パッケージ八〇%、配信一六%だが、アメリカはパッケージ三〇%、配信六〇%である。同年の日本のパッケージ売上は世界シェアでは三一%で、二位のアメリカ（一七%）を大きく引き離して首位になる。つまり、「日本は世界で一番（物理的な）レコードが売れる国」である（一般社団法人日本レコード協会 二〇一五）。

参照文献

伊沢修二　一九七一、山住正己校注『洋楽事始　音楽取調成績申報書』平凡社。
一般社団法人日本レコード協会　二〇一五、『日本のレコード産業』http://www.riaj.or.jp/issue/industry/pdf/RIAJ2015.pdf
ウェーバー、ウィリアム　二〇一五、城戸朋子訳『音楽と中産階級〈新装版〉――演奏会の社会史』法政大学出版局。
烏賀陽弘道　二〇〇五、『Jポップとは何か――巨大化する音楽産業』岩波新書。
大崎滋生　二〇〇二、『音楽史の形成とメディア』平凡社。
大嶌徹　二〇一五、「戦後日本におけるレコードを通じて形成された外来音楽愛好――シリアスな受容と文化的媒介者の役割」国立音楽大学博士論文。
岡田宏介　二〇〇七、「「洋楽至上主義」の構造とその効用」佐藤健二、吉見俊哉編『文化の社会学』有斐閣、一一一―一三五頁。
奥中康人　二〇〇八、『国家と音楽――伊澤修二がめざした日本近代』春秋社。
カーマン、ジョゼフ他　二〇一三、福中冬子訳『ニュー・ミュージコロジー――音楽作品を「読む」批評理論』慶応義塾大学出版会。
加太こうじ、佃実夫編　一九七〇、『流行歌の秘密』文和書房。
加藤善子　二〇〇五、「クラシック音楽愛好者とは誰か」渡辺裕、増田聡『クラシック音楽の政治学』青弓社、一四三―一七四頁。
木本玲一　二〇〇九、『グローバリゼーションと音楽文化――日本のラップ・ミュージック』勁草書房。
倉田喜弘　二〇〇六、『日本レコード文化史』岩波現代文庫。
高護　二〇一一、『歌謡曲――時代を彩った歌たち』岩波新書。
コンドリー、イアン　二〇〇九、上野俊哉監訳『日本のヒップホップ――文化グローバリゼーションの〈現場〉』ＮＴＴ出版。
斎藤憐　一九九七、『サロメの純情――浅草オペラ事始』而立書房。
笹山敬輔　二〇一四、『幻の近代アイドル史――明治・大正・昭和の大衆芸能盛衰記』彩流社。
山東功　二〇〇八、『唱歌と国語――明治近代化の装置』講談社。
思想の科学研究会　一九五〇、『夢とおもかげ――大衆娯楽の研究』中央公論社。
青弓社編集部編　二〇〇九、『宝塚という装置』青弓社。
曽田秀彦　一九八九、『私がカルメン――マダム徳子の浅草オペラ』晶文社。

武田康孝 二〇〇八、「ラジオ時代の洋楽文化」戸ノ下達也、長木誠司編著『総力戦と音楽文化――音と声の戦争』青弓社、一九六―二二一頁。
近田春夫 一九九八、『定本　気分は歌謡曲』文藝春秋。
千葉優子 二〇〇七、『ドレミを選んだ日本人』音楽之友社。
長木誠司 二〇一〇、『戦後の音楽――芸術音楽のポリティクスとポエティクス』作品社。
坪井秀人 二〇〇六、『感覚の近代――声・身体・表象』名古屋大学出版会。
寺山修司 一九七五、『書を捨てよ、町へ出よう』角川文庫。
トゥリノ、トマス 二〇一五、野澤豊一、西島千尋訳『ミュージック・アズ・ソーシャルライフ――歌い踊ることをめぐる政治』水声社。
戸ノ下達也、長木誠司編著 二〇〇八、『総力戦と音楽文化――音と声の戦争』青弓社。
中川真 二〇〇四、『〈増補〉平安京 音の宇宙――サウンドスケープへの旅』平凡社ライブラリー。
中野敏男 二〇一二、『詩歌と戦争――白秋と民衆、総力戦への「道」』ＮＨＫ出版。
永嶺重敏 二〇一〇、『流行歌の誕生――「カチューシャの唄」とその時代』吉川弘文館。
西島千尋 二〇一〇、『クラシック音楽は、なぜ〈鑑賞〉されるのか――近代日本と西洋芸術の受容』新曜社。
ネトル、ブルーノ 一九八九、細川周平訳『世界音楽の時代』勁草書房。
野々村文宏、中森明夫、田口賢司 一九八五、『週刊本28 卒業――Kyon2へ向かって』朝日出版社。
野村あらえびす 二〇一四、『音樂は愉し――黎明期音盤収集家随想』音楽之友社。
兵藤裕己 二〇〇五、『演じられた近代――〈国民〉の身体とパフォーマンス』岩波書店。
平岡正明 二〇一五、『完全版 山口百恵は菩薩である』講談社。
宝泉薫編 二〇〇二、『歌謡曲という快楽――雑誌「よい子の歌謡曲」とその時代』彩流社。
細川周平 一九九八、「日本近代音楽・見取り図」『現代詩手帖』一九九八年五月号、思潮社。
細川周平 二〇〇七、「ジャズ喫茶の文化史戦前篇――複製技術時代の音楽鑑賞空間」『日本研究』第三四巻、二〇九―二四八頁、国際日本文化研究センター。
増井敬二 一九九八、『浅草オペラ物語』芸術現代社。
水野悠子 一九九八、『知られざる芸能史 娘義太夫――スキャンダルと文化のあいだ』中公新書。

見田宗介 二〇一二、『定本 見田宗介著作集Ⅳ 近代日本の心情の歴史』岩波書店。
南田勝也 二〇〇一、『ロックミュージックの社会学』青弓社。
嶺隆 一九九六、『帝国劇場開幕――「今日は帝劇 明日は三越」』中央公論社。
宮本直美 二〇〇六、『教養の歴史社会学――ドイツ市民社会と音楽』岩波書店。
モラスキー、マイク 二〇〇五、『戦後日本のジャズ文化――映画・文学・アングラ』青土社。
吉武輝子 一九八五、『舞踏に死す――ミュージカルの女王・高木徳子』文藝春秋。
吉成順 二〇一四、『〈クラシック〉と〈ポピュラー〉――公開演奏会と近代音楽文化の成立』アルテスパブリッシング。
レヴィーン、ローレンス・W 二〇〇五、常山菜穂子訳『ハイブラウ／ロウブラウ――アメリカにおける文化ヒエラルキーの出現』慶応義塾大学出版会。
輪島裕介 二〇〇五、「クラシック音楽の語られ方」渡辺裕、増田聡『クラシック音楽の政治学』青弓社、一七五―二一一頁。
輪島裕介 二〇〇八、「「演歌」の誕生」東谷護編著『拡散する音楽文化をどうとらえるか』勁草書房、一六五―一九五頁。
輪島裕介 二〇一〇a、『創られた「日本の心」神話――「演歌」をめぐる戦後大衆音楽史』光文社新書。
輪島裕介 二〇一〇b、「《東京行進曲》《こんにちは赤ちゃん》《アカシアの雨がやむとき》――日本レコード歌謡言説史序説」『別冊「本」RATIOスペシャル・イシュー 思想としての音楽』講談社、三一〇―三四七頁。
渡辺裕 一九九九、『宝塚歌劇の変容と日本近代』新書館。
渡辺裕 二〇〇二、『日本文化モダンラプソディ』春秋社。
渡辺裕 二〇一二、『聴衆の誕生――ポスト・モダン時代の音楽文化』中公文庫。
Garcia, David F. 2006, *Arsenio Rodriguez and the Transnational Flows of Latin Popular Music*, Temple University Press.
Hosokawa, Shuhei 2013, "Ongaku, Onkyo / Music, Sound", *Review of Japanese Culture and Society*, vol. XXV, pp. 9-20, Josai University.
McCann, Bryan 2004, *Hello Hello Brazil: Popular Music in the Making of Modern Brazil*, Duke University Press.
Savigliano, Marta 1995, *Tango and the Political Economy of Passion*, Westview Press.
Stowe, David W. 1996, *Swing Changes: Big-Band Jazz in New Deal America*, Harvard University Press.

【執筆者紹介】

山下範久(やました のりひさ)
1971年生．立命館大学国際関係学部教授／史的システム論，歴史社会学

赤上裕幸(あかがみ ひろゆき)
1982年生．防衛大学校公共政策学科准教授／メディア論，映像文化論

土佐弘之(とさ ひろゆき)
1959年生．神戸大学大学院国際協力研究科教授／国際関係論

伊豫谷登士翁(いよたに としお)
1947年生．一橋大学名誉教授／グローバリゼーション研究，移民研究

小山　哲(こやま さとし)
1961年生．京都大学大学院文学研究科教授／東中欧史，ポーランド史

平野　聡(ひらの さとし)
1970年生．東京大学大学院法学政治学研究科教授／アジア政治外交史

松田素二(まつだ もとじ)
1955年生．京都大学大学院文学研究科教授／社会人間学，アフリカ地域研究

水内俊雄(みずうち としお)
1956年生．大阪市立大学都市研究プラザ兼任文学研究科教授／都市社会地理学，都市・地域史研究

福間良明(ふくま よしあき)
1969年生．立命館大学産業社会学部教授／歴史社会学，メディア史

輪島裕介(わじま ゆうすけ)
1974年生．大阪大学大学院文学研究科准教授／近代日本大衆音楽史，アフロ・ブラジル音楽研究

佐藤卓己
1960年生．京都大学大学院教育学研究科教授／メディア文化論

岩波講座 現代 第5巻
歴史のゆらぎと再編

2015年11月20日 第1刷発行

編 者 佐藤卓己《さとうたくみ》

発行者 岡本 厚

発行所 株式会社 岩波書店
〒101-8002 東京都千代田区一ツ橋2-5-5
電話案内 03-5210-4000
http://www.iwanami.co.jp/

印刷・三陽社 カバー・半七印刷 製本・三水舎

© 岩波書店 2015
ISBN 978-4-00-011385-4 Printed in Japan

岩波講座

現 代

［全9巻］

編集委員

大澤真幸・佐藤卓己・杉田 敦・中島秀人・諸富 徹

第1巻 **現代の現代性**——何が終わり，何が始まったか＊
全編集委員 編　本体 3200 円

第2巻 **ポスト冷戦時代の科学／技術**
中島秀人 編

第3巻 **資本主義経済システムの展望**
諸富 徹 編

第4巻 **グローバル化のなかの政治**
杉田 敦 編

第5巻 **歴史のゆらぎと再編**＊
佐藤卓己 編　本体 3400 円

第6巻 **宗教とこころの新時代**
大澤真幸 編

第7巻 **身体と親密圏の変容**
大澤真幸 編

第8巻 **学習する社会の明日**
佐藤卓己 編

第9巻 **デジタル情報社会の未来**
佐藤卓己・大澤真幸・諸富 徹 編

＊は既刊

（2015 年 11 月現在）